>>

IN DEN NÄCHSTEN ZEHN JAHREN VERÄNDERT SICH UNSERE WELT STÄRKER, ALS IN DEN VERGANGENEN 100 JAHREN.

#10XDNA

WIR WIDMEN DIESES BUCH DEN 10xDENKERN,
VISIONÄREN UND MACHERN, DIE IN DEUTSCHLAND
UND EUROPA INNOVATION UND TECHNOLOGISCHEN
FORTSCHRTITT MUTIG VORANTREIBEN.

FRANK THELEN ist europäischer Seriengründer, Technologie-Investor, TV-Persönlichkeit und Spiegel Bestseller-Autor. Seit 1994 gründet und leitet er technologie- und designgetriebene Unternehmen. Als Gründer und CEO von Freigeist Capital konzentriert er sich auf Seed-Investitionen in europäische Technologie-Startups. Seine Produkte haben über 100 Millionen Kunden in über 60 Ländern erreicht. Frank war der erste Investor in Startups wie Lilium Aviation, xentral, Wunderlist, Ankerkraut und YFood. 2018 veröffentlichte er mit 42 Jahren seine Autobiografie »Startup-DNA«.

MARKUS SCHORN befasst sich seit über 15 Jahren mit den weitreichenden Auswirkungen des technologischen Fortschritts auf Unternehmen und die Gesellschaft. Der Diplom-Kaufmann agiert dabei an der Schnittstelle zwischen Technologie und Wirtschaft. In seiner professionellen Tätigkeit steuerte er mehrfach erfolgreich die Markteinführung von Innovationen mit unterschiedlichsten Geschäftsmodellen im Business und Consumer Segment. Das macht ihn zu einem angesehenen Sparringspartner für Entscheider in Konzernen sowie Mentor für Startups in Deutschland.

INHALT>

VORWORT

>> Welche tiefgreifenden Veränderungen der Baukasten der Zukunft auslösen wird, wurde mir während einer kurzen Auszeit für mein erstes Buch Startup-DNA erst richtig bewusst. Eigentlich wollte ich nur verständlich beschreiben, wie bestimmte Technologien funktionieren und ein paar spannende Beispiele aufzeigen. Aber dann traf es mich wie ein Blitz: Wenn das, was ich da geschrieben hatte, stimmte, dann würde es dramatische Auswirkungen auf unsere Welt haben. Vor allem aber würde es Europa zum reinen Datenlieferant für die USA und China degradieren.

Startup-DNA schrieb ich Ende 2017 und es war bereits klar, dass Europa das Internet und die Cloud »verloren« hatte. Die USA und China hatten Tech-Giganten aufgebaut, bei uns hingegen entstand seit SAP kein bedeutendes Tech-Unternehmen. Trotzdem lachten damals viele über die Vorstellung, dass dies erst der Anfang sei. Die nächste Technologiewelle, basierend auf den Komponenten meines »Baukastens der Zukunft«, sollte noch größer werden. Heute belächeln deutlich weniger Fachleute die Kraft disruptiver Technologien: Im Januar 2020 überholte Tesla den größten deutschen Autokonzern mit einer 100 Milliarden Dollar Marktkapitalisierung. Bereits einen Monat später war der Abstand so groß, dass selbst VW und BMW zusammen weniger wert waren. Damit haben wir nicht nur neue Technologien wie Internet, Cloud und Smartphone verpasst, sondern zum ersten Mal hat auch unsere wichtigste etablierte Industrie gegen einen neuen »disruptive player« verloren.

Ich liebe Europa und Deutschland. Und ich bin davon überzeugt, dass wir mindestens drei starke Mächte in der Welt brauchen, um faire Lösungen für die großen Herausforderungen der Menschheit zu finden. Eine Welt, in der nur noch die USA und China diskutieren, wie wir den Klimawandel stoppen oder ob und wie wir künstliche Intelligenz regulieren, wird nicht immer die richtigen Antworten finden. Wenn wir die Zukunft mitgestalten wollen, muss Europa wirtschaftlich bedeutend bleiben. Die Gefahr, dass es in zehn Jahren bedeutungslos ist, wird maßlos unterschätzt.

Ich habe persönliche Konsequenzen gezogen: Mein Venture Capital Unternehmen Freigeist fokussiert sich auf die Finanzierung und den Aufbau relevanter Technologieunternehmen in Europa. Es ist meine Passion (der beste Job der Welt) und zugleich hoffe ich, einen kleinen Teil zum Aufbau eines dringend notwendigen Ökosystems beizutragen: Europa braucht jetzt eine 10xDNA!

Dieses Buch erklärt die zugrundeliegenden Technologien, die Methoden und das Mindset der Generation 10x. Es ist für Leser, die diese neuen Technologien verstehen wollen, um sich die daraus resultierenden Chancen in ihrem privaten und beruflichen Leben zunutze zu machen.

10xDNA will ein konstruktiver Weckruf sein. Ein Appell an die Macher, Entscheider, Politiker und an alle, die ihren Teil dazu beitragen wollen, dass Europa auch in Zukunft auf Augenhöhe über globale Fragestellungen verhandeln kann.

FRANK

01

DIE MONDLANDUNG – DER URSPRUNG VON 10x

Am 20. Juli 1969 betrat der US Astronaut Neil A. Armstrong als erster Mensch den Mond. Seine Worte »Ein kleiner Schritt für mich. Aber ein großer Schritt für die Menschheit.« kennt heute jedes Kind. Was die meisten nicht wissen: Diesem »kleinen« Schritt waren viele Jahre intensiver Forschung und Entwicklung vorangegangen. Er war die Geburt eines völlig neuen Denkansatzes: der 10xDNA.

In den 50er und 60er Jahren befanden sich die USA in einem erbitterten Kampf mit der UdSSR um die Vorherrschaft im Weltraum. Im Space Race hatten die Russen die Nase vorne. Mit »Sputnik« schossen sie 1957 das erste von Menschen gebaute Objekt in den Orbit. Im selben Jahr flog das erste Lebewesen in die Umlaufbahn, die Hündin Laika. 1961 umrundete der Kosmonaut Juri Gagarin als erster Mensch die Erde.

Die USA befürchteten, das Space Race zu verlieren. Darum beauftragte US-Präsident John F. Kennedy 1961 die NASA, »innerhalb der nächsten zehn Jahre einen Menschen auf dem Mond zu landen und sicher wieder zurück zur Erde zu bringen«. Er wollte die USA als führende Weltraummacht etablieren.

Dieser sogenannte Moonshot schien damals unmöglich. Noch heute gibt es Menschen, die bezweifeln, dass die Mondlandung jemals stattgefunden hat. Es ist kaum vorstellbar, wie sich das Team der NASA gefühlt haben muss, als der Präsident diese anscheinend unlösbare Aufgabe stellte. Wie würdest du in einer solchen Situation reagieren? Würdest du in eine Abwehrhaltung gehen und Argumente aufzählen, wieso diese Aufgabe nicht zu schaffen ist? Oder würdest du die Herausforderung annehmen und alles daran setzen, eine Lösung zu finden?

Die NASA hat sich für Letzteres entschieden, obwohl die Voraussetzungen sehr ungünstig waren. Die Raketen waren noch zu schwach, um eine Mondlandekapsel mit drei Astronauten, genug Vorräten und Treibstoff für den Flug von der Erde zum Mond und wieder zurück zu starten. Der deutschstämmige Raketeningenieur Wernher von Braun schrieb damals: »Um dies zu erreichen, müssten die Raketen um das Zehnfache [10x!] leistungsfähiger werden.« – Das erschien aussichtslos. Kennedy hielt dennoch an seinem Vorhaben fest. In seiner berühmten Mondrede von 1962 schwor er die Amerikaner auf das gemeinsame Ziel ein: »Wir haben den Mond als Ziel gewählt, nicht weil es leicht zu erreichen ist, sondern gerade weil es schwierig ist.« Die NASA konzentrierte all ihre Kräfte auf dieses Ziel. Zur Hochphase des Projekts arbeiteten über 400.000 Forscher, Ingenieure und Mathematiker an radikal neuen Lösungen. Die USA steckten rund 2,5 % ihrer jährlichen Wirtschaftskraft (GDP) in Forschung und Entwicklung dieser neuen Technologien. Das waren pro Jahr 25 Milliarden Dollar, was einem heutigen Wert von 100 Milliarden Dollar entspricht. Diese Investition ermöglichte letztendlich nicht nur die Mondlandung: Sie erschuf komplett neue Industrien, die Ideen der hellsten Köpfe des Moonshot-Projektes prägen uns noch heute.

Margaret Hamilton zum Beispiel, Direktorin am Draper Lab des MIT, war für die Entwicklung der Onboard-Steuerungssoftware in den Apollo-Raumkapseln verantwortlich. Sie prägte den Begriff »Software Engineering« und entwickelte neuartige Ansätze von Systemarchitektur und **END-TO-END-TESTING**. Heute wird routinemäßig zu jeder professionellen Software neben der Applikation auch der Code erstellt, der vor der Veröffentlichung Tausende Testfälle automatisch durchgeht und die einwandfreie Funktion der Software überprüft.

>END-TO-END-TESTING

ist eine Software-Testmethode, um den Ablauf einer Anwendung von Anfang bis Ende zu testen. Der Zweck von End-to-End-Tests ist es, das reale Benutzerszenario zu simulieren und die Funktion des zu testenden Systems und seiner einzelnen Komponenten zu überprüfen.

Robert Noyce (Fairchild Semiconductor) und Jack Kilby (Texas Instruments) entwickelten integrierte Schaltkreise für das Apollo-Projekt. Diese »Microchips« genannten Bauteile waren für die Steuerung und Überwachung der Raketensysteme und für die Navigation der Raumkapseln unentbehrlich. Jack erhielt später den Nobelpreis in Physik für diese Arbeit. Robert gründete mit seinem Kollegen Gordon Moore ein eigenes Unternehmen in Mountain View, Kalifornien, das auf Chips spezialisiert war: Integrated Electronics – kurz INTEL. Heute wird fast jedes elektronische Gerät von einem Chip gesteuert – vom Staubsauger über den Fön zum Kopfhörer.

Durch das Projekt Mondlandung entstand ein Biotop für Ingenieure und Macher, die quasi alles für möglich hielten. Genau diese Einstellung ist es, die zu großartigen Entwicklungen und Durchbrüchen führt.

USA VS. CHINA

DIE 10xDNA IM SILICON VALLEY

Die Mondlandung war das erste echte 10xProjekt der Geschichte. Viele der daran beteiligten Pioniere gründeten in den folgenden Jahren eigene Unternehmen und kommerzialisierten die von ihnen entwickelten Technologien. Aber vor allem kultivierten sie eine neue Geisteshaltung: Denke größer.

Sie siedelten sich rund um die Stanford Universität südlich von San Francisco in Städten wie Mountain View, Palo Alto oder Cupertino an und brachten ihre 10xDNA mit. Der Stammbaum vieler großer Unternehmen – Google, Cisco und Nvidia – weist eine direkte Linie zu den Gründern von Fairchild Semiconductor und damit zum Projekt Mondlandung auf.

Robert Noyce wurde zur Vaterfigur und zum Mentor für den jungen Steve Jobs und unterstützte ihn während der Gründung von Apple. Andere Fairchild-Alumnis gründeten VC-Firmen wie Kleiner Perkins oder Sequoia, die auch heute noch zu den bedeutendsten Finanziers von Startups gehören. Kleiner Perkins war einer der ersten Investoren in Google, Amazon und Spotify. Sequoia investierte unter anderem in PayPal, Youtube und WhatsApp. Sie waren maßgeblich am Erfolg der Unternehmen beteiligt, die heute die meisten von uns täglich nutzen.

Es entstand eine Szene, die anders dachte und handelte, die auf der Suche nach dem nächsten großen Sprung nicht mit kleinen Optimierungen zufrieden war.

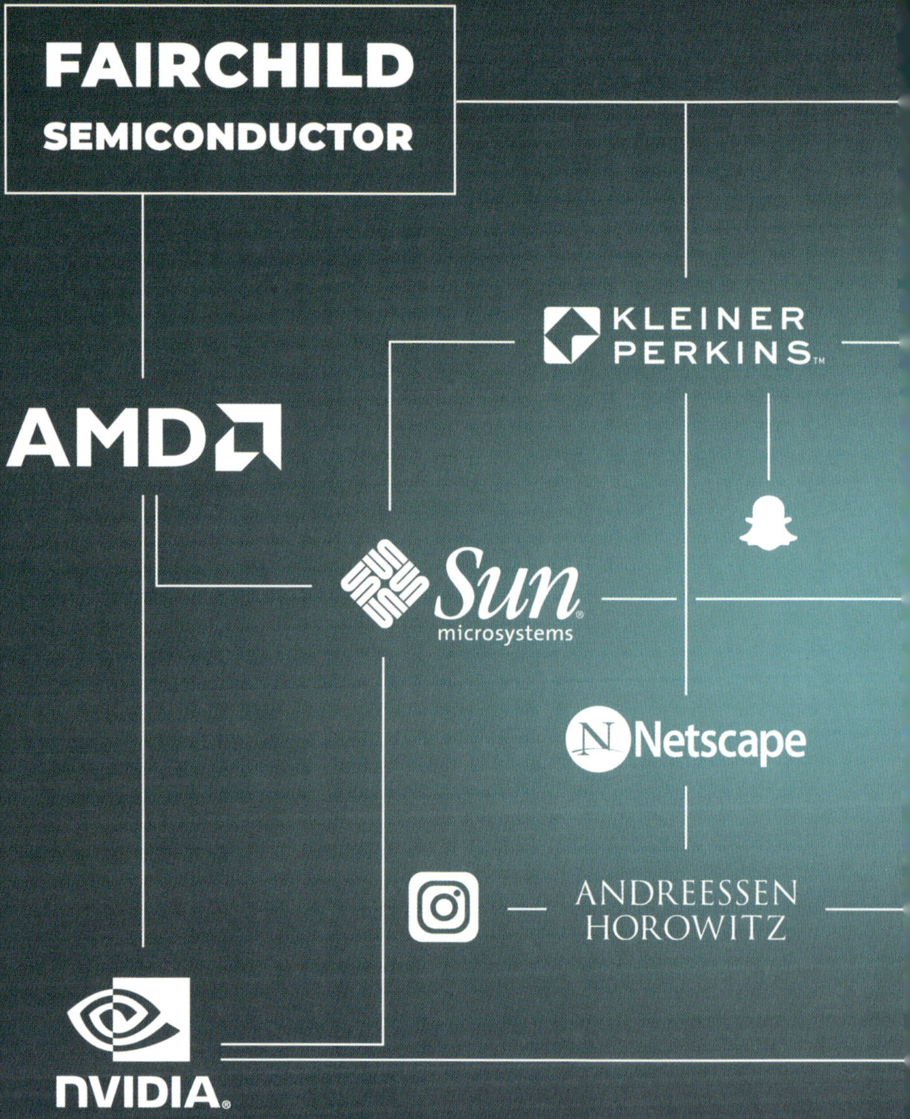
FAIRCHILD SEMICONDUCTOR
KLEINER PERKINS
AMD
Sun microsystems
Netscape
ANDREESSEN HOROWITZ
NVIDIA

intel
SEQUOIA
Google
PayPal
CISCO
ORACLE
TESLA
ebay

Heute ist die 10xDNA ein fester Bestandteil der Kultur vieler Unternehmen im Valley. Die meisten CEOs sind mit Verbesserungen von 2 bis 3 % pro Jahr zufrieden. Google-Gründer Larry Page nicht. Für ihn ist »10x« zum Mantra geworden. Selbst eine Verbesserung von 10 % bedeutet für ihn, dass immer noch das Gleiche gemacht wird. Um 10x besser als der Wettbewerber zu sein, muss man exponentiell denken und neue Wege gehen. Nur so entsteht echter Fortschritt. Ein Beispiel für das 10xMantra ist die Markteinführung von Gmail im Jahr 2004: Google versprach seinen Nutzern einen E-Mail-Speicher von 1 Gigabyte – 250 mal mehr als der Wettbewerber Yahoo. Bei einem damaligen Speicherpreis von ca. 4 Dollar pro Gigabyte und bei geplant vielen 100 Millionen Kunden schien sich ein potenzieller Milliardenverlust abzuzeichnen. Kein deutscher Controller hätte das zugelassen, aus Sorge um seinen Arbeitsplatz. Aber das Gmail-Team hatte die 10xDenke. Es handelte vorausschauend und optimistisch, ging von exponentiellen Fortschritten bei der Speichertechnik und folglich sinkenden Kosten für Speicherkapazitäten aus.

Das Team behielt recht: Die Nutzerzahlen stiegen, zugleich sanken die Kosten für Speicher auf wenige Cent pro Gigabyte. Gmail wurde ein hochprofitables Business mit über 1 Milliarde Nutzern.

>FIRST PRINCIPLE THINKING

beschreibt eine Denkmethode, bei der man eine Fragestellung auf ihre fundamentalen Eigenschaften, zum Beispiel physikalische Begebenheiten, herunterbricht und dann darauf basierend nach neuen Lösungsansätzen sucht. Man lässt bewusst bisher angewandte Verfahren außer acht und fokussiert sich auf neue Wege oder Technologien, um neue, innovative Lösungen zu finden.

Ein weiterer Vordenker der 10xPhilosophie im Silicon Valley ist Elon Musk. Seine bevorzugte Methode zur Entdeckung radikal neuer Lösungen nennt sich **FIRST PRINCIPLE THINKING**. Elon bricht große Herausforderungen zunächst auf ihre fundamentalen Teilaspekte herunter. Dann versucht er mit seinen Teams, diese Teilaspekte von Grund auf neu zu denken und nutzt neue technische Methoden. Statt sich daran zu orientieren, wie die Dinge bisher gemacht wurden, fragt er: Was ist nach heutigem Stand und nach den Gesetzen der Physik und Chemie technisch möglich?

>>

MEISTENS LÖSEN DIE LEUTE PROBLEME, INDEM SIE DAS KOPIEREN, WAS ANDERE VOR IHNEN GEMACHT HABEN UND ES LEICHT ANPASSEN. ICH HANDLE MEHR NACH DER WISSENSCHAFTLICHEN METHODE DER ANALYSE DER GRUNDPRINZIPIEN. MAN REDUZIERT DIE DINGE ERST EINMAL AUF IHRE GRUNDLEGENDEN WAHRHEITEN UND ÜBERLEGT VON DORT AUFWÄRTS.

ELON MUSK

Mit seinem Startup SpaceX will er die Raumfahrt »massentauglich« machen. Die Entwicklung wiederverwendbarer Raketen soll die Kosten für Weltraumflüge um ein Vielfaches senken.

Als Elons erster Plan, ausgemusterte Raketen des russischen Weltraumprogramms zu kaufen und aufzubereiten, gescheitert war, gab er nicht auf. Er reduzierte Raketen auf ihre zentralen Bereiche Aerodynamik, Thermodynamik, Treibstoff und Triebwerke. Mit dieser grundlegenden Aufteilung entwickelte sein Team einen Bauplan für Raketen mit günstigen, industriell verfügbaren Bauteilen.

So gelang es SpaceX, den Preis eines Raketenstarts von 18.500 Dollar auf unter 3.000 Dollar pro Transportkilogramm zu senken.

10x BEI GOOGLE X

Alphabet (vormals Google) jagt den 10xGedanken auf die Spitze. Während andere Konzerne Forschungsabteilungen einrichten, die Innovationen im Kerngeschäft vorantreiben sollen, verfolgt Alphabet einen komplett anderen Ansatz. Mit X betreibt der Googlekonzern ein eigenes Unternehmen, dessen Ziel es ist, Moonshots außerhalb des Kerngeschäfts zu entwickeln.

Diese »Moonshot Factory« soll radikal neue Tech-Lösungen für die großen Probleme der Menschheit entwickeln und daraus Unternehmen gründen, die das Potenzial haben, größer als Google selbst zu werden.

Moonshot-Projekte bei X folgen einem festen Muster. Zuerst wird ein Problem identifiziert, das viele 100 Millionen Menschen betrifft. Dann setzt sich ein Team von Kreativen, Wissenschaftlern und Tüftlern zusammen, um Lösungen für dieses Problem zu beschreiben, so unwahrscheinlich sie auch klingen mögen. Liegt wegen aktueller Durchbrüche in der Forschung oder Weiterentwicklungen von Technologien auch nur der Hauch eines Hinweises darauf vor, dass eine Umsetzung der erarbeiteten Lösungen innerhalb der nächsten Dekade nicht unwahrscheinlich ist, formt sich ein Moonshot-Team und beginnt seine Arbeit.

>>

HÄUFIG IST ES EINFACHER, ETWAS 10 MAL BESSER ZU MACHEN, ALS ES UM 10 % ZU VERBESSERN.

ASTRO TELLER, GOOGLE X

Von rund 100 Ideen, die X jedes Jahr prüft, wird nur eine Handvoll durch ein Team weiter verfolgt. Dieser Ansatz mag zunächst eigenartig erscheinen, doch nur so entstehen 10xInnovationen: Es gilt, sich von den bereits bestehenden Lösungen und Vorgängen zu distanzieren und zu überlegen, was darüber hinaus möglich sein könnte. X hatte mit dieser Strategie schon mehrmals Erfolg.

Eines der bekanntesten X Projekte ist Waymo. Es wurde 2009 als »Googles Driverless Car Project« unter der Leitung des deutschen Stanfordprofessors Sebastian

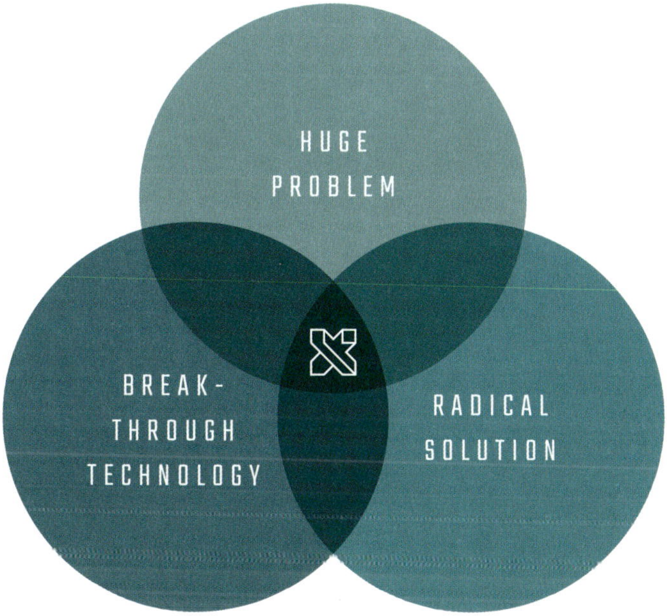

> 10xBLUEPRINT VON ALPHABET X

Thrun gestartet. Waymo fokussierte die Entwicklung der Technologie hinter dem autonomen Fahren – Sensoren, Software, Algorithmen –, nicht die Autos selbst. Seit 2018 betreibt Waymo den ersten kommerziellen, fahrerlosen Taxidienst »Waymo One« in Phoenix, Arizona. Weitere Städte sind geplant. Was hierzulande noch als Science-Fiction abgewunken wird, ist dort schon längst Realität. Die Entwicklung der Software für autonomes Fahren war die eine Hürde dieses Projekts, die andere war der Versuch, die Kosten der nötigen Hardware so weit zu senken, dass ihr Einsatz in normalen Autos bezahlbar wurde. Waymo schaffte es, die Kosten von anfänglich 150.000 Dollar pro Auto um 90 % zu reduzieren.

Viele dieser Lösungen basierten auf Technologien, die bereits seit Jahren in den Schubladen europäischer Unternehmen liegen. Doch die Europäer hatten nicht den Mut, systematisch in solch riskante 10xProjekte zu investieren.

GOOGLE X PROJEKTE SIND BEREITS WELTWEIT IM EINSATZ

PROJEKT FOGHORN

Gewinnung von Benzin aus Meerwasser. Über Elektrolyse wird der im Meerwasser gebundene Kohlenstoff herausgelöst. Die Methode funktioniert. Das Projekt wurde dennoch eingestellt, da die Herstellung dieses Treibstoffs in großen Mengen nicht wirtschaftlich ist. Zudem würde die Gewinnung von Energie durch Verbrennung von Kohlenstoff weiter vorangetrieben.

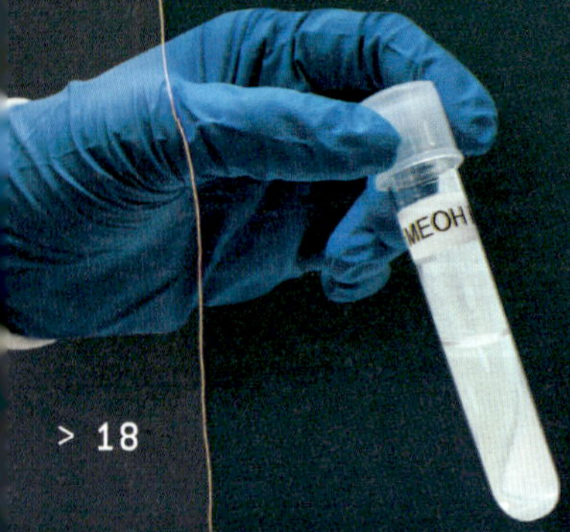

PROJEKT LOON

Ein Netzwerk aus Stratosphären-Ballons, das abgelegene Gebiete mit Internet versorgen soll. Die Ballons nutzen Höhenwinde und passen automatisch ihre Flughöhe an, um stabil über ihrem Einsatzgebiet zu bleiben.

PROJEKT WING

Sich selbst steuernde elektrische Lieferdrohnen sollen CO_2-neutral Pakete in Ballungszentren ausliefern und zur Entlastung des Verkehrs in Städten beitragen. Seit 2018 sind sie in Australien und Finnland im öffentlichen Beta-Test.

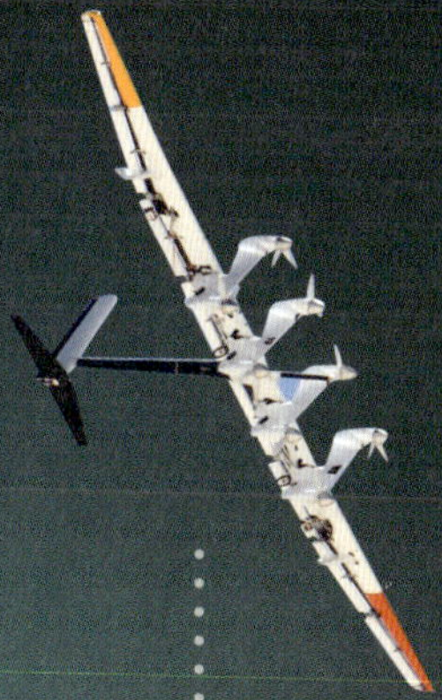

PROJEKT MALTA

Die Speicherung großer Mengen regenerativ gewonnener Energie ist das größte Problem bei Solar- und Windenergie. Malta löste das Problem durch elektrisch-thermische Speicherung der Energie in geschmolzenem Salz und bekam dafür Investments von Microsoft-Gründer Bill Gates und Amazon-Chef Jeff Bezos. Ein Startup aus unserem Freigeist Portfolio hat nach unserem Kenntnisstand eine noch bessere Lösung durch Nano-Technologie gefunden. Das Wichtigste: Wer auch immer die beste Lösung anbietet – wir brauchen jetzt neue Energiespeicher!

PROJEKT MAKANI

An »Flugdrachen« befestigte Windturbinen erzeugen deutlich mehr Strom als Windräder, da der Wind in großen Höhen häufiger und stärker weht. Sie sind mit einem Kabel, das den erzeugten Strom zur Erde leitet, an einer Basisstation befestigt. Auch hier gibt es Startups in Europa, die sich in der Organisation airbornewindeurope.org zusammengefunden haben. Ihre Lösungen scheinen uns vielversprechender zu sein.

PROJEKT VERILY

Verily wurde 2015 zur unabhängigen Tochtergesellschaft von Alphabet und fokussiert neue Tech-Lösungen für den Gesundheitsmarkt. So erforschte Verily Kontaktlinsen mit Glucose-Tracking für Diabetespatienten oder selbstbalancierendes Besteck für Menschen mit Parkinson.

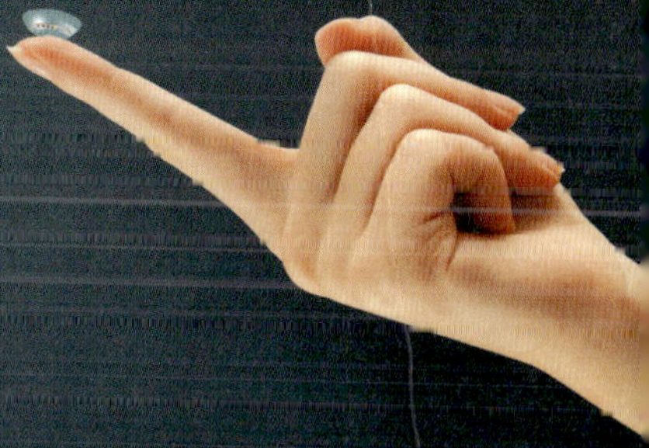

DIE 10xDNA IN CHINA

Auch in China arbeitet man an einem visionären Projekt – dem chinesischen Traum – einem landesübergreifenden Moonshot. Anders als in Amerika gibt es in diesem Traum weder Tellerwäscher noch Millionäre. Stattdessen möchte sich China bis zum 100-jährigen Bestehen der Volksrepublik im Jahr 2049 zur führenden technologischen Supermacht entwickelt haben. In der ersten Etappe bis zum Jahr 2021 ist es das Ziel, einen bescheidenen Wohlstand für alle Chinesen zu erreichen. In der zweiten Etappe bis 2049 soll dann über Chinas führende Rolle bei den Zukunftstechnologien ein reiches, starkes und harmonisches Land entstehen. So die Vision. Möglich werden soll dies durch die vier Os:

»

ES IST RECHT EINFACH. BIS 2020 WERDEN SIE ZU UNS AUFGESCHLOSSEN HABEN. BIS 2025 WERDEN SIE BESSER SEIN ALS WIR. BIS 2030 WERDEN SIE DIE KI-INDUSTRIE DOMINIEREN.

ERIC SCHMIDT, GOOGLE

DER 13. PLAN

Der Weg dorthin wird in Etappen von 5-Jahres-Plänen beschritten. Im 13. Plan (2016 – 2020) wurden zehn Industriesektoren definiert, in denen China international führend sein will. Durch verzahnte Bildungs- und Industriepolitik sollen große Durchbrüche in Elektromobilität, Robotik, Energie, IT und künstlicher Intelligenz möglich werden.

Dabei setzt die chinesische Regierung sehr stark auf privatwirtschaftliche Initiativen. Die Fortschritte bei Elektroautos, mobilem Bezahlen, KI oder Drohnen werden getrieben von Gründergeist und unterstützt durch Subventionen, es gibt nur wenig staatliche Intervention. Unternehmen wie Baidu, Tencent, Alibaba oder JD agieren heute auf Augenhöhe mit Google, Facebook oder Amazon. Durch gezielte Gründerförderung wurde China zur Weltmacht.

DER CHINESISCHE TRAUM UND DIE 10xDNA

Chinas 10xDNA ist eine Mischung aus breitem gesellschaftlichen Optimismus und einer Aufgeschlossenheit gegenüber neuen Technologien, gepaart mit dem Willen, durch Innovationen viel Geld zu verdienen.

Verstärkt wird die chinesische 10xDNA dadurch, dass in China bereits viele der **NEXT GENERATION DIGITALEN PLATTFORMEN** implementiert sind. Der gesamte Alltag – vom Busticket über den Einkauf hin zu Reservierungen im Restaurant – kann über die Smartphone-App WeChat organisiert und abgewickelt werden. Mobile Payment ist der Standard, alle Unternehmen haben sich darauf eingestellt. Selbst beim Blumenverkäufer am Straßenrand bezahlt man in China per Handy.

Auf einer solch breiten digitalen Plattform können »hungrige« Gründer neue Dienste wie Bikesharing oder Social Commerce sehr viel einfacher aufbauen, denn die potenziellen Kunden sind bereits alle auf diesen Plattformen und mit dem digitalen Umgang vertraut, während in Deutschland viele Menschen digitalen Angeboten noch skeptisch gegenüber stehen.

>NEXT GENERATION DIGITALE PLATTFORMEN

sind digitale Plattformen, die nach der Smartphone-Revolution entstanden sind. Anbieter wie WeChat oder Alipay richten ihren Service gezielt und ausschließlich an Smartphone-Nutzer.

Ein beeindruckendes Beispiel für eine digitale Plattform, die aus China stammt und auch hierzulande sehr bekannt ist, ist TikTok von ByteDance, aktuell eine der wertvollsten Apps der Welt. TikTok scheint Facebook, Instagram, Youtube und Snapchat bei den Downloadzahlen überholt zu haben und testet nun Anwendungen für Social Commerce. TikToks Zwilling Douyin ist ein anderes Produkt von der Firma ByteDance und wesentlich weiter. Die Plattform gibt ein Bild davon, wohin die Reise mit TikTok in Sachen E-Commerce gehen könnte. Die Werbevideos sind auf die Plattform zugeschnitten und werden oftmals gar nicht als Werbung wahrgenommen. Es gibt integrierte Miniprogramme wie Einkaufswagen-Buttons, die Käufe innerhalb der Douyin-App ermöglichen, und viele KI-unterstützte Suchfunktionen für Produkte bis hin zu einer Anwendung mit Gesichtserkennung, mit der man Personen identifizieren und deren Outfits kaufen kann.

Ein weiteres Beispiel für Social Commerce in China ist Pinduoduo. Diese Social-E-Commerce-Plattform ermöglicht es Fabriken und Farmern, ihre Waren ohne Zwischenhändler direkt an Endkunden zu verkaufen. Die Kunden können via WeChat Angebote teilen, Gruppen bilden und Freunde und Familie dazu einladen, sich am Kauf eines Produktes zu beteiligen. Je mehr Leute sich am Ende zusammengefunden haben, desto mehr Rabatt gibt es. Pinduoduo profitiert natürlich extrem davon, dass WeChat in China so stark verbreitet ist und die integrierten Zahlungsmöglichkeiten selbstverständlich genutzt werden.

Nicht nur Softwareunternehmen profitieren von der Allgegenwärtigkeit digitaler Plattformen in China: Der chinesische E-Autohersteller NIO bietet auf seiner Plattform eine One-Stop-Solution für alle Belange rund um die Fahrzeuge an: Man kauft das Auto über die NIO-App, bestellt mit einem Klick Wartung oder Serviceleistungen an jedem beliebigen Ort und kann sogar Lade-Vans ordern, die quasi als Powerbanks fungieren.

Das sind nur einige Beispiele dafür, wie innovative Gründer von der digitalen Aufgeschlossenheit in China profitieren. Die Möglichkeiten sind nahezu endlos und werden vom chinesischen Gründergeist reihenweise erkannt, genutzt und umgesetzt. Unterstützt wird dieser Gründergeist durch staatliche Initiativen, Inkubatoren, Fördermittel, Finanzierungen über Venture Capital oder Sonderzonen mit gelockerter Regulierung. Die Kommunen und Regionen konkurrieren, um die besten Voraussetzungen für das Unternehmertum zu schaffen.

Wie erfolgreich das ist, zeigt die beeindruckende Entwicklung von Shenzhen. Vor 40 Jahren war Shenzhen noch eine kleine Fischerstadt mit 300.000 Einwohnern. 1989 wurde es Chinas erste Sonderwirtschaftszone. Durch gezielte Förderung und Unternehmergeist ist die Stadt mittlerweile das globale Zentrum für Hardwareentwicklung, mit 40 Millionen Einwohnern und über 2 Millionen registrierten Unternehmen.

Rund 70 % der weltweit verkauften Smartphones kommen aus Shenzhen. Huawei, DJI (einer der führenden Drohnenhersteller) und ZTE (Telekommunikation) haben ihre Hauptquartiere in Shenzhen, ebenso BYD (Elektroautos), Tencent oder BGI (Gen-Sequenzierung). Zahlreiche internationale VCs, Accelerators und Inkubatoren sind in der Stadt vertreten. HAX beispielsweise, ein Seed-Accelerator mit Fokus auf Hardware-Startups, bietet in seinem dortigen Accelerator-Programm quasi einen Allround-Service für Hardware-Gründer. Huaqiangbei, der zentrale Stadtteil in Shenzhen, ist wie ein Basar mit Elektronikmärkten. Hier gibt es keine Ketten, sondern kleine Läden und Stände, meist spezialisiert auf ein Hardware-Produkt. Es wird eine extreme Vielfalt an Speicherkarten, Handys und Co. vertrieben. Wäre Saturn ein Stadtteil, dann wäre er Huaqiangbei.

Shenzhen hat im Vergleich zum Silicon Valley einen großen Vorteil: eine hervorragende Supply Chain. Die angesammelte Expertise im Bereich Fertigung und die niedrigen Lebenskosten sind günstige Konditionen für Startups. Gründer können einen Prototyp in weniger als einem Tag 3D-gedruckt vor sich haben und es heißt, das, wofür man andernorts einen Monat **R&D** braucht, dauert in Shenzhen eine Woche.

> R&D

steht für Research and Development, also Forschung und Entwicklung. Viele Unternehmen, aber auch Universitäten richten R&D-Zentren ein, um abseits ihres Kerngeschäfts neue, innovative Technologien und Produkte zu erschaffen.

Die Kombination aus staatlicher Unterstützung, Effizienz, Geschwindigkeit und der 10xDNA hat Shenzhen zum Hardware-Silicon-Valley der Welt gemacht. Im Grunde ist Shenzhens Aufstieg selbst eine 10xStory. Dieses Momentum möchte China auch auf andere Bereiche übertragen. Die digitalisierten und vernetzten Bürger erzeugen Unmengen an Daten. Schätzungen zufolge gibt ein Chinese 50 mal mehr über Mobile Payment aus als ein US-Amerikaner, bestellt zehn mal häufiger Essen über Apps und erzeugt 300 mal mehr Bewegungsdaten. Kurz – die Gesellschaft produziert eine Menge wertvoller Daten. Diesen unglaublichen Datenpool will China nutzen, um neue Anwendungen auf den Gebieten künstliche Intelligenz und Smart Cities zu entwickeln.

Die Regierung gab vor drei Jahren das Ziel aus, bis zum Jahr 2030 das globale Zentrum für KI-Innovation zu werden und startete 2018 ein Programm, um über fünf Jahre 500 Lehrkräfte und 5000 Studierende im Bereich KI auszubilden. Bereits im ersten Jahr begannen 100 Lehrkräfte und 300 Studierende ihre Ausbildung. Zu den Dozierenden im Programm gehören Koryphäen wie Kai-Fu Lee, der das Projekt 2018 mit initiierte, John E. Hopcroft und Geoffrey Hinton. Kai-Fu Lee entwickelte das weltweit erste sprecherunabhängige Spracherkennungssystem. John E. Hopcroft wurde für seine Arbeit mit Algorithmen und Datenanalysen 1986 mit dem Turing Award ausgezeichnet. Geoffrey Hinton, ebenfalls Turing-Award-Träger, ist bekannt für seine Beiträge zur Theorie künstlicher neuronaler Netze.

Neben dem KI-Institut soll es zukünftig auf Anordnung der Regierung an allen Primär- und Sekundarschulen KI-Kurse geben. Unternehmen und Universitäten entwickeln Lehrmaterial, es sollen hochqualitative, frei zugangliche Onlinekurse entstehen und zahlreiche Fakultäten, Forschungsinstitute und interdisziplinäre Forschungszentren etabliert werden. Geht der Plan der chinesischen Regierung auf, ist KI bald von der Grundschule über die weiterführende Schule bis hin zum Studium ein elementarer Teil der Ausbildung. Auch die chinesische Bevölkerung hat das riesige Potenzial von KI erkannt und sieht darin den Arbeitsmarkt der Zukunft. Eltern lassen ihre Kinder zum Teil schon im Kindergartenalter programmieren lernen.

Aber die Regierung startete nicht nur eine Bildungsoffensive: In Peking wurden 2 Milliarden Dollar für ein nationales KI-Institut mit KI-Industriepark eingeplant, der einmal 400 KI-Unternehmen beherbergen soll. Hangzhou – die Heimat von Alibaba – plant mit staatlichen Investmentfonds ebenfalls einen KI-Park mit über 1 Milliarde Dollar Volumen. Alibaba hat angekündigt, 15 Milliarden Dollar in R&D zu investieren und will in diesem Rahmen sieben neue Labs in China, Singapur, Moskau und den USA eröffnen. Die Forschung soll sich auf grundlegende und disruptive Technologien konzentrieren, also Bereiche wie künstliche Intelligenz, IoT und Quantencomputer.

Peking und Hangzhou sind nur zwei Beispiele. 19 andere Regionen haben ähnliche KI-Initiativen angekündigt und hierfür Partnerschaften mit den Konzernen Baidu, Alibaba und Tencent geschlossen. Führende Unternehmen wurden zudem von der Regierung zu Mitgliedern eines nationalen KI-Teams ernannt. Dazu gehören Alibaba, Baidu, Huawei, Tencent, iFlytek (ein staatliches IT-Unternehmen im Bereich Sprachsteuerung) und inzwischen auch SenseTime (KI-Software).

Baidus Aufgabe ist dabei das autonome Fahren. Alibaba soll mit seiner Cloud-Computing-Sparte Smart Cities zur Realität machen und mit künstlicher Intelligenz Lösungen für ein verbessertes Leben in Großstädten finden. Huawei ist für die Hard- und Softwareinfrastruktur verantwortlich, Tencent wird sich mit Computer Vision für medizinische Diagnosen befassen. iFlyteks Fokus wird Smart Audio sein und SenseTime befasst sich mit Smart Vision. Mittlerweile ist das Team um zehn weitere Unternehmen gewachsen, unter anderem für die Bereiche Software & Hardware Infrastructure, Cybersecurity, Smart Education und Smart Home.

In China ziehen Staat, Unternehmen, Bildungssystem und Bevölkerung an einem Strang, um den 10xSprung zu schaffen und zur führenden Kraft im Bereich KI zu werden. Die Regierung ruft Pläne und Projekte aus, die – anders als hierzulande – nicht nur auf dem Papier existieren. Es wird massiv in Unternehmen, Infrastruktur und Forschung investiert. Das Bildungssystem wird eingebunden und zum Teil umgekrempelt, um genügend hochqualifizierte Nachwuchskräfte zu haben. Es ist offensichtlich: China hat die Wichtigkeit des Themas verstanden.

BAT GEGEN GAFAM

Amerika hat die sogenannten GAFAMs – Google, Apple, Facebook, Amazon und Microsoft –, die großen, dominierenden Tech-Plattformen, von denen jede einzelne hunderte **MILLIARDEN** Dollar wert ist. China hat US-Player in China systematisch verboten, so konnten eigene chinesische Anbieter entstehen, die BATs: Baidu, Alibaba und Tencent – drei große Tech-Konzerne, die auf Augenhöhe mit den GAFAMs agieren. Das Erschreckende für Europa: Eigentlich haben die USA und China schon viel mehr als die fünf GAFAMs oder die drei BATs. Es gibt eine ganze Reihe neuer globaler Champions, die in den letzten Jahren extrem gewachsen sind, beispielsweise Oracle, Salesforce, Netflix, Tesla, Dropbox und Square in US. In China sind es JD, Huawei, Xiaomi, OnePlus, ByteDance und viele mehr. Alles Unternehmen die schon heute eine Marktkapitalisierung von über 100 Milliarden Dollar haben oder sehr bald haben werden.

> MILLIARDEN, BILLIONEN/BILLIONS

Die Marktkapitalisierung ist der Marktwert eines Unternehmens. Den tatsächlichen Wert mag jeder für sich anders einschätzen, aber der Marktwert wird bei öffentlichen Unternehmen durch den Aktienkurs eindeutig definiert. Dieser hängt bei Technologie-Unternehmen oftmals nicht an Gewinnen oder Umsätzen, sondern an dem Potenzial, das die Aktionäre sehen. Da die weltweit führenden Tech-Unternehmen sehr, sehr hohe Werte angenommen haben und es sogenannte »false friends« gibt, hier eine kurze Übersicht.

ACHTUNG

DE	EN	NUM
Millionen	Millions	1.000.000
Milliarden	Billions	1.000.000.000
Billionen	Trillions	1.000.000.000.000

DIE CHINESISCHEN

BAIDU vs. GOOGLE

Baidu betreibt die größte Internet-Suchmaschine in China und deckt dort so gut wie alle Services ab, die auch Google anbietet, zum Beispiel Baidu Maps, Baidu Wangpang als Cloud-Speicher-Service, Baidu PPC (auch bekannt als Baidu Adwords/SEM/Tuiguang) als Äquivalent zu Google Adwords und Adsense, Baidu Knows als chinesische Antwort auf Quora und Baidu Baike, eine Online-Enzyklopädie ähnlich wie Wikipedia. Zusätzlich gibt es chinaspezifische Services. Baidus Algorithmen sind auf die Eigenheiten der chinesischen Sprache zugeschnitten und sind entsprechend für Chinesisch wesentlich besser als für Englisch – das ist in China ein enormer Vorteil gegenüber Google.

Baidus Videostreaming-Spinoff iQiyi darf als chinesischer Partner von Netflix sogar Netflix-Original-Produktionen ausstrahlen. Zusammen mit Tencent Video ist iQiyi einer der Marktführer im chinesischen Video-Streaming-Markt.

Baidu setzte sehr früh auf die Entwicklung künstlicher Intelligenz und konnte schon 2014 einige der führenden Köpfe in diesem Gebiet aus den USA nach China holen. Unter Baidu Brain bietet Baidu eine weite Palette an KI-Services an, unter anderem ein Open Source Deep-Learning-Framework namens PaddlePaddle als Mitbewerber zu dem von Google entwickelten TensorFlow.

Baidus Projekt »Apollo« entwickelt eine offene Plattform für selbstfahrende Autos und ist ein direkter Konkurrent zum Google X Projekt Waymo. Mehr als 50 Partner haben sich diesem Konsortium angeschlossen. Neben allen großen chinesischen Autoherstellern sind auch deutsche Unternehmen wie Bosch, BMW, Daimler, Volkswagen oder Continental mit an Bord.

BIG PLAYER

ALIBABA vs. AMAZON

Die Alibaba-Group bedient mit ihren unterschiedlichen Plattformen den gesamten chinesischen E-Commerce-Markt, analog zu Amazon, eBay und Co. Alibaba.com ist eine reine B2B-Plattform, es hält anders als Amazon (Amazon Warehouse) selbst keine Waren. Aliexpress bietet als B2C-Plattform überwiegend chinesischen Händlern die Möglichkeit, Waren außerhalb von China anzubieten. TMall funktioniert quasi in die andere Richtung und ermöglicht es internationalen Unternehmen, Waren im chinesischsprachigen Raum zu verkaufen. Taobao ist vergleichbar mit eBay und gehört zu den zehn meistbesuchten Internetseiten weltweit.

Der Einzug des Singles Days in den Onlinehandel ist auf Alibaba zurückzuführen. Das Unternehmen wählte den 11.11. als Singles Day wegen der magischen Eins und bewarb ihn als Shopping Event, vergleichbar mit dem »Black Friday« – inzwischen ist der Singles Day der umsatzstärkste Tag im chinesischen Onlinehandel. 2019 hat Alibaba am Singles Day in einer Minute und sieben Sekunden Waren im Wert von einer Milliarde Dollar umgesetzt.

Alibaba und die zahlreichen Tochtergesellschaften sind längst nicht mehr nur im Onlinehandel verankert: Ant Financial betreibt Alibabas Paypal-Pendant Alipay, einen der zwei führenden Mobile-Payment-Anbieter in China, sowie den Geldmarktfonds Yuebao, der eine ernstzunehmende Konkurrenz für traditionelle Banken in China darstellt. Aliyun oder Alibaba Cloud bieten Cloud-Services an und sind darin vergleichbar mit Amazon Web Services. Mit ET Brain bietet Alibaba eine ultraintelligente KI-Plattform zur Lösung komplexer Probleme an – beispielsweise die Verkehrssteuerung einer Großstadt mit 9 Millionen Einwohnern. Mit Hanguang 800 hat Alibaba außerdem seinen ersten Inference-Chip für maschinelles Lernen in seiner Cloud vorgestellt.

TENCENT vs. FACEBOOK

Bei Tencent kommt den meisten zunächst WeChat in den Sinn, auf den ersten Blick nur ein mobiler Messenger mit monatlich über 1,1 Milliarden aktiven Nutzern und gleichzeitig die größte Social-Media-Plattform in China. Aber eigentlich ist WeChat noch viel mehr: Mit WeChat Pay ist es neben Alipay einer der größten Anbieter für Mobile Payment, eine Art Browser für mobile Seiten, man kann es sogar als mobiles Betriebssystem bezeichnen. Dazu tragen die zahlreichen Miniprogramme in WeChat bei. Sie laufen über sogenannte official accounts und sind kleine Applikationen innerhalb der WeChat-App. Anstatt sich die App des chinesischen Uber-Äquivalents Didi zu installieren, kann man zum Beispiel einfach das Miniprogramm innerhalb von WeChat hinzufügen und fortan mit WeChat seinen Fahrdienst buchen. Man kann Essen bestellen, seine Rechnungen bezahlen, Wartungsdienste kontaktieren, Video- oder Musikdienste in Anspruch nehmen und vieles mehr, ohne die WeChat-App auch nur einmal zu schließen. Anders als Apps müssen diese Miniprogramme nicht heruntergeladen und installiert werden, sondern sind WeChat-intern sofort einsatzbereit. In China ist WeChat die »App für alles«.

Ein Feature bei WeChat ist das Versenden von sogenannten Red Envelopes. Diese »roten Umschläge« sind tief in der chinesischen Kultur verankerte Geldgeschenke, typischerweise zum chinesischen Neujahr. In WeChat kann man über die Funktion Red Envelopes Geldbeträge an Kontakte oder Gruppen senden und einstellen, ob alle den gleichen Betrag bekommen oder ob der Betrag je nach Reihenfolge des Öffnens variiert, also der erste, der ihn öffnet, am meisten bekommt. Zudem läuft ein Red Envelope nach 24 Stunden ab. So entsteht ein kompetitives und überraschendes Element, das in China zu extrem hohem Engagement führt. Laut WeChat wurden zum chinesischen Neujahr 2017 innerhalb von sechs Tagen 47 Milliarden Red Envelopes versendet.

Neben WeChat ist Tencent noch in zahlreichen anderen Bereichen aktiv, das Unternehmen baute mit WeGame das größte Videospiel-Unternehmen auf und ist an zahlreichen Spieleentwicklungen beteiligt. Tencent Music, das chinesische Spotify, hatte 2018 ungefähr 75 % Marktanteil im Musikstreaming in China. Auch im Bereich Venture Capital ist Tencent eine der weltweit erfolgreichsten Firmen mit 48 Unicorns (Stand Februar 2020).

HUAWEI vs. APPLE

Huawei hat drei Kerngeschäftsbereiche: Telekommunikationsnetzwerke/Netzinfrastruktur (Carrier), Lösungen für Geschäftskunden (Enterprise) und Endgeräte (Consumer). Bei Endgeräten bietet das Unternehmen unter anderem Tablets, Smartwatches, LTE-Surfsticks und Smartphones an – mittlerweile liegt Huawei auf Platz 2 der größten Smartphone-Hersteller der Welt, knapp vor Apple. Huawei entwickelt außerdem ein eigenes Betriebssystem, Harmony OS (chinesisch: Hongmeng OS), um unabhängig von Android zu sein (auch in Reaktion auf den Handelskrieg mit den USA) und zugleich ein Betriebssystem zu haben, das besser über diverse Plattformen und Geräte einzusetzen ist.

Im Bereich Enterprise versorgt Huawei Unternehmen, Verwaltungseinrichtungen und andere Institutionen mit Produkten für die Netzinfrastruktur und Cloud Computing. Auch hier ist Huawei derzeit einer der Marktführer weltweit. Das Unternehmen hat den größten Weltmarktanteil unter den Ausrüstern von Telekommunikationsnetzen und führt auch in der Entwicklung neuer Mobilfunkstandards (5G). Schon jetzt hat Huawei laut CEO Zhengfei Ren mit der Forschung an 6G begonnen.

Huawei ist global eines der innovativsten Unternehmen, betrachtet man die Anzahl angemeldeter Patente. 2019 stand es auf Platz eins bei internationalen Patenten und auf Platz zwei bei Patentanmeldungen in Europa.

Auch im Bereich KI hat Huawei die Nase vorn. 2019 stellte es mit dem Ascend 910 den zurzeit leistungsstärksten KI-Prozessor für das Training von künstlicher Intelligenz in Machine-Learning-Projekten vor, zusammen mit dem AI-computing-framework »MindSpore«. Langfristig soll ein »full-stack all-scenario AI portfolio« entwickelt werden.

DIE GRUNDLAGEN HINTER 10x

Mit dem Ende der Dekade 2019 gab es einen Trend in den sozialen Netzwerken: »Dekaden-Posts«, Bilder von alltäglichen Dingen, die es vor zehn Jahren noch nicht gegeben hatte. Tweets, in denen die persönliche Entwicklung über die vergangene Dekade aufgelistet wurde. LinkedIn-Posts zu beruflichen Erfolgen innerhalb der letzten zehn Jahre. Der Effekt dieser Posts: Es zeigte sich, wie enorm die Entwicklungen, sowohl unserer Gesellschaft als auch jedes einzelnen von uns, in den letzten zehn Jahren tatsächlich waren.

UND WAS BEDEUTET DAS FÜR DEN BLICK AUF DIE NÄCHSTEN ZEHN JAHRE?

Zehn Jahre sind ein markantes Zeitfenster. Es bringt uns dazu, langfristig zu denken, ohne dass die Ziele in unerreichbare Ferne rücken. Zehn Jahre geben uns Zeit für die notwendigen Schritte hin zu einem größeren Ziel, angefangen mit dem ersten Schritt: sich die nötigen Fähigkeiten anzueignen. Zudem hält ein 10-Jahres-Plan dazu an, vorausschauender zu denken und zu handeln – eine Fähigkeit, die vielen Unternehmen zu großen Erfolgen verholfen hat.

>>

**PLANE IN DEKADEN.
DENKE IN JAHREN.
HANDLE IN MONATEN.
LEBE IM TAG!**

NIC HARALAMBOUS

Der exakte Zeitraum ist nicht verbindlich, dient uns aber als Orientierung. Wenn wir von zehn Jahren sprechen, geht es insbesondere darum, langfristig zu denken und zu handeln und dabei das große Ganze im Auge zu behalten.

Warum ist die 10xDenke so schwierig? Wieso überschätzen wir neue Themen kurzfristig, bilden regelrechte Hypes, aber schätzen die langfristigen Chancen von Innovationen zu gering ein?

»

WIR ÜBERSCHÄTZEN IMMER DIE VERÄNDERUNGEN, DIE IN DEN NÄCHSTEN BEIDEN JAHREN PASSIEREN SOLLEN. ABER WIR UNTERSCHÄTZEN DEN WANDEL, DER ÜBER DIE NÄCHSTEN ZEHN JAHRE PASSIERT. LASS' DICH DADURCH NICHT ZUR UNTÄTIGKEIT VERLEITEN.

BILL GATES

Der amerikanische Futurist Ray Kurzweil schreibt, dass die meisten Menschen bei ihren Vorhersagen über die technologische Entwicklung in der Zukunft die Fähigkeiten neuer Technologien dramatisch unterschätzen. Die Vorhersagen basieren eher auf einer »intuitiven« Fortschreibung des Fortschritts als auf der historisch erlebten exponentiellen Sicht. Menschen sehen die Welt, wie sie heute ist, und denken sie linear weiter. Autos werden etwas schneller, verbrauchen relativ gesehen etwas weniger Benzin. Aber es bleiben Autos mit vier Rädern, die auf einer Straße fahren. Die Wirklichkeit sieht anders aus. In Wirklichkeit werden wir sowohl als Mensch als auch als Wirtschaftsland immer stärker von neuen Technologien abhängig.

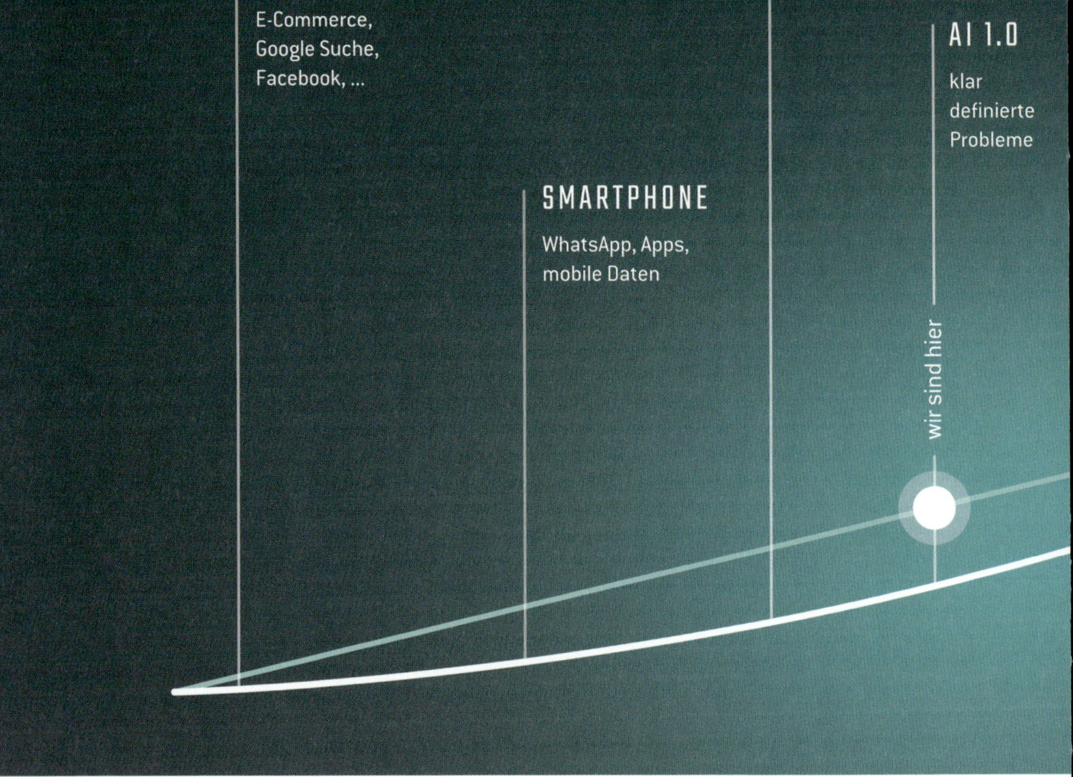

Wir tendieren dazu, den Fortschritt auf lineare Weise zu betrachten, aber die Technologie skaliert exponentiell und bleibt in den ersten Jahren hinter den linearen Erwartungen zurück. Dann beschleunigt sich das Tempo des technologischen Wandels, und innerhalb weniger Jahre sind alte Industrien verschwunden und die Abhängigkeit von der Technologie ist überwältigend geworden.

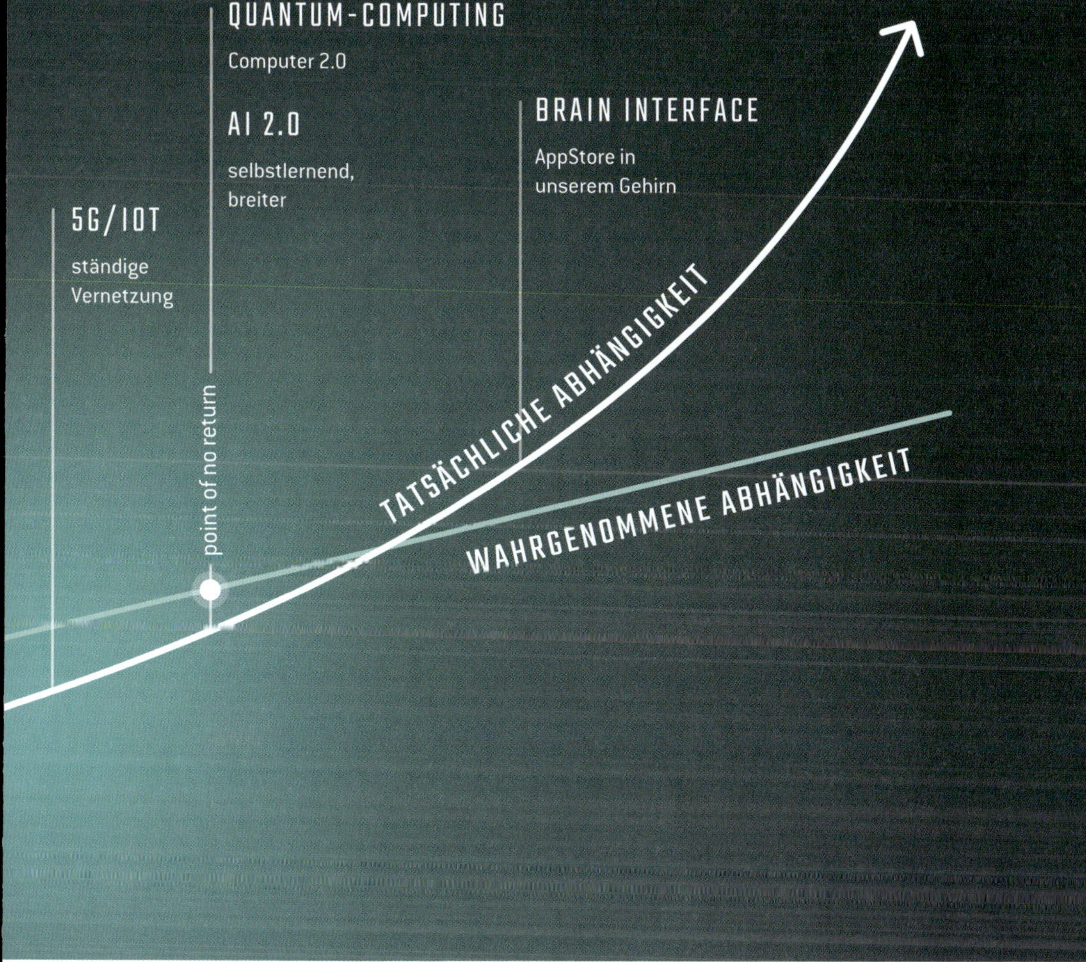

Technologische Fortschritte verlaufen exponentiell, oft kommen grundlegend neue Lösungen für ein Problem aus Richtungen, die man gar nicht für möglich gehalten hatte. So wurde Cloud Computing, ein fundamental neuer Weg, um Serverkapazitäten zu nutzen und zu skalieren, nicht von Microsoft oder SAP erfunden. Es war der Online-Händler Amazon, der seine brach liegenden Serverkapazitäten für andere öffnete und so ein vollkommen neues Geschäftsmodell erfand.

Wir Menschen können diese komplexen und oft überraschenden Zusammenhänge selten begreifen. Daher schätzen wir kurzfristige Effekte von Innovationen und ihre langfristigen Auswirkungen falsch ein.

Die visionärsten Erfinder und Gründer haben die 10xDNA verinnerlicht. Doch auch oder gerade sie haben es nicht immer einfach. Denn oftmals können zunächst nur sie selbst ihre Visionen sehen. Es erfordert Mut, an einer Vision zu arbeiten, während einen die Mehrheit für verrückt hält. Und es erfordert die Geduld, auch dann noch an der Idee festzuhalten, wenn alle anderen sich bereits enttäuscht abgewandt haben.

>THEOREME

sind Lehrsätze, die durch logische Schlussfolgerungen bewiesen werden können bzw. Tatsachen, die sich aus bereits etablierten Tatsachen ableiten lassen.

Zudem benötigt exponentielles Denken das inhärente Vertrauen in den technologischen Fortschritt. Auch wenn es historisch gesehen keinen Zweifel daran gibt, lässt sich dieser Fortschritt oft nur schwer greifen.

Ein Beispiel: Als das Human Genome Projekt im Jahr 1990 mit dem Ziel gestartet wurde, bis 2005 das komplette menschliche Genom zu entschlüsseln, waren viele skeptisch, darunter auch Wissenschaftler. Mit den besten damals zur Verfügung stehenden Computern hätte es rund 1.000 Jahre gedauert, das gesamte Genom zu scannen. Die methodischen Fortschritte innerhalb des Projekts und die ständige Verbesserung der Computerleistung sorgten schlussendlich dafür, dass das Projekt nach 13 Jahren, zwei Jahre vor dem gesetzten Ziel, erfolgreich beendet werden konnte.

Die 10xDNA ist kein blindes Hoffen auf den technologischen Fortschritt oder ein angeborenes Bauchgefühl. Vielmehr ist sie die Kombination aus fundamentalem Wissen in Bereichen wie Physik, Chemie und Informatik, gepaart mit sehr vorausschauendem Denken. Drei wissenschaftliche **THEOREME** verdeutlichen dies anschaulich.

MOORE'S LAW

Das bekannteste dieser drei Theoreme wurde 1965 vom Intel-Mitgründer Gordon Moore formuliert. Ursprünglich sagte es den Fortschritt bei der Entwicklung von Computerchips voraus. Alle 18 Monate, so Gordon, werde sich die Anzahl der Transistoren auf einem Prozessor verdoppeln. Die Leistungsfähigkeit der Prozessoren nehme also über die Zeit exponentiell zu.

Moore's Law hatte die letzten 50 Jahre Bestand. Die Anzahl der Transistoren pro Chip wuchs exponentiell und sorgte dafür, dass die Computer immer besser und die Prozessorleistung immer bezahlbarer wurden. Unsere heutigen Smartphones haben rund 100.000 mal mehr Prozessorpower und rund 1.000.000 mal mehr Arbeitsspeicher als jene Rechner, die die erste Mondlandung ermöglichten.

Speziell diese exponentielle Entwicklung brachte viele Sprung-Innovationen mit sich, denn mit immer mehr Rechenleistung konnten auch immer größere Probleme gelöst werden.

Mittlerweile stößt Moore's Law an seine physikalischen Grenzen, die Transistoren im Nanometer-Bereich werden so klein und eng gepackt, dass die Elektronen zwischen ihnen springen würden. Doch durch neue, spezialisierte Prozessoren wie **TPUs** für künstliche Intelligenz oder Quantencomputer bleibt die Grundthese von Moore's Law – steigende Rechenleistung bei sinkenden Kosten – intakt.

> TPUs

Tensor Processing Units oder Tensor-Prozessoren sind Chips, die von Google speziell für Anwendungen im Bereich KI und Machine Learning entwickelt wurden. Tensor ist eine mathematische Funktion, die eine bestimmte Anzahl von Vektoren auf einen Zahlenwert abbildet.

WRIGHT'S LAW

Das zweite wichtige Theorem zum besseren Verständnis des exponentiellen Fortschritts wurde in den 1930er Jahren vom US-amerikanischen Luftfahrtingenieur Theodore Paul Wright formuliert. Er entdeckte, dass die Stückkosten von Flugzeugen mit steigender Produktionsmenge konstant sanken. Seine Daten zeigten, dass je 1.000 produzierter Flugzeuge die Kosten pro Flugzeug um 15 % zurückgingen. Dieser Trend setzte sich mit steigender Produktion fort.

Wright's Law ist bei Wirtschaftswissenschaftlern auch bekannt als Erfahrungskurveneffekt und wurde in allen Details analysiert. Für exponentielles Denken hat das Theorem allerdings eine ganz entscheidende Bedeutung: Stellen heute die Kosten von Bauteilen eine Hürde dar und erscheint eine Innovation deshalb unwirtschaftlich, kann sie in naher Zukunft wirtschaftlich werden.

Das aktuell populärste Beispiel sind Elektroautos. Während der Entwicklungsphase des Tesla Roadsters im Jahr 2006 lagen die Kosten für die Akkus noch bei über 300 Dollar pro Kilowattstunde. Das Akkupack eines Tesla Roadsters kostete über 15.000 Dollar, ein Angebot für den Massenmarkt war undenkbar. 2017, zum Start von Model 3, waren die Kosten schon auf 145 Dollar pro Kilowattstunde gesunken und das Akkupack verursachte rechnerisch nur noch Kosten von unter 5.000 Dollar. Heute kostet Tesla die Kilowattstunde weniger als 100 Dollar und der Preis wird immer kompatibler für den Massenmarkt.

Auch in benachbarten Industrien kann Wright's Law alles auf den Kopf stellen. Ist die stetige Kostendegression erst einmal in Gang, können sich Kostenstrukturen industrieübergreifend sehr schnell fundamental ändern. Dies birgt Chancen für disruptive Anbieter, die diese Entwicklungen im Blick haben. Die steigende Nachfrage und Produktion von Akkus für Elektroautos sorgt dafür, dass deren Produktionskosten sinken. Dies wiederum ermöglicht den wirtschaftlichen Einsatz von Akkus in zahlreichen anderen Industrien, zum Beispiel in E-Scootern, E-Bikes oder Elektrorollern. Man kann über die E-Scooter, die es inzwischen zuhauf in jeder Großstadt gibt, sagen, was man will.

KOSTEN FÜR LITHIUM-IONEN-BATTERIEN

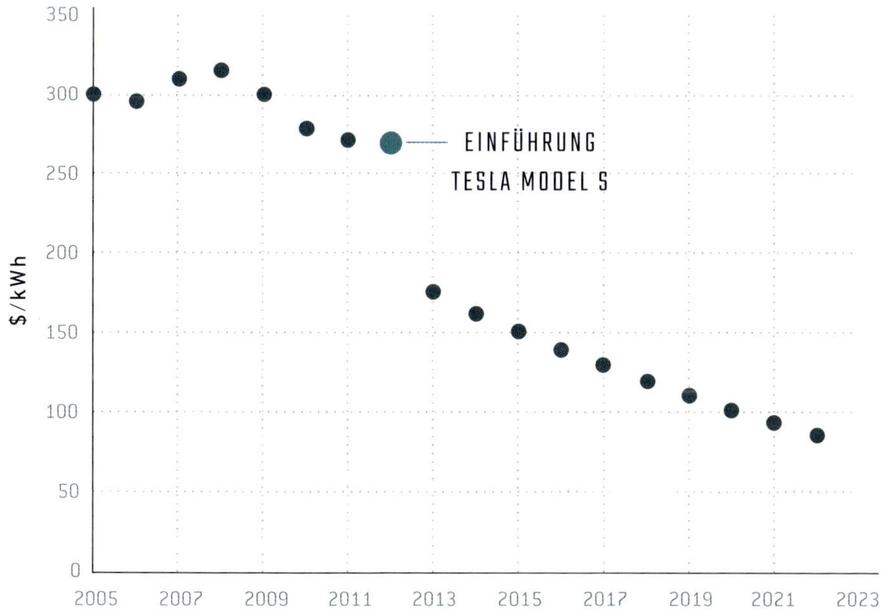

Quelle: ARK Investment Management LLC, 2018; IEA, Bloomberg New Energy Finace, Avicenne Energy

In jedem Fall sind sie ein einwandfreies Beispiel dafür, wie die Effekte durch Wright's Law in einer Branche (E-Auto) zum Entstehen eines vollkommen neuen Geschäftsfelds (E-Scooter) führen können.

>>

NANOS GIGANTUM HUMERIS INSIDENTES – WIR STEHEN AUF DEN SCHULTERN VON GIGANTEN.

BERNARDUS CARNOTENSIS, 1214

KURZWEIL'S LAW

Das von Ray Kurzweil geprägte Axiom nennt sich eigentlich »the law of accelerating returns« und ist die zentrale Grundlage seiner Arbeiten. Ray sagt voraus, dass die Menschheit in ein Zeitalter des exponentiellen Fortschritts einsteigt, in dem die Fortschritte der nächsten hundert Jahre sich wie zwanzigtausend Jahre Fortschritt anfühlen werden.

Kern des Axioms ist die Erkenntnis, dass jede neue Generation von Wissenschaftlern und Tüftlern auf die Ergebnisse der vorherigen Generation zurückgreifen kann. Ein sehr einfaches Beispiel: Die Erfinder des Taschenrechners hatten nur Papier und Bleistift zur Verfügung. Die nachfolgende Erfindergeneration konnte schon mit Taschenrechnern arbeiten. Heutzutage haben Forscher Zugriff auf Supercomputer, künstliche Intelligenz und **GAS-CHROMATOGRAPHEN** – ein ganzes Arsenal an Hightechtools.

Ein zweiter Faktor für den exponentiellen Fortschritt ist sehr banal: Es gibt immer mehr Akademiker und Forscher. Der britische Professor Derek de Solla Price stellte schon 1961 fest, dass »90 Prozent aller Wissenschaftler, die jemals auf der Erde gelebt haben, heute leben«. An der Zahl der seit 1900 vergebenen Doktortitel ist zu sehen, wie stark die Zahl der Akademiker zunimmt.

>GAS-CHROMATOGRAPHEN

sind Instrumente, die in sehr sensitiven Analyseverfahren Gemische in einzelne chemische Verbindungen auftrennen können. So lassen sich auch extrem geringe Substanzmengen nachweisen.

JÄHRLICH WELTWEIT VERGEBENE PHDS

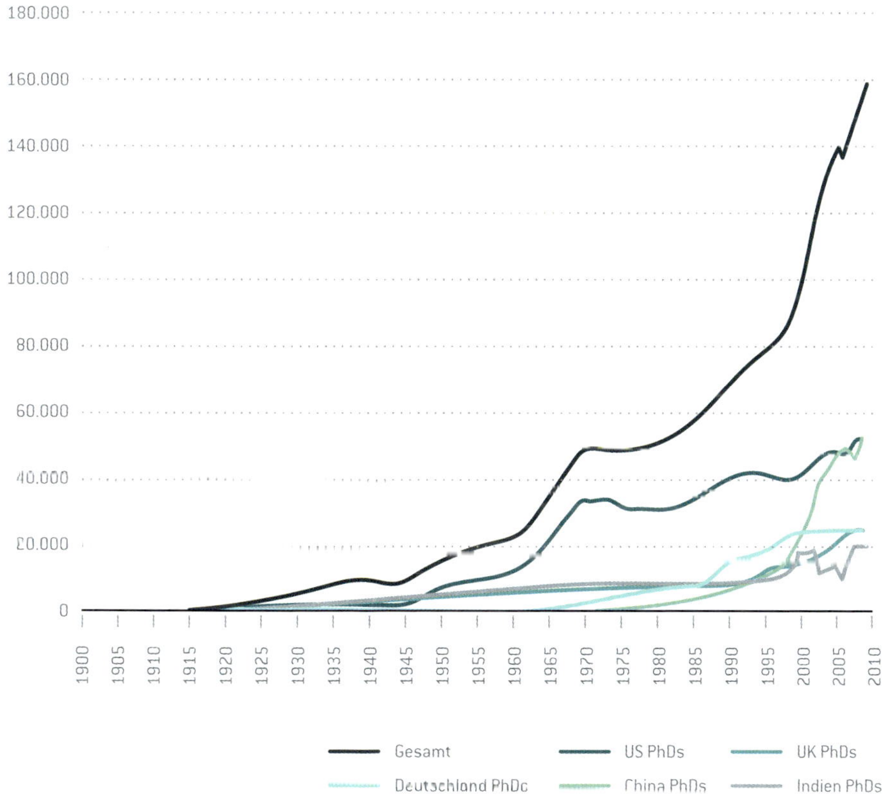

Immer mehr Forscher arbeiten mit immer mehr Wissen und immer besseren Werkzeugen an den Innovationen der Zukunft.

Wer diese drei Theoreme verinnerlicht und die Grundkonzepte der Technologien aus dem 10xBaukasten verstanden hat, ist auf dem besten Wege, seine eigene 10xDNA zu entwickeln.

>>

DIE GRÖSSTE SCHWÄCHE DER MENSCHLICHEN ZIVILISATION IST UNSERE UNFÄHIGKEIT, EINE EXPONENTIELLE WACHSTUMS-FUNKTION ZU BEGREIFEN.

ALLEN A. BARTLETT, 1969

WAS TREIBT DEN 10xFORTSCHRITT AN?

Unser Gehirn denkt lieber linear statt exponentiell. Im Zeitalter des exponentiellen Fortschritts ist das schlecht für uns. Rechenleistung wird stärker, Server- und Speicherkapazitäten günstiger, Wissen und Erkenntnisse sind überall und für jedermann verfügbar. Die Voraussetzungen für technologischen Fortschritt werden fortlaufend besser und technologische Entwicklungen verstärken sich gegenseitig. Je effizienter unsere Computer werden, desto effizienter werden unsere Entwickler und Forscher. Dadurch dürfte es schon sehr bald eine Reihe von Durchbrüchen in den unterschiedlichsten Bereichen geben.

DIE VIERTE INDUSTRIELLE REVOLUTION – DIESMAL IST ALLES ANDERS!

Wenn technologische Innovationen tiefgreifende gesellschaftliche Auswirkungen haben, sprechen wir von »industriellen Revolutionen«. In den letzten 300 Jahren hat die Menschheit drei industrielle Revolutionen durchlaufen – jede wurde ausgelöst durch die Erfindung und Implementierung einer neuen Basistechnologie.

Die erste industrielle Revolution – **das Maschinenzeitalter** – begann Ende des 17. Jahrhunderts mit der Erfindung der Dampfmaschine. Dampfkraft ermöglichte große Maschinen, Eisenbahnen, Dampfschiffe. Es entstanden Fabriken und mit ihnen eine Arbeiterklasse.

Die zweite industrielle Revolution – **die Industrialisierung** – Anfang des 20. Jahrhunderts basierte auf der Nutzbarmachung von Elektrizität, wodurch Erfindungen wie die Glühbirne, der Telegraf oder die Fließbandfertigung möglich wurden.

Die dritte industrielle Revolution – **das digitale Zeitalter** – wurde durch die Erfindung von Mikrochips ausgelöst. Durch die integrierten Schaltkreise wurde die Digitalisierung möglich, die wiederum Erfindungen wie den Taschenrechner (1967), Personal Computer (1976), Datenbanken (1977) und das Internet (1969) mit sich brachte.

Heute befinden wir uns an der Schwelle zur vierten industriellen Revolution. Und dieses Mal ist alles anders.

> **KAMBRISCHE EXPLOSION**
> beschreibt die explosionsartige Entwicklung fast aller heutigen Tierstämme zu Beginn des Kambriums (Periode der Erdgeschichte).

Die ersten drei industriellen Revolutionen basierten jeweils auf dem Durchbruch einer neuen Grundlagentechnologie, die neue Innovationen und Produkte nach sich zog. Doch heute stehen zeitgleich mehrere neue, transformative Basistechnologien bereit, was zu einer **KAMBRISCHEN EXPLOSION** an Innovationen in allen Bereichen der Gesellschaft führen wird.

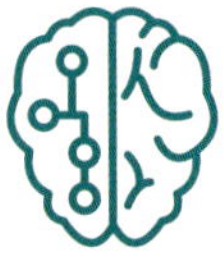

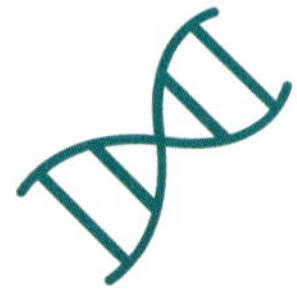
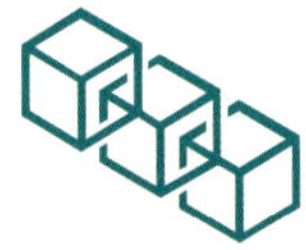

Durch Fortschritte in der Anwendung **künstlicher Intelligenz** erhalten Wissenschaftler in allen Forschungsfeldern neue, mächtige Analysewerkzeuge. Immer vielseitigere Funktionen können in immer mehr Bereichen eingesetzt werden, zum Beispiel in der medizinischen Forschung oder der Materialentwicklung.

Roboter werden in den nächsten Jahren viele Aufgaben schneller und zuverlässiger erledigen als wir. Noch entscheidender: Sie werden zu Leistungen in der Lage sein, die kein Spitzensportler der Welt vollbringen kann. Sie werden nicht müde, machen keine Flüchtigkeitsfehler und können in vielen Bereichen sehr viel effizienter, genauer und sicherer arbeiten als der Mensch.

Durchbrüche bei der Sequenzierung und Veränderung von DNA eröffnen neue Möglichkeiten in der **synthetischen Biologie,** chronische Krankheiten können geheilt oder vermieden werden. Natürlich wirft die Möglichkeit der Veränderung von DNA auch viele zentrale ethische Fragen auf, die zu klären sind. Doch die Entwicklungen in diesem Bereich sind nicht aufzuhalten.

Durch dezentrale **Blockchains** können Daten erstmals sicher und zuverlässig gespeichert und verwaltet werden. Ihre Sicherheit basiert auf fundamentaler Mathematik und IT. Ich gehe davon aus, dass das schon bald der neue Sicherheitsstandard ist und es für kommende Generationen inakzeptabel sein wird, dass ein einzelner Bankmitarbeiter ihren Kontostand ändern kann, so wie es heute noch der Fall ist.

Der technologische Fortschritt lebt von der Digitalisierung und der Vernetzung. Die neue Mobilfunktechnologie **5G** wird mit höheren Datenraten, geringeren Latenzen und vor allem viel mehr Kapazitäten die exponentielle Phase des »Internets der Dinge« lostreten. Es wird günstiger, einfacher und schneller, Menschen und Maschinen miteinander zu verbinden. Das wird viele neue Geschäftsmodelle ermöglichen.

3D-Druck wird zum ersten Mal seit der Steinzeit den Herstellungsprozess unserer Produkte grundlegend verändern. Wo wir heute bestehende Blöcke schnitzen, biegen, zusammenschrauben oder kleben, können wir in Zukunft jeden Punkt im Raum frei definieren und das Material genau da einsetzen, wo wir es brauchen.

Quantencomputer bringen, nach der Microchip-Revolution unserer Smartphones, den Computer 2.0. Der Sprung, den die Leistungsfähigkeit des Computers machen wird, lässt sich kaum ausmalen. Hierdurch erhoffen sich viele Forscher Durchbrüche in besonders komplexen Bereichen wie der Materialforschung oder der Medizin.

Jede Grundlagentechnologie aus dem Baukasten der Zukunft hat für sich alleine das Potenzial, Industrien zu revolutionieren und mehrere 100-Milliarden-Konzerne zu schaffen. Da diese Technologien auch noch miteinander kombinierbar sind, werden sich die Möglichkeiten für neue Anwendungen und Geschäftsmodelle schlagartig vervielfältigen. Wir springen in eine neue Dimension.

DIE DIGITALE REVOLUTION (10xÄRA 1.0)

10xÄRA
1.0
1990
–
2020

VIER TECHNOLOGIEN STARTETEN EINE REVOLUTION

DARAUS ENTSTANDEN U. A. FOLGENDE UNTERNEHMEN

Microsoft | Google | Apple
amazon | facebook | intel
Uber | Alibaba.com | Tencent 腾讯
HUAWEI | du | JD.COM

= 5,3 BILLIONEN EURO WERT*

+ DIE BASIS, DIE ZUKÜNFTIGE 10xWELT ZU DOMINIEREN

* Stand Februar 2020

ALLES IST DIGITAL

»Alles, was digitalisiert werden kann, wird digitalisiert werden«, das ist oft zu lesen. Es stimmt. Wer heute noch damit beschäftigt ist, die Erstellung, Verarbeitung und Speicherung von Informationen zu digitalisieren, wird den Anschluss verpassen. Die weltweit führenden Unternehmen haben ihre Digitalisierung bereits abgeschlossen und damit die Basis bereitet für die 10xChancen durch neue Technologien. Deutschland muss sich beeilen, um diesen Zug nicht zu versäumen.

Durch die Digitalisierung können verschiedene Technologien und Informationen zusammengeschaltet und so neue Dienste geschaffen werden. Zwei allgegenwärtige Beispiele verdeutlichen dies:

Wird eine digitale Straßenkarte mit einem digitalen Positionssensor (GPS) kombiniert, entsteht ein Navigationssystem. Dessen Verbindung mit digitalen Verkehrsinformationen wiederum ermöglicht die dynamische Routenführung mit automatischer Stauumfahrung.

Die Kombination eines Smartphones mit einem Taxidienst ruft mit einem einzigen Knopfdruck ein Taxi zu jeder gewünschten Stelle. Alle dafür nötigen Daten werden im Hintergrund digital ausgetauscht.

Das Disruptionspotenzial der Digitalisierung ganzer Branchen zeigt sich sehr gut an den Umwälzungen in verschiedenen Industrien: Schreibmaschinen wurden durch Textverarbeitungsprogramme ersetzt. Digitalkameras lösten analoge Kameras und Analogfilm ab. DVDs verdrängten VHS-Kassetten. Videotheken verschwanden durch die wachsenden Streaming- und Download-Angebote. Solche Beispiele gibt es zuhauf.

Jede neue Stufe der Digitalisierung führt zur Umwälzung ganzer Industrien. Wer damit nicht umgehen kann, verschwindet vom Markt. Das passierte beispielsweise Polaroid, Kodak, Blockbuster Video oder Nokia.

Die Bedeutung der Digitalisierung schreitet voran. Digitalisierung erzeugt Daten, die durch künstliche Intelligenz analysiert und für neue, bessere Angebote genutzt werden. Damit werden Daten zum neuen Wettbewerbsvorteil für Unternehmen.

Hand in Hand mit der Digitalisierung geht die Automatisierung. Die Software übernimmt repetitive Aufgaben, steuert Fertigungsanlagen und gibt Bescheid, wenn Abweichungen auftreten. Die Kosten sinken, wenn Prozesse zunehmend digitalisiert und automatisiert werden, und die Effizienz eines Unternehmens kann maßgeblich gesteigert werden.

Über das Internet of Things (IoT) werden immer mehr »Dinge« digitalisiert und können in ein Netzwerk integriert werden. Dies gilt für den privaten Bereich (den Kühlschrank) ebenso wie für den gewerblichen (zum Beispiel in der Produktion). Indem unsere Geräte immer smarter werden und dank IoT die Möglichkeit bekommen, untereinander zu kommunizieren, können sie mehr und mehr eigenständig agieren.

Damit sparen wir wertvolle Zeit. Zeit ist die einzige Währung, die sich nicht vermehren lässt. Egal, wie reich wir sind und wie viele Daten und Informationen uns zur Verfügung stehen – der Tag hat für jeden von uns nur 24 Stunden.

EXPONENTIELLE ENTWICKLUNG

Alles, was digitalisiert ist, kann über steigende Rechenleistung, schnellere Netzwerke und Algorithmen optimiert werden. Der Beginn des Informationszeitalters wurde geprägt durch Moore's Law: die exponentielle Entwicklung der Rechenleistung von Mikroprozessoren. In der Informatik gibt es das Mantra »Wenn fehlende Rechenleistung das einzige ist, was zur Lösung deines Problems fehlt, dann wird Moore's Law es bald lösen«. Uns stehen mittlerweile Prozessoren zur Verfügung, die für spezielle Anwendungen entwickelt wurden und als sich ständig verbessernde Werkzeuge im Sinne des Gesetzes der sich exponentiell beschleunigenden Resultate dienen.

So fand man zum Beispiel heraus, dass die Prozessoren von Grafikkarten (GPUs) viel besser für das Training von künstlicher Intelligenz geeignet sind als herkömmliche CPUs. Auf der Basis dieser Erkenntnis entwickelte Google Prozessoren (Tensor Processing Units oder TPUs), die speziell für das KI-Training optimiert sind. Neue Unternehmen wie Nvidia entwickeln Chips, die auf selbstfahrende Autos spezialisiert sind, Blockchain-Operationen und vieles mehr. **FPGAs** erlauben es sogar, Chips dynamisch für spezielle Anforderungen zu optimieren. Dank FPGAs und Cloud Computing laufen schon heute einzelne Algorithmen bis zu 1.000 mal schneller und energieeffizienter.

>FIELD PROGRAMMABLE GATE ARRAYS (FPGAS)

sind integrierte Schaltkreise, bei denen Logikgatter auch nachträglich noch mit Funktionen ausgestattet und kombiniert werden können.

Dort, wo klassische Prozessoren an ihre Grenzen stoßen, werden Quantencomputer übernehmen. Schon heute sind sie besser für einzelne Teilbereiche der Forschung geeignet, beispielsweise bei der Simulation von Proteinen und Molekülen oder der Berechnung von Optimierungsproblemen. Quantencomputer sind heute in einem sehr frühen Entwicklungsstadium, mit wenigen Qubits (Speichereinheiten), die Softwareentwicklung ist mühsam. Aber dies wird sich wie bei den Mikroprozessoren exponentiell entwickeln und jedes Jahr werden sich mehr und mehr Möglichkeiten eröffnen.

Die Ausgangsthese »Alles, was digitalisiert ist, kann über steigende Rechenleistung und mit Algorithmen optimiert werden« wird durch spezialisierte Prozessoren für Anwendungen in den Bereichen KI und Quantencomputer also um ein Vielfaches verstärkt.

ALLES IST VERNETZT

Die Digitalisierung ermöglichte Datenübertragungsstandards und somit den Austausch von Daten über Computernetzwerke. Zunächst geschah dies ausschließlich in internen Firmennetzen, später in semi-öffentlichen Universitätsnetzen. Mit der Entwicklung des Internets brach das große Informationszeitalter an.

Seit diesem Zeitpunkt greifen Digitalisierung und Vernetzung ineinander und sorgen für einen noch nie dagewesenen Innovationsschub. Digitale Daten können über das Internet verteilt und an jeden angeschlossenen Rechner zugestellt werden. In den Datenpaketen können E-Mails, Webseiten, Musik oder Filme stecken.

Die Kombination dieser beiden Schlüsseltechnologien ermöglichte komplett neue 10xGeschäftsmodelle. Die Unternehmen, die bei ihrer Digitalisierung konsequent auf diese 10xDNA setzten, profitierten am stärksten vom Internetboom. Unternehmen hingegen, die lediglich ihre analogen Geschäftsprozesse digital übertrugen, hatten oft das Nachsehen.

10xGESCHÄFTSMODELLE AM BEISPIEL NETFLIX

Der Anfang vom Ende der Videotheken war nicht die Digitalisierung von VHS zu DVD. Es war die konsequente Umsetzung eines neuen 10xGeschäftsmodells.

Netflix startete als Versand-Videothek und kämpfte am Markt gegen den Giganten der physischen Videotheken, Blockbuster. Blockbuster Video verfügte über Tausende Filialen, Millionen Kunden, effiziente Logistikketten und Deals mit allen großen Studios.

Doch das Netflix Management hatte das 10xMindset und erkannte früh die Chancen eines immer schneller werdenden Internets. Dank schneller Bandbreiten konnten Filme plötzlich digital an die Kunden geliefert werden. In einer digitalen Lieferkette entfielen allerdings die Überziehungsgebühren, das damals einträglichste Geschäft von Blockbuster. Vom Rest der Industrie belächelt, setzte Netflix dennoch konsequent auf seine Digitalstrategie. Das Unternehmen kaufte Streamingrechte, führte ein Abo Modell ein und investierte in eine erstklassige IT-Infrastruktur für Video-Streaming.

Den Rest der Geschichte kennen wir. Am Ende war der Gewinn an Bequemlichkeit für die Nutzer so groß, dass Videotheken nicht mehr mithalten konnten. Blockbuster ging im Jahr 2010 in die Insolvenz.

Die nächste Stufe der Vernetzung – das mobile Internet – sorgte für die Vernetzung von Menschen und Orten. Ständig einen mit dem Internet verbundenen Computer in der Tasche zu haben, ermöglichte vollkommen neue Anwendungen und brachte mit der nächsten Welle von disruptiven Geschäftsmodellen ganze Branchen durcheinander – Uber (Taxis), WhatsApp (SMS), Spotify (Musik). Die nächsten zehn Jahre werden mit IoT und 5G weitere Stufen der Vernetzung bringen und damit die Chancen für herausragende Gründer oder mutige Unternehmen, ganze Industrien auf den Kopf zu stellen.

DAS VIRTUELLE UND UNENDLICHE RECHENZENTRUM

Cloud Computing – der Zugriff auf IT-Infrastruktur wie Rechenleistung, Datenbanken oder Speicherplatz über das Internet – startete als kommerzielles Modell Mitte der 2000er Jahre. Vor allem Amazon baute aus dieser Idee ein heute milliardenschweres Geschäft auf. Für das Weihnachtsgeschäft wurden große Rechenkapazitäten benötigt, denn zu dieser Zeit wuchs der Traffic auf den Amazon-Shopseiten um das Zehnfache an. Außerhalb der Weihnachtszeit lagen diese Kapazitäten brach. Da Amazon schon früh intern auf eine modulare, servicezentrierte IT-Infrastruktur gesetzt hatte, konnten die überschüssigen Kapazitäten an andere Unternehmen vermietet werden.

Cloud Computing hatte in der Boomphase der Startups viele Vorteile: Gründer hatten sofort Zugriff auf eine voll skalierbare, moderne IT-Infrastruktur, ohne sich selbst teure Hardware kaufen zu müssen. Ideen konnten schnell programmiert, auf die Cloud-Server geladen und direkt online getestet werden. Das Management der eigenen Server entfiel komplett.

Ein weiterer Vorteil der neuen Cloud-Welt ist die Möglichkeit, komplette Softwaremodule zu mieten und damit sehr schnell ein komplettes Online-Business mit CRM-Lösung und Kundensupport aus der Cloud aufzubauen. Mit Anbietern wie Shopify, Mailchimp und Zendesk lassen sich diese zügig und ohne große Vorkenntnisse einfach zusammenbauen. Dank der Cloud-Lösungen von Microsoft oder Google können beliebig große Teams von überall in Echtzeit zusammenarbeiten.

Heute gibt es alles as-a-service aus der Cloud. Amazon bietet mittlerweile Dienste aus 23 Kategorien an. Von Machine-Learning-Lösungen (wie dem automatischen Erkennen von Bildern, Texten oder Sprache) über Robotersteuerung bis zu einer kompletten Satelliten-Bodenstation as-a-service, die gegen eine monatliche Gebühr die vollständigen Koordinaten und die Steuerung einer eigenen Satelliten-Konstellation ermöglicht.

Das Tolle am Cloud-Ansatz ist, dass er in gewissem Maß für eine Demokratisierung von Chancen sorgt. Denn wenn die neuesten Tools direkt und überall für Forscher, Tüftler und Gründer verfügbar sind, können die nächsten großen Ideen von überall kommen – auch in Zukunft. IBM schaltete vor einem Jahr für Interessierte einen Cloud-Zugang zu einem frühen Quantencomputer frei. Im Verlauf des Buches werden wir noch weitere Technologien vorstellen, die dank Cloud-Ansätzen für jedermann nutzbar sein werden.

ALLES OPEN SOURCE

Während der 1980/90er Jahre war Microsoft der dominierende Anbieter von Betriebssystemen und Software. Microsoft hatte einen großen »Lock-in« für seine Plattform geschaffen. Die meisten PCs liefen mit MS-DOS oder Windows, also lohnte es sich für externe Entwickler, ihre Software für diese Systeme zu entwickeln. Und umgekehrt war es für Käufer am attraktivsten, sich einen MS-DOS- oder Windows-Rechner zu kaufen, weil es hierfür die größte Auswahl an Anwendersoftware gab. Durch große Investitionen in **ENTWICKLUNGSUMGEBUNGEN** und Trainings hielt Microsoft das Schwungrad »Die meiste Software <–> Die meisten kompatiblen PCs« am Laufen. Das Aufkommen des Internets und die Verlagerung der Nutzer hin zu browserbasierten Anwendungen brach dieses System auf. Mit den neuen Smartphone-Betriebssystemen entstand ein neuer Wettbewerb um die besten Apps und mit ihm die besten Entwicklertools.

>ENTWICKLUNGS-UMGEBUNGEN

oder Systemumgebungen sind Plattformen, auf denen Entwickler mit einem Set an Prozessen und Werkzeugen neue Software oder neue Softwareversionen entwickeln. Dazu nutzen sie Programme, die als integrierte Entwicklungsumgebung (IDE) bezeichnet werden.

>>

DAS TEMPO DES WANDELS WAR NOCH NIE SO SCHNELL. UND DENNOCH WIRD ES NIE MEHR SO LANGSAM SEIN.

JUSTIN TRUDEAU, 2018
KANADISCHER PREMIERMINISTER

Wir befinden uns in der Zeit der Plattform-Ökosysteme. Alle großen digitalen Unternehmen – Apple, Google, Amazon, Microsoft – bieten Plattformen und versuchen, sich dort mit einem Angebot an Diensten zu differenzieren. Sie haben verstanden, dass sie die Kreativität und die Ideen externer Entwickler für sich gewinnen müssen, um immer neue Dienste anbieten zu können. Aus diesem Grund stecken sie viele Ressourcen in attraktive Entwicklerumgebungen. Sie bieten Entwicklern immer mächtigere Werkzeuge an, damit sie neue Dienste auf ihren Plattformen entwickeln. Die Palette verfügbarer Entwicklertools ist mittlerweile sehr breit. Sie reicht von Tools zur Unterstützung bei der App-Entwicklung (Apple Xcode/Swift, Android Studio oder Microsofts Visual Studio) hin zu Werkzeugen für Bilderkennung, Spracherkennung oder Videoanalysen mithilfe künstlicher Intelligenz. Es gibt spezielle Tools zur Entwicklung von Virtual- oder Augmented-Reality-Anwendungen. Neuerdings haben Amazon und Co. sogar Entwicklerumgebungen für Roboterprogrammierung und Quantencomputer im Portfolio.

Mit dem Aufkommen des Cloud Computing bildete sich noch eine weitere Methode der Zusammenarbeit unter Softwareentwicklern. In sogenannten **REPOSITORIES** speicherten Entwicklerteams ihre Softwaremodule. Alle im Team hatten Zugriff auf schon fertige Bausteine der Kollegen und konnten sie in anderen Projekten ihren Zwecken anpassen. Wieso sollte man beispielsweise ein Modul für »Passwort zurücksetzen« immer wieder neu schreiben, wenn man es aus

> **REPOSITORIES**
sind zentrale Ablageorte für Software. Sie dienen bei der Versionsverwaltung unter anderem dazu, nachzuvollziehen, wer wann etwas geändert hat. Bei Zugriff werden die entsprechenden Dateien aus dem Repository ausgecheckt und nach Bearbeitung wieder eingecheckt.

einem alten Projekt wiederverwenden konnte? Die effizienten Repositories etablierten sich. Heute gibt es große Online-Datenbanken wie Github mit fertigen Softwarebausteinen. Entwickler teilen Module, die sie für konkrete Probleme geschrieben haben. Andere können diese Module für ihre Projekte weiterentwickeln. Das Rad muss nicht immer wieder neu erfunden werden – es wird ständig verbessert. Analog zu Kurzweil's Law gilt: Immer mehr Software-Entwickler mit immer mehr Rechenpower haben Zugriff auf immer bessere Entwicklerumgebungen.

DIE 10xDNA WIRD IMMER WICHTIGER!

Die nächsten zehn Jahre werden die bislang schnellsten und intensivsten der Menschheit. Viele neue Grundlagentechnologien stehen bereit. Sie treffen auf eine vernetzte Welt, in der neue Ideen von überall kommen können. In der jeder von überall Zugriff auf skalierbare Rechenpower hat und seine Ideen mit immer besseren Tools direkt umsetzen kann. Die Vektoren, die den exponentiellen Fortschritt treiben – Digitalisierung, Rechenpower, globale Vernetzung – sind stärker als je zuvor. Der Fortschritt wird sich weiter beschleunigen und neue Chancen für Entrepreneure und Unternehmen hervorbringen. Deshalb ist die 10xDNA in Zukunft unabdingbar, um neue Chancen zu sehen und auch, um das eigene Unternehmen vor einer Disruption durch eine neue Technologie zu schützen.

© KODAK

> STEVE SASSON, ERFINDER DER DIGITAL KAMERA

HINTERHER IST MAN IMMER KLÜGER!

Das klassische Beispiel für eine verschlafene Disruption ist Kodak. Der Konzern war führend bei Farbfilmen für analoge Kameras mit 80 % Margen bei 90 % Marktanteil. So ziemlich jede Urlaubsreise war mit dem Kauf eines Kodakfilms verbunden. 1976 entwickelte der Kodak-Ingenieur Steve Sasson die erste digitale Kamera. Sie hatte eine Auflösung von 0.01 Megapixel und benötigte 23 Sekunden, um ein Bild auf eine **DATASETTE** zu speichern.

Als Steve seine Erfindung dem Management von Kodak zeigte, wurde er wegen der schlechten Technik belächelt. Hätte das Management wie Elon »First Principle Thinking« genutzt und den Weg zu einer Kamera gesehen, die zehn Megapixel Bilder in zwei Sekunden auf einem kleinen Speichermedium speichert, hätte es vermutlich anders entschieden. Aber die Unternehmensführung von Kodak dachte linear und wollte das Kerngeschäft nicht gefährden. Sie investierte weiter in inkrementelle Fortschritte beim Analogfilm und sah weder Chancen noch Gefahren der Digitalisierung. Ein weiterer Faktor, der zum Niedergang der Firma führte: »Good is the biggest enemy of Great«. Es ging Kodak einfach zu gut, warum sollte man sich jetzt mit so einem unwichtigen Thema befassen?

Digitale Kameras setzten sich durch, der Farbfilm wurde ein Relikt der Vergangenheit und Kodak ging 2012 in die Insolvenz. 2012 war übrigens auch das Jahr, in dem Facebook das Startup Instagram für 1 Milliarde Dollar übernahm – und mit ihm einen neuen Weg, schöne Momente im Bild festzuhalten und mit anderen zu teilen. #instagramable

STILLSTAND HEISST ABGEHÄNGT!

»Stillstand heißt Rückschritt« – diese Businessphrase aus dem letzten Jahrtausend verharmlost die Gefahr, in der Unternehmen mittlerweile stecken, wenn sie den Anschluss verlieren. In der 10xWelt verläuft der Fortschritt exponentiell. Ein Unternehmen, das zurückfällt, startet die nächste Innovationsrunde nicht ein paar Schritte weiter hinten und es reicht nicht, sich in der »zweiten Halbzeit« einfach ein wenig mehr anzustrengen. Vielmehr läuft das Unternehmen sehr schnell Gefahr, komplett den Anschluss zu verpassen und Opfer der Disruption zu werden. Die 10xWelt ist das **INNOVATORS DILEMMA** im Turbomodus!

>DATASETTE

setzt sich aus Data (Daten) und Kassette zusammen. Das in den 80ern weit verbreitete Gerät sieht aus wie ein Kassettenrekorder und speichert Computerdaten auf Kassetten.

>INNOVATORS DILEMMA

ist ein einflussreiches Buch von Clayton Christensen. Dort zeigt er, wie führende Unternehmen die Marktführung verlieren, wenn neue und unerwartete Unternehmen sich neue Märkte schaffen, aufsteigen und schließlich den Markt ganz übernehmen. Die großen Unternehmen scheitern daran, das Potenzial neuer Technologien zu erkennen, weil sie versuchen, diese auf ihre bestehende Kundenbasis oder ihre bestehende Wertschöpfungskette anzuwenden. Das Dilemma ist also, dass sich Unternehmen entscheiden müssen, ob sie die aktuellen Bedürfnisse ihrer bestehenden Kunden bedienen oder zukünftige Bedürfnisse potenzieller Kunden.

> FORD MODELL T

Dabei kommt die Disruption oft nicht aus der eigenen Branche und interessanterweise auch selten direkt aus einer neuen Technologie. Wie Clayton Christensen schon in den 1990er Jahren beschrieb, entstehen neue Konkurrenten meist am Rand der eigenen Industrie. Und die Disruption entsteht aus neuen Geschäftsmodellinnovationen, die erst durch eine neue Technologie ermöglicht werden.

Das Modell T von Ford war kein anderes Auto als sein Vorgänger, das Modell S. Es unterschied sich weder im Design noch in den Spezifikationen von den Autos der Wettbewerber. Die disruptive Innovation war der Produktionsprozess

> FORD PRODUKTIONSSTÄTTE 1930

dahinter – das Fließband. Dadurch konnte Henry Ford das Modell T signifikant schneller und günstiger produzieren. Der Verkaufspreis fiel von 850 auf 370 Dollar und brachte Automobile auf den Massenmarkt.

Durch die physische Natur des Produkts und den damals noch linearen Fortschritt in der »guten alten Zeit« konnten die Wettbewerber Dodge, Buick und Maxwell Fords Fließband kopieren und ihre Produktion anpassen.

Im digitalen Zeitalter bleibt dafür oft keine Zeit mehr. Die Geschwindigkeit, mit der sich digitale Innovationen ausbreiten, nimmt ständig zu.

DOWNLOADING NEW BUSINESS MODEL...

In einer digitalen Welt gibt es keine physischen Limitationen. Innovative Geschäftsmodelle und neue Nutzungsmodelle breiten sich sofort global aus. Es müssen weder neue Fabriken gebaut noch komplizierte Fertigungsprozesse geändert werden. Alles ist vernetzt, alles ist in der Cloud und alles kann sofort global skaliert werden.

»Move fast – break things« – dieses alte Motto von Facebook ist für die Firma noch immer relevant. Noch vor einiger Zeit luden die Facebook-Entwickler zwischen 500 und 1000 Software-Updates pro Tag auf die Produktionsserver. Mittlerweile haben Facebook, Amazon und Co. auf kontinuierliche Software-Updates umgestellt und können die **DEPLOYMENTS** kaum noch zählen. Die Plattformen werden damit permanent optimiert und weiterentwickelt.

>DEPLOYMENTS
nennt man die Prozesse zur Bereitstellung von Software oder Updates.

Der Drohnenbauer DJI ist berühmt dafür, dass er seine aktuellen Massenmarkt-Modelle nach kurzer Zeit sofort wieder durch neue, noch bessere oder günstigere Modelle ersetzt. Hightech wird zur Saisonware.

Sich ständig neu und vor allem konsequent auf die Chancen exponentieller Technologien einzustellen, ist das Erfolgsgeheimnis von 10xUnternehmen. Amazon und Alphabet zahlen zum Beispiel keine Dividenden, sondern investieren die Gewinne direkt wieder in die Entwicklung neuer Geschäftsfelder.

EINFÜHRUNG DER TECHNOLOGIEN IN DEN USA (1900 – HEUTE)

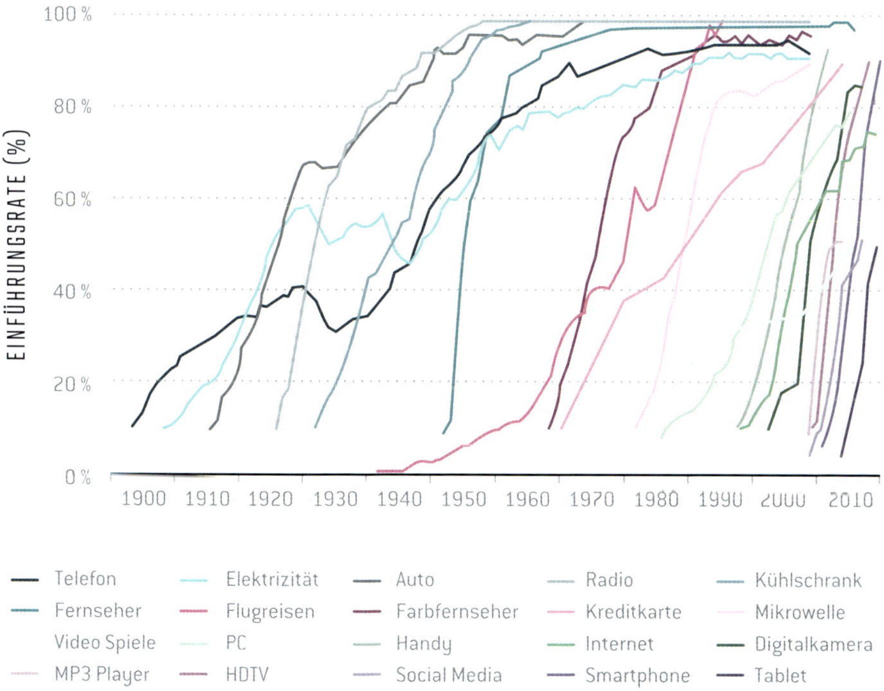

Quelle: BlackRock

FRANKs FAZIT

> Wir kommen vom Industrie- in ein 10xZeitalter. Google, Apple, Facebook, Tencent, Tesla und Co. haben gezeigt, wie schnell man mit Technologie, Mut und einer 10xDNA relevante Unternehmen aufbauen kann. Deutschland hat heute noch viele Weltmarktführer und Hidden Champions, doch wir müssen jetzt die Chancen neuer Technologien mutig und konsequent umsetzen, damit wir weiterhin erfolgreich bleiben. Im nächsten Teil schauen wir uns die Technologien aus dem Baukasten der Zukunft genauer an.

DIE 10xTECHNOLOGIEN – DER BAUKASTEN DER ZUKUNFT

10xÄRA
1.0
1990 – 2020

Die großen Innovationen der letzten 30 Jahre basieren hauptsächlich auf Fortschritten in der Computerdomäne – schnelleren Chips, unbegrenztem Speicher, Gigabit Internet und Smartphones. Daraus entstanden Anwendungen, die unsere Gesellschaft, unseren Alltag und die Art und Weise, wie wir miteinander kommunizieren, fundamental veränderten. Die Unternehmen hinter diesen Innovationen – Google, Apple, Facebook, Amazon, Microsoft (GAFAM) – gehören heute zu den wertvollsten Unternehmen der Welt. Innerhalb von nur zehn Jahren erreichten sie einen Marktwert von mehreren Billionen Dollar. Nennen wir diese Zeit die 10xÄra 1.0.

10xÄRA
2.0
AB 2020

In der nächsten Dekade werden wir eine Phase noch schnelleren Fortschritts erleben: die 10xÄra 2.0. Zwei Faktoren kommen zusammen und verstärken sich gegenseitig: Es treten so viele neue Grundlagentechnologien gleichzeitig auf den Markt wie nie zuvor. Jede dieser Technologien für sich könnte unser Leben signifikant verändern. Doch sie sind komplementär – sie ergänzen sich perfekt und lassen aufgrund ihres digitalen Ursprungs exponentielle Entwicklungen zu. Ein weiterer Faktor ist die sogenannte Smartphone-Dividende. Durch die Produktion von ca. 1,4 Milliarden Smartphones pro Jahr werden alle verwendeten Teile (Chips, Kameras, Sensoren, Displays,...) extrem günstig und können auch für andere Produkte verwendet werden.

CHIPS

INTERNET

CLOUD

SMARTPHONE

KÜNSTLICHE INTELLIGENZ

BLOCKCHAIN

ROBOTER

3D-DRUCK

5G

IOT

EDGE/CLOUD COMPUTING

SYNTHETISCHE BIOLOGIE

ENERGIE

02

KÜNSTLICHE INTELLIGENZ

>>

KI IST DIE NEUE ELEKTRIZITÄT.

ANDREW NG, 2017

Wenn Daten das neue Öl sind, dann ist künstliche Intelligenz die neue Elektrizität. Keine Technologie wird in den nächsten Jahren in so vielen Bereichen zu exponentiellen Fortschritten führen.

Was ist »künstliche Intelligenz«? Wie funktioniert sie? Und was kann man damit alles machen? Der Begriff künstliche Intelligenz beschreibt ein Gebiet innerhalb der Computerwissenschaften. Es beschäftigt sich damit, kognitive Funktionen des Menschen wie Lernen oder Assoziationen in Computern abzubilden und sie für komplexe, datenintensive Fragestellungen nutzbar zu machen.

Der Begriff »Artificial Intelligence« (AI) tauchte erstmals 1956 auf. Eine Gruppe amerikanischer Wissenschaftler um den Dartmouth College Professor John McCarthy wollte in einem Sommerprojekt erforschen, wie Computer Sprachen verstehen und Denkaufgaben eigenständig lösen können. Das Sommerprojekt kam nicht weit, doch die Frage ließ die Forscher nicht los. Das neue Forschungsgebiet »künstliche Intelligenz« (KI) entstand.

>ELIZA

ist die Großmutter aller Chatbots. Das Computerprogramm wurde 1966 von Joseph Weizenbaum entwickelt. Über verschiedene Module und Wortdatenbanken konnte das Programm sehr einfache Gespräche mit Menschen simulieren.

Zunächst konzentrierte sich die Forschung auf sogenannte allgemeine künstliche Intelligenzen: Computer, die wie Menschen »denken« können und sich flexibel neuen Situationen anpassen. Die begrenzte Rechnerkapazität in den 1960er/1970er Jahren bremste die Fortschritte. Deshalb wurden zunächst enger definierte Anwendungsfälle für die sogenannte schwache KI fokussiert. Die ersten Schachcomputer und Chatbots namens **ELIZA** entstanden. In den 1980er Jahren wurde Machine Learning (ML) zu einem eigenen Forschungsgebiet im Bereich der künstlichen Intelligenz. Im Kern forscht ML, wie Computer aus gegebenen Inputs selbst Dinge lernen und daraus Handlungen ableiten können. Dafür müssen sie für genau definierte Aufgaben ihren Algorithmus selbst programmieren.

Ein Beispiel hierfür ist die Spracherkennung: Die in einen Smart Speaker gesprochenen Worte »Hey Alexa...« werden als Schallwellen von einem Mikrofon empfangen und in ein digitales Muster umgewandelt. Da sich diese Wellenmuster je nach gesprochenem Wort, Akzent, nach Stimmlage oder Hintergrundgeräuschen enorm unterscheiden und unmöglich jedes Wort, jeder Akzent, jede Stimmlage fest in die Datenbank einprogrammiert werden können, wird hier ein Machine-Learning-Ansatz angewandt.

Der Computer wird mit vielen verschiedenen Wellenmustern gefüttert und entwickelt eigene Vorstellungen davon, wie die Wellenmuster für bestimmte Worte aussehen. Im ersten Schritt werden die Daten in einem supervised learning Ansatz »gelabelt«, zum Beispiel durch Tausende gesprochene »Hey«s von verschiedenen Menschen. Das Programm weiß vorher, was die Wellenmuster bedeuten und lernt, wie unterschiedlich ein »Hey« klingen kann. Aus diesen Trainingsdaten entsteht ein Algorithmus, der das Wort »Hey« aus der Sprache identifizieren kann. Im zweiten Schritt wird das Programm dann mit unbekannten (»unlabeled«) Daten getestet. Dies können andere »Hey«s sein, aber auch jedes andere Wort. Ein guter Algorithmus identifiziert mit hoher Wahrscheinlichkeit das Wort »Hey« und filtert gleichzeitig die Nicht-»Hey«s heraus. Wenn man bedenkt, wie viele Stimmlagen und Akzente es gibt und dass wir selten nur einzelne Worte sprechen, sondern in ganzen Sätzen reden, kann man sich vorstellen, wie aufwendig das Training für einen Spracherkennungs-Algorithmus ist.

Mittlerweile schneidet KI unter Laborbedingungen besser ab als Menschen. In einem Test von Microsoft übertraf die künstliche Assistentin Cortana bei der Mitschrift eines Gesprächs einen professionellen menschlichen Stenotypist. Dass der Umgang mit Siri oder Alexa im echten Leben noch so mühsam ist, liegt häufig an Umgebungsgeräuschen oder daran, dass das Kontextbewusstsein der Sprachbefehle noch nicht gut entwickelt ist. Der Computer versteht nicht, wenn sich der Mensch in seinem zweiten Satz auf einen Sachverhalt des vorherigen Satzes bezieht. Doch der Algorithmus entwickelt sich während der Nutzung weiter und je mehr Menschen die Sprachsteuerung nutzen, desto größer und besser wird die Datenbasis. Wir werden bald dabei zuhören können, wie Alexa und Siri Tag für Tag intelligenter werden.

Dies ist nur ein Beispiel. KI kann noch viel mehr, wie die folgenden Anwendungsmöglichkeiten zeigen.

KÜNSTLICHE INTELLIGENZ/

MACHINE LEARNING

Innerhalb des Forschungsgebiets der KI beschäftigt sich maschinelles Lernen damit, wie Computer autonom Wissen generieren können. Durch Algorithmen und statistische Methoden sollen Computerprogramme in Beispieldaten selbstständig Muster entdecken, um dann über mathematische Modelle Vorhersagen über die Entwicklung der Daten treffen zu können.

DEEP LEARNING

Dies ist eine Variante von Machine Learning, bei der die eingesetzten Trainingsdaten durch sich selbst anpassende Netzwerke, ähnlich den Neuronen in einem menschlichen Gehirn, gefiltert werden. Solche neuronalen Netze eignen sich besonders für die automatisierte Bild- und Spracherkennung.

SUPERVISED LEARNING

Der Algorithmus lernt hier, vorgegebene Daten in unterschiedliche Gruppen oder Klassen aufzuteilen. Als Trainingsdaten erhält er richtig bezeichnete Klassen oder Gruppen. Er konzentriert sich auf die reine Zuordnung der Eingangsdaten.

UNSUPERVISED LEARNING

Im Gegensatz zum überwachten Lernen bekommt der Algorithmus bei dieser Methode vorher keinerlei Informationen zu den unterschiedlichen Klassen oder Kategorien der Daten. Er muss innerhalb der Daten selber Cluster oder Muster finden, mit denen sie sich kategorisieren lassen.

ARTIFICIAL INTELLIGENCE

NARROW AI

Als schwache KI gelten Systeme, die auf konkrete Anwendungsfälle spezialisiert sind. Sie lösen konkrete Probleme, indem sie konkrete Anweisungen ausführen. Sie können die ihnen antrainierten Methoden zwar optimieren, haben aber kein tiefgreifendes Verständnis für das Problem und können somit keine eigenen Lösungsansätze entwickeln. Alle aktuell verfügbaren KI-Anwendungen wie Bilderkennung, Spracherkennung und Co. fallen unter die Kategorie »schwache KI«.

GENERAL INTELLIGENCE

Grundsätzlich soll eine starke KI ebenso wie der menschliche Verstand in der Lage sein, sich flexibel neuen Aufgaben und Gegebenheiten anzupassen. Allerdings existiert bis heute in der Wissenschaft keine Vorstellung darüber, wie ein solches System aufgebaut sein könnte. Alle aktuell existierenden KI-Lösungen fallen in die Kategorie »schwache« KI und arbeiten nur mit Algorithmen, die für genau definierte Aufgaben trainiert wurden.

REINFORCEMENT LEARNING

Eine Reihe von Methoden des maschinellen Lernens, bei denen die Software selbstständig eine Strategie erlernt. Führt sie Aktionen nach dieser Strategie aus, erhält sie positive Rückmeldung, zum Beispiel in Form eines Punktwertes. Die Software will die Anzahl der Punkte maximieren und passt ihre Strategie entsprechend an.

NEURONALE NETZE

Neuronale Netze sind eine Variante des Machine Learning. In unserem Gehirn formen miteinander verknüpfte Neuronen ein komplexes Netz. Wenn wir lernen oder Erinnerungen bilden, wachsen neue Verbindungen zwischen den Neuronen. Ähnlich funktionieren neuronale Netze, die aus sehr vielen, miteinander verbundenen Knoten bestehen. Die Knoten bearbeiten die Trainingsdaten und geben sie an verbundene Knoten weiter. Beim Lernen wachsen aus den Knoten neue Verbindungen.

ANWENDUNGSFELDER FÜR KI

Du hast sicher davon gehört, dass Algorithmen personalisierte Werbung auf Webseiten ausspielen können oder dass der Facebook-Algorithmus den Newsfeed so zusammenstellt, dass man möglichst lange in der App verweilt. Individualisierte Newsfeeds oder personalisierte Playlists sind jedoch nur ein kleiner Ausschnitt der Anwendung von künstlicher Intelligenz.

Generell kann künstliche Intelligenz sehr gut zur Analyse und Erkennung von Mustern in großen Datenmengen genutzt werden. Hat sie in den Daten erst einmal ein Muster oder eine Struktur gefunden, kann eine KI auch die Entwicklung der eingesetzten Daten vorhersagen.

Alles ist digitalisiert und generiert Daten. Deswegen können die gängigen Methoden der künstlichen Intelligenz – Bildanalysen, Textanalysen, Identifikation von Mustern in Datensätzen, automatisierter Austausch von Daten – in unzähligen Bereichen eingesetzt werden.

Bisher diente der Computer den Menschen in erster Linie als Rolltreppe: Er unterstützt uns dabei, Dinge, die wir selbst tun können, schneller und effizienter zu tun. KI hingegen ist ein Sprungbrett. Mit ihr kann der Computer zunehmend Aufgaben für uns übernehmen, deren Komplexität unser menschlicher Verstand nicht mehr fassen kann.

BILDERKENNUNG

Bilderkennung gehört in der KI-Forschung zum Bereich Computer Vision beziehungsweise Machine Vision. Bei dieser Disziplin geht es darum, dass die KI Bilder versteht und auf dieser Basis eigene Entscheidungen treffen kann. Dies dient nicht nur zur Entsperrung von Handys per Gesichtserkennung oder dafür, dass Social Media Apps intelligent mit Fotos umgehen können. Es ist auch die Grundlage für bahnbrechende Technologien, beispielsweise selbstfahrende Autos und zahlreiche Automatisierungstechnologien in der Industrie.

Wie funktioniert Bilderkennung?

Wir Menschen haben die natürliche Fähigkeit, zu erkennen, was wir sehen. Das Auge nimmt das Bild auf, leitet es über den Sehnerv ins Gehirn weiter und die Sehrinde »erkennt«, d. h., verknüpft das Gesehene mit etwas, das wir kennen. Für einen Computer ist das nicht so einfach. Selbst wenn er anhand der Pixel eines Bildes erkennt, dass es sich dabei um einen Kreis mit einem Loch in der Mitte handelt, weiß er noch nicht, ob es ein Autoreifen, eine Pupille oder ein Donut ist.

Deshalb müssen nicht nur die Pixel eines Bildes extrahiert und in ein Vektor-Format gebracht werden, das der Computer erkennen kann, sondern ein Bilderkennungsprogramm muss auch lernen, wie es einen Autoreifen von einem Donut oder einen Hund von einer Katze unterscheidet. Dazu gibt es, vereinfacht gesagt, ein Set von Trainingsdaten, mit dem der Computer lernt. In dem Datensatz ist bei jedem Bild angegeben, ob es ein Hund oder eine Katze ist.

> DATENSATZ KATZE

Der Algorithmus lernt, indem er als Input die Bilder bekommt und als Output die Label »Hund« oder »Katze«. Der Algorithmus fungiert als Filter und definiert die Unterschiede zwischen den Bildern, die einen Hund darstellen, und jenen, die eine Katze darstellen. Das Bild wird in viele unterschiedliche Ebenen zerlegt, die dem Algorithmus helfen, zu lernen, die für den Menschen hingegen vollkommen unverständlich sind. Man spricht hier von Deep Learning.

> DATENSATZ HUND

Im nächsten Schritt nimmt sich der Algorithmus ein Bild und versucht zu erraten, was er vor sich hat. Durch die Labels bekommt er entsprechendes Feedback und lernt so, Hunde und Katzen auseinanderzuhalten. Am Ende kann der Algorithmus nicht nur Bilder aus dem Trainingsdatensatz auseinanderhalten, sondern erkennt auch auf neuen Bildern, ob sie einen Hund oder eine Katze zeigen.

In der Medizin wurden in den letzten Jahren große Fortschritte beim Einsatz von künstlicher Intelligenz gemacht. KI, die auf Bildanalysen von Röntgenbildern trainiert ist, kann Ärzten bei der Tumordiagnose helfen. Schon heute erkennen KI-Systeme schneller und zuverlässiger als der Mensch Hautkrebs, Brustkrebs oder Darmpolypen. Ein Team der Universität von Kalifornien in San Francisco entwickelte ein System, welches durch Hirnscans eine Alzheimer-Erkrankung erkennen kann, und zwar rund sechs Jahre vor dem Auftreten der ersten Symptome. In Indien forscht Google daran, Diabetes mit Augenscans zu erkennen.

In Zukunft werden Ärzte bei ihrer täglichen Arbeit auf KI-Systeme zurückgreifen, um Befunde, wie zum Beispiel Röntgenbilder oder MRT-Scans, auswerten und schneller und zuverlässiger diagnostizieren zu können. Allein durch eine frühzeitigere und genauere Diagnose verbessern sich in vielen Fällen die Behandlungschancen.

Zudem wird durch den Einsatz von KI zukünftig auch eine auf den Patienten individuell angepasste Therapie ermöglicht. KI wird Tausende von medizinischen Studien durchforsten und Ärzte bei individuellen Therapieempfehlungen unterstützen – in einem Umfang, der vom Menschen so nicht darstellbar wäre. Dadurch lässt sich zukünftig schneller die passende Behandlung finden, was einen Quantensprung im medizinischen Fortschritt bedeutet.

GESICHTSERKENNUNG

Künstliche Intelligenz kann mittlerweile schon viel mehr, als nur Hunde von Katzen zu unterscheiden. Es gibt bereits Gesichtserkennungssoftware, die Hunde anhand ihrer Schnauze erkennt und so verlorene Hunde und ihre Besitzer wieder zusammenbringen kann. Ein Entwickler in den USA nutzte Gesichtserkennungssoftware, um sein Haus vor ungebetenen Gästen zu schützen. Die mit einer Kamera ausgestattete Katzenklappe gewährte nach einem Gesichts-Scan ausschließlich seiner Katze Einlass, nicht aber der verfressenen Nachbarskatze.

Die persönliche Identifikation von Tieren ist wenig kontrovers. Bei Menschen sieht die Sache anders aus. Facebook schlägt mittels Gesichtserkennung bei hochgeladenen Fotos die abgebildeten Personen zur Markierung vor. Behörden nutzen die Technologie bereits, um verdächtige Personen auf Überwachungsvideos zu identifizieren.

Die chinesischen Internetunternehmen Alibaba und Tencent testen die ersten »Smile-to-pay«-Lösungen. Dafür wird ein Bild vom Gesicht des Kunden mit den Zahlungsdaten verknüpft. Am Eingang wird das Gesicht gescannt und wenn der Kunde das Geschäft verlässt, zahlt er mit seinem Lächeln in die Kamera. Gesichtserkennung wird bereits in Bereichen getestet, in denen man sie nicht vermuten würde: Einige chinesische Schulen erproben ein System, welches die Schüler während des Unterrichts überwacht und analysiert, ob sie müde sind oder aufmerksam zuhören.

© ITU PICTURES

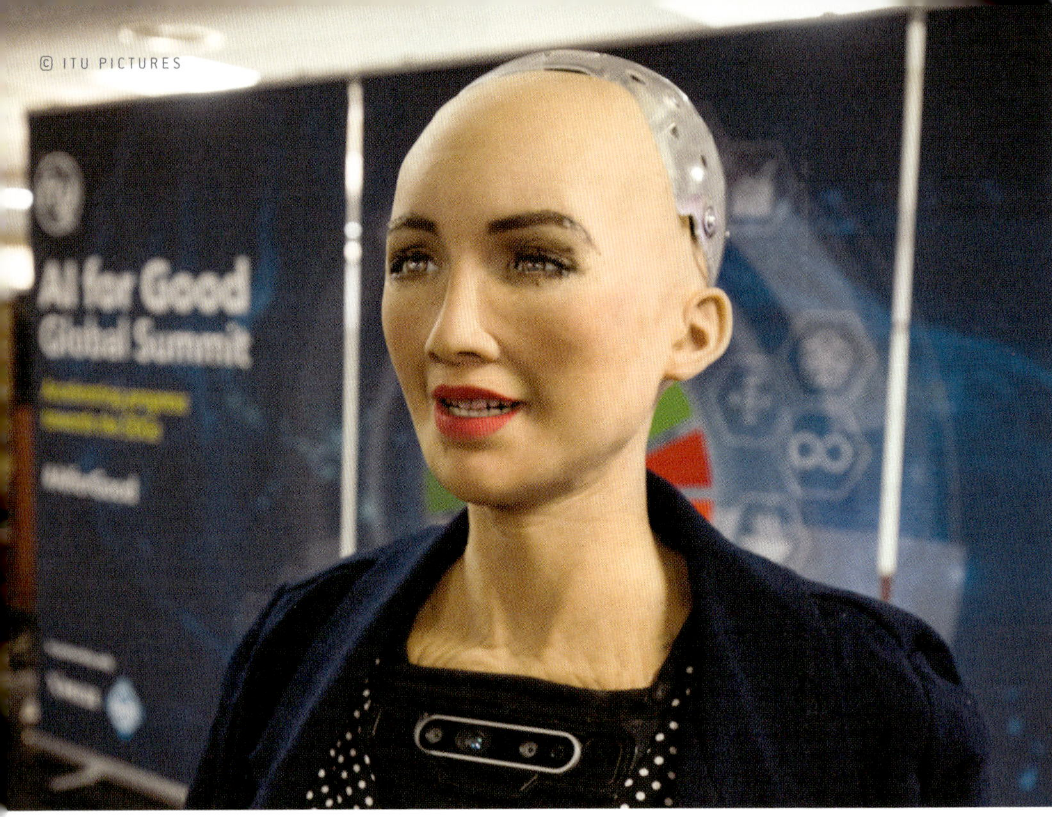

> ROBOTER SOPHIA

SPRACHE UND SEMANTIK

Ein weiterer Schwerpunkt von Deep Learning liegt seit einigen Jahren darin, KI so zu trainieren, dass sie menschlicher Konversation folgen kann und diese auch versteht. Künstliche Intelligenz wird zunehmend besser darin, nicht nur die gesprochenen Worte, sondern auch den Sinn dahinter zu erkennen. Auf Semantik trainierte Systeme können die Aussagen und Stimmungen von Texten und Sprachaufnahmen deuten und auswerten. Diese Systeme können genutzt werden, um Verträge oder juristisch relevante Dokumente zu überprüfen. Dies unterstützt beispielsweise Anwälte bei der Sichtung der zahlreichen Unterlagen in einem Gerichtsverfahren. Eine amerikanische Großbank gab an, dass ihre KI die Hintergrunddaten für einen Vertrag in Sekunden analysiert habe, während ihre Juristen und Rechtshelfer rund 360.000 Stunden Arbeit dafür hätten aufbringen müssen.

> PAIR PROGRAMMING
ist eine Methode der Software Entwicklung – Zwei Programmierer arbeiten zusammen, um gemeinsam zu denken, Fehler zu erkennen und sich gegenseitig zu motivieren.

Inzwischen kann KI nicht nur Texte verstehen, sondern auch eigene Texte verfassen. Die Organisation OpenAI hat eine KI mit der Bezeichnung GPT-2 entwickelt, die aus einem Input von einigen Worten einen vollständigen Text erstellt. Trainiert wurde diese KI mit einem Datensatz aus rund 8 Millionen Webseiten.

Der von Hanson Robotics entwickelte Roboter Sophia basiert auf Sprach- und Gesichtserkennung und kann nicht nur ganz normale Gespräche führen, sondern auch dazu passende menschliche Mimik und Gestik imitieren. 2017 trat Sophia vor die UN und sprach mit der damaligen UN-Vizegeneralsekretärin Amina J. Mohammed. Mittlerweile ist sie immer wieder Gast bei Veranstaltungen und Fernsehsendungen. Da die KI stets weiter trainiert wird, verbessern sich auch die Konversationsfähigkeiten von Sophia stetig.

KI LERNT PROGRAMMIEREN

Spezielle neuronale Netze wie Bayou oder SketchAdapt können kurze Computerprogramme schreiben. Dafür haben die Entwickler die Algorithmen mit zehntausenden Code-Beispielen aus Datenbanken gefüttert. Die KI lernte, wie menschliche Entwickler Programme schreiben. Dafür wurden zwei verschiedene Methoden von Deep Learning benötigt. Zuerst überlegt sich ein neuronales Netz die Struktur des zu schreibenden Programms. Danach übernimmt ein zweiter Algorithmus die Detaillierung der Sub-Routinen. Die KI wird nun eingesetzt, um Programmierer aus Fleisch und Blut bei ihrer täglichen Arbeit zu unterstützen – **PAIR PROGRAMMING** mit KIs.

KI TRAINIERT KI

Das wohl bekannteste Beispiel im Bereich »KI trainiert KI« ist der Alpha Go Zero – ein Computerprogramm für das hochkomplexe asiatische Spiel Go. Sein Vorgänger, der Alpha Go, wurde mit Daten aus menschlichen Go-Partien trainiert. 2016 gelang es dem Computer dank seiner Rechenleistung, den damals besten Go-Spieler der Welt, den Koreaner Lee Sedol, zu besiegen. Alpha Go Zero bekam lediglich die Spielregeln als Input und brachte sich das Spiel komplett selbst bei. Er gewann 100 von 100 Spielen gegen Alpha Go.

Ein weiteres Beispiel aus unserem Alltag ist eine Anwendung, die den meisten von uns bekannt sein dürfte: Instagram. Die App nutzt zweiphasige KI-Modelle für ihre Fotofilter. Zuerst wird eine KI darauf trainiert, Bilder nach speziellen Stilrichtungen umzurechnen. Eine zweite KI rechnet dann den ersten Algorithmus so »klein", dass er auch auf dem Smartphone laufen kann und nicht in die Cloud muss.

ANWENDUNGSFEHLER BEI KI

Ein großes Problem beim Training künstlicher Intelligenz ist, dass sie menschliche Fehler oder Vorurteile bei den im Training eingesetzten Daten als normalen Zustand ansieht und sie in den entwickelten Algorithmus mit einbauen oder sogar verstärken kann.

Aktuelle Beispiele dafür gibt es viele. Amazon hatte zur Vorselektion von Lebensläufen bei Bewerbungen eine KI genutzt, die mit historischen Daten von menschlichen Recruitern trainiert worden war. Da einige der Recruiter negative Vorurteile gegenüber Frauen hatten, übernahm die KI diese Input-Daten als Standardeinstellung. Der daraus resultierende Algorithmus siebte Bewerberinnen eher aus. Amazon erkannte jedoch schnell den Fehler im System und nahm diese KI wieder aus dem Prozess.

Ähnlich erging es Microsoft in einem Chatbot-Experiment. Projekt »Tay« sollte seine Funktionalität in Konversationen mit Twitter-Usern trainieren. Das ging schief. Innerhalb eines Tages entwickelte sich Tay zu einem rassistischen, antifeministischen Hate-Bot und wurde von Microsoft wieder deaktiviert.

Wie wichtig es ist, sich über die eingesetzten Daten und mögliche Fehlerquellen bewusst zu sein, zeigen aktuelle Debatten zum amerikanischen Justizsystem. Die amerikanische Polizei lässt ihre Patrouillen über eine KI planen. Aus verschiedenen Inputfaktoren werden die Routen für die Streifenwagen so errechnet, dass bereits die Anwesenheit der Polizei Verbrechen verhindern soll. Die Inputdaten wiesen aber einen überproportionalen Anteil an Verbrechen von Afroamerikanern auf, sodass die Streifenwagen vermehrt in Wohngebieten mit einer höheren Bevölkerung von Afroamerikanern unterwegs waren. Dies führte dazu, dass überproportional viele Verbrechen in diesen Gebieten erfasst wurden, was wiederum den Routenplanungsassistenten dazu brachte, noch häufiger diese Wohngebiete einzuplanen. So entstand ein KI-Teufelskreis mit mehr und mehr Vorurteilen gegenüber dem schwarzen Teil der Bevölkerung. Diese falsch gewichteten Daten durchzogen das gesamte Justizsystem, bis hin zu Algorithmen, die über Bewährungsempfehlungen entschieden. Der Fehler im System führte dazu, dass der afroamerikanischen Gruppe überproportional oft eine Bewährung oder vorzeitige Haftentlassung verweigert wurde.

KI, die mithilfe von menschlichen Daten trainiert wird, ahmt somit oft die fehlerhaften Eigenschaften von Menschen nach und verstärkt sie sogar. Aus genau diesem Grund werden wir in naher Zukunft einige gesellschaftskritische Debatten über die Entwicklung und den Einsatz von KI führen müssen. Solche Probleme müssen rechtzeitig erkannt und reguliert werden.

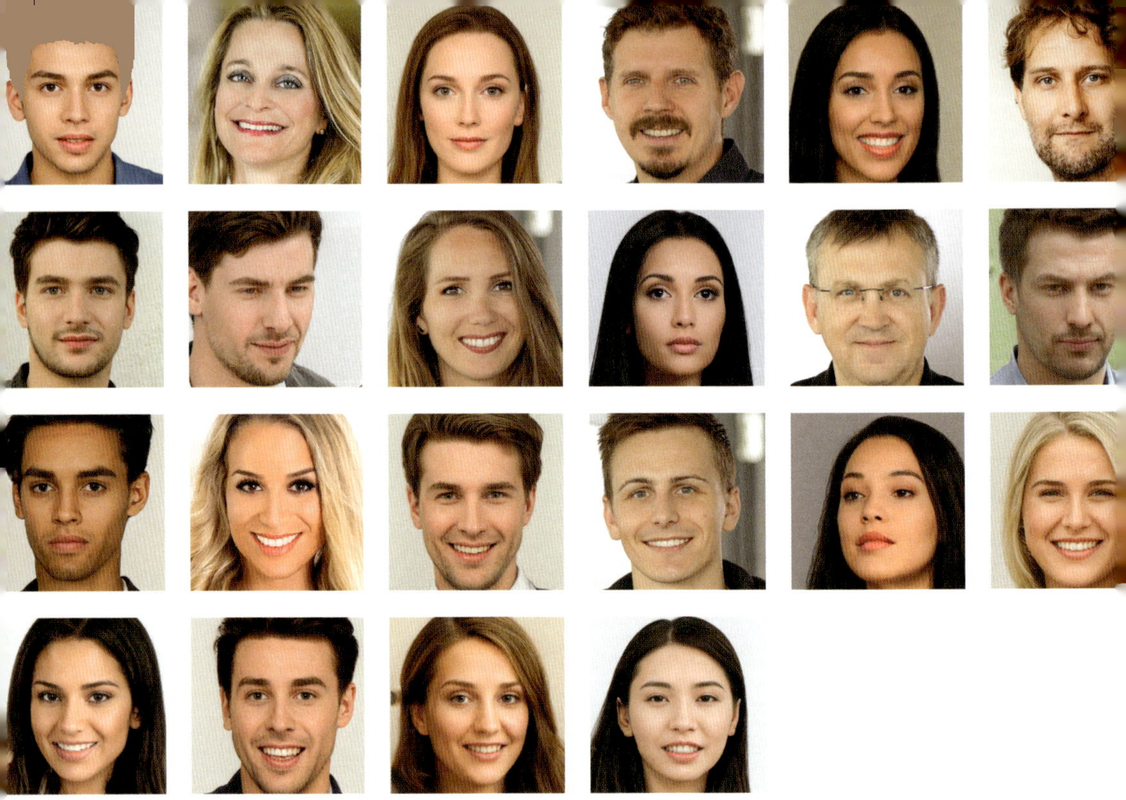

> DEEPFAKES SIND SCHON HEUTE TÄUSCHEND ECHT

DEEPFAKES

Unbewusst antrainierte Fehler im Algorithmus sind leider nicht die einzige Gefahr, die KI birgt. In den falschen Händen und zu falschen Zwecken kann sie eine Menge Schaden anrichten. Die Weiterentwicklung der Sprach- und Bilderkennungs-KI ist die »Umkehr« der Algorithmen. Ihr Zweck ist es, künstliche Gesichter und Stimmen zu generieren. Diese KIs sind mittlerweile sehr fortgeschritten. Man kann nicht erkennen, ob die Fotos echte Menschen zeigen oder ob sie von Computern erzeugt wurden.

Mit den sogenannten Deepfakes lassen sich zum Beispiel Videos von Politikern oder anderen Personen der Öffentlichkeit fälschen, sie können mit belastenden oder imageschädigenden Aussagen unterlegt werden.

FRANKs FAZIT

> Künstliche Intelligenz ist zweifelsohne die bisher wichtigste Erfindung der Menschheit. Sie verbindet alle Technologien der Zukunft und ist der größte Beschleuniger. Heute ist die Anwendung von KI-Produkten oftmals frustrierend, ähnlich wie damals der erste Webbrowser, der über ein Modem mit einem sehr langsamen Server kommuniziert hat. Aber KI wird sich exponentiell weiterentwickeln und schon bald unser Leben und unsere Unternehmen intelligenter machen. Doch die Entwicklung von KI birgt auch Risiken für unsere Gesellschaft und die Menschheit. Aus diesem Grund sollten KI-Forschungen schon jetzt reguliert und überwacht werden. Es braucht kluge Köpfe, die sich intensiv damit auseinandersetzen, was im Zweifel schiefgehen kann, und hier frühzeitig gegensteuern. Ich habe den exponentiellen Fortschritt bislang immer als positive Eigenschaft technologischer Innovationen gesehen – doch im Bereich der KI birgt er auch Gefahren. Eines ist sicher: China hat es sich zum Ziel gemacht, die Weltmacht im KI-Bereich zu werden und auch die USA haben das wirtschaftliche Potenzial frühzeitig erkannt. Wir können und wollen den Fortschritt nicht aufhalten, aber wir müssen uns dafür stark machen, dass Europa im Bereich KI eine Rolle spielt, damit wir eine Chance haben, die Zukunft mitzugestalten.

HIER FINDEST DU EIN VIDEO VON SOPHIA,
EIN TÄUSCHEND ECHTES DEEPFAKE VIDEO
UND WEITERE INFOS ZUM THEMA KI.

03

ROBOTER & AUTOMATISIERUNG

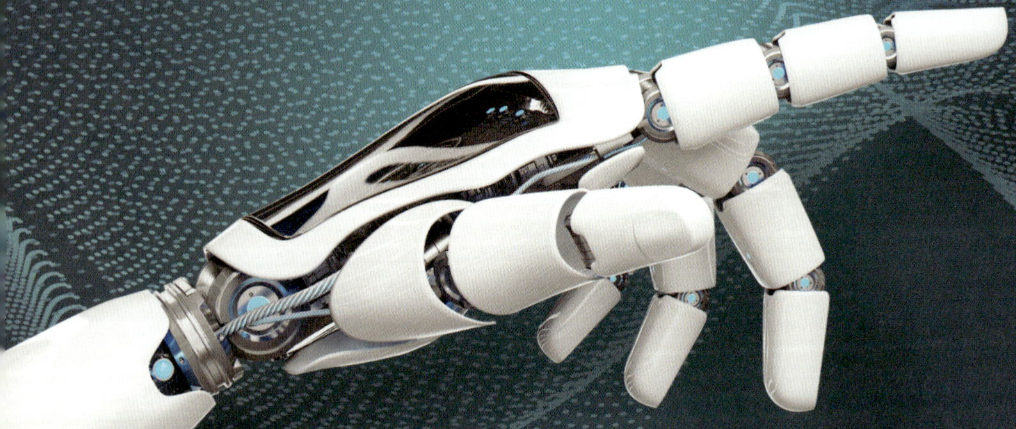

>>

IN EIN PAAR JAHREN WERDEN ROBOTER SICH SO SCHNELL BEWEGEN, DASS MAN SIE MIT BLOSSEM AUGE NICHT ERKENNEN KÖNNEN WIRD.

ELON MUSK, 2017

Roboter, insbesondere humanoide mechanische Automaten, faszinieren die Menschen schon seit Jahrhunderten. Leonardo da Vinci konstruierte bereits in den 1490er Jahren mechanische Ritterrüstungen, voll ausgestattet mit komplexen Seilzügen, die ihre Arme und Hände bewegten. Diese Ritter waren seinerzeit das Hightech-Spielzeug der Könige und Fürsten.

Die ersten echten Automaten in der Arbeitswelt waren die mechanisierten Webstühle des frühen 19. Jahrhunderts. Dieser Zeitraum, ca. 1750–1850, wird heute als Beginn des Maschinenzeitalters oder auch als erste industrielle Revolution bezeichnet. Die Entwicklung der Dampfmaschine und die Fortschritte in der Mechanisierung – dass also Maschinen die Arbeit von Händen übernahmen – bewirkten die radikalsten wirtschaftlichen und sozialen Veränderungen, die die Menschheit bis dahin erlebt hatte.

Die gesamten Auswirkungen der ersten industriellen Revolution im Detail zu erläutern, würde den Rahmen dieses Buches sprengen. Aber es ist wichtig, auf vier essenzielle Erfahrungen aus dieser Zeit einzugehen.

1. Die Fortschritte in der Automatisierung der Arbeitswelt hatten immense Auswirkungen auf das Gesellschaftsgefüge. Es entstanden Fabriken und die Arbeiterklasse.

2. Die großen Produktionssteigerungen durch die Automatisierung erhöhten generell das Wohlstandsniveau der Bevölkerung. So war es beispielsweise vor den mechanisierten Webstühlen nicht üblich, dass »einfache Leute« ein zweites Paar Kleidung besaßen. Durch die Webstühle wurde der Stoff und damit neue Kleidung erschwinglich.

3. »Kapitalisten« – Menschen, die sich durch Kapital die neuartigen Maschinen für ihre Fabriken kaufen konnten – fuhren immense Vermögen ein. Die Schere zwischen der gehobenen Klasse und der Arbeiterklasse vergrößerte sich.

4. Die Umwälzungen in der Arbeitswelt führten zu Ängsten und Unruhen bei den Menschen, deren Arbeit durch Maschinen ersetzt wurde. Ohne ein funktionierendes Sozialsystem oder die Möglichkeit, neue Arbeiten zu lernen, verschlechterte sich ihre Lebenssituation.

Rasanter technologischer Fortschritt, immense Gewinne für diejenigen, die sich den Fortschritt wirtschaftlich zunutze machen können, Jobängste sowie Unruhe in der breiten Bevölkerung: Die Parallelen zwischen der ersten industriellen Revolution und der heutigen Situation sind nicht zufällig. Wir sollten die Erfahrungen aus der damaligen Zeit nutzen. Schließlich brachte diese Zeit auch wichtige soziale Innovationen wie Krankenkassen und Rentenversicherungen. Nicht umsonst beginnt mit dem Anbruch der vierten industriellen Revolution die Diskussion, ob man die sozialen Umwälzungen und die Statusängste der Menschen mit einem Grundeinkommen abfedern müsse.

Doch zurück in die Zukunft: Die Bauteile für Roboter, Servomotoren, Sensoren und Prozessoren werden stetig günstiger. Die Softwareprogramme, die Roboter autonom steuern, werden fortlaufend präziser. Über Machine Learning, hier wortwörtlich zu verstehen, lernen die Maschinen, Hindernisse autonom zu umsteuern. Roboter-Greifarmen gelingt schneller die richtige Bewegung, um einen Gegenstand zu fassen. Die Fertigungsroboter der 1970/80er Jahre waren große, auf einen bestimmten Arbeitsschritt spezialisierte Maschinen, die eine Aufgabe in hoher Präzision immer und immer wieder ausführen konnten, zum Beispiel Schweißpunkte setzen im Fahrzeugbau. Sie waren sehr teuer und konnten meist nur eine Aufgabe übernehmen. Ihre Umrüstung, zum Beispiel auf ein neues Fahrzeugmodell, war kostspielig und aufwendig. Die heutigen Konstruktionen sind sehr viel flexibler und können einfacher neue Handgriffe erlernen.

In Kombination sorgen diese Faktoren dafür, dass Roboter immer vielfältiger eingesetzt werden können, auch in Bereichen, in denen ihr Einsatz früher technisch zu kompliziert oder nicht rentabel gewesen wäre. Wie wir bereits bei der ersten industriellen Revolution gesehen haben, wirken sich neue Entwicklungen in der Automatisierung von Arbeit direkt auf den Arbeitsmarkt und unsere Gesellschaft aus. Die Entwicklungen in diesem Bereich betreffen jeden einzelnen von uns.

Sehen wir uns einige der zukünftigen Szenarien für den Einsatz von Robotern an.

> ROBOT BARISTA

PFANNENWENDER

Seit ein paar Jahren entstehen Tech-Startups in einem Bereich, der bislang von der maschinellen Automatisierung weitgehend verschont geblieben war – der Gastronomie.

Auch hier machen sich findige Gründer Makro-Entwicklungen zunutze, zum Beispiel günstiger werdende Bauteile oder das zuverlässigere Zusammenspiel von Sensoren, Software und Roboter. Eine Vielzahl neuer Firmen versucht sich derzeit an Barista-Robotern, Küchenhelfern oder komplett automatisierten Kochstraßen. Ausgangspunkt ist meist die detaillierte Analyse der Bewegungen eines Baristas oder Kochs, die einem herkömmlichen Industrie-Roboterarm ermöglicht, sie zu kopieren.

Die Startups Cafe-X und Crown Cafe haben Robot Baristas entwickelt. Der Kunde bestellt über einen Touchscreen am Verkaufsstand oder direkt über eine App seinen Kaffee und der Roboterarm führt die gleichen Arbeitsschritte durch wie ein menschlicher Barista, meist sogar an den gleichen Mühlen, Milchschäumern und Espressomaschinen.

> FLIPPY

Einen ähnlichen Ansatz verfolgt Miso Robotics. Ihr Küchenhelfer-Bot Flippy kann selbstständig Hamburgerpatties in der gewünschten Garstufe braten, auf Wunsch mit Käse. Außerdem kann Flippy Pommes oder Chicken Nuggets frittieren und nach der Arbeit die Grillfläche reinigen. Miso Robotics liefert nicht nur den Roboter, sondern integriert ihn auch in die Ordersysteme. Flippy kann damit selbstständig im System sehen, welche Burger benötigt werden und sie vorbereiten.

Einen anderen Weg zu »Gastrobots« gehen die Startups Spyce und Creator. Sie entwickeln automatisierte Fertigungsstraßen für Fast Food. Durch Standardisierung können die Fertigungsschritte einer Produktion so aufgeteilt werden, dass in einer Reihe angeordnete Maschinen sie erledigen können.

© CREATOR

> BURGER FERTIGUNGSSTRAßE

Creator in San Francisco hat eine vollautomatische Fertigungsstraße für Premium Hamburger gebaut: Ein Fleischwolf hackt Fleisch in der gewünschten Konsistenz für das Patty und übergibt es an den Grill. Parallel wird ein Brioche-Brötchen aufgeschnitten, gebuttert und geröstet. Danach kommt das, was man in der Automobilindustrie die »Hochzeit« nennen würde: das Zusammenbringen von Karosserie und Fahrwerk. Burgerpatty und Briochebun werden mit verschiedenen Soßen bestrichen und gewürzt und mit frisch geschnittenen Tomaten, Gurken und Zwiebeln belegt. Am Ende der Burgerstraße wird ein auf die Wünsche des Kunden zugeschnittener Burger ausgegeben. Über eine App kann der Kunde aufs Gramm genau angeben, welche Gewürze er gerne auf seinem Burger hätte und welche Mischung von Ketchup, Senf und 13 weiteren, hausgemachten Soßen. Durch den hohen Grad der Automatisierung bei Bestellung und Herstellung sinken die Mitarbeiterkosten und Creator kann seine Burger ca. 50 % günstiger als vergleichbare Restaurants in der Umgebung anbieten.

Eine ähnliche Idee verfolgt das Startup Spyce aus Boston. Vier Studenten des MIT entwickelten in ihrer Freizeit eine Fertigungsstraße für Wok-Gerichte. Sieben rotierende Woks bilden die Rückwand der Küchenzeile. Sie werden über Induktion aufgeheizt. Die jeweiligen Zutaten werden von Schneidemaschinen in die richtige Größe gehackt und von kleinen Schlitten über die Woks gefahren und hineingeworfen. Würzspender sorgen automatisiert für die richtigen Gewürze und Saucen. Temperatursensoren überwachen die Garstufe der Gerichte und kippen die fertigen Speisen direkt auf die Teller, die vor den Woks warten. Mit ihrer Erfindung weckten die Studenten die Aufmerksamkeit des Sternekochs Daniel Boulud. Er war begeistert von der Idee, gesundes, frisch zubereitetes Essen günstig anbieten zu können, und entwickelte Gerichte, die speziell auf die Zubereitung mit dem Spyce-Roboter ausgelegt sind.

Spyce ist heute ein automatisiertes Restaurant in Boston, das selbst zu Stoßzeiten mit maximal vier Mitarbeitern auskommt. Drei von ihnen verfeinern die fertig gekochten Gerichte mit frischen Kräutern, Dressing und Dips und reichen sie den Gästen. Ein vierter sorgt hinter den Kulissen für den Nachschub an Zutaten. Bestellt und bezahlt wird über große Touchscreens im Restaurant.

BOSTON DYNAMICS

Das amerikanische Unternehmen Boston Dynamics machte in den letzten Jahren mit spektakulären Videos seiner Roboter von sich reden. Die Ausgründung des MIT spezialisierte sich auf zwei- und vierbeinige Roboter, die auf unterschiedlichen Geländeoberflächen ihr Gleichgewicht halten können. Boston Dynamics war Teil des Google Konzerns und wurde 2017 an die japanische Technik-Holding Softbank verkauft.

BIG DOG

Eine ihrer ersten Konstruktionen war der vierbeinige BigDog – ein mechanischer Packesel, der amerikanische Marines auf Missionen begleitet und auch in schwierigem Gelände bis zu 180 kg Ausrüstung trägt. Der Roboter kann sich selbst einen Weg durch das Gelände suchen und über GPS zu einer vorbestimmten Position laufen. Er kann über Zuruf gesteuert werden oder über einen Sender automatisch dem Trupp folgen.

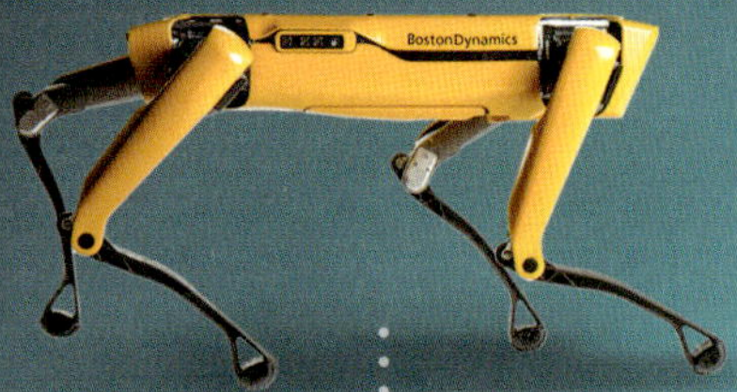

SPOT

BigDogs kleiner Bruder Spot ist ungefähr so groß wie ein Schäferhund. Spot ist eine Konzeptstudie für Haus- oder Büroroboter, die kleine Aufgaben im Haushalt erfüllen sollen. Mit seinen vier Beinen kann Spot Treppen steigen und mit einem voll flexiblen Greifer Türklinken betätigen oder Gegenstände aufnehmen. Über 3D-Kameras und andere Sensoren kann sich der Roboter eigenständig durch die Räume bewegen und Hindernissen automatisch ausweichen. Spot wird gerade unter anderem als Inspektionsroboter für Baustellen getestet. Auch Einsätze als Suchroboter für Vermisste bei Feuerwehreinsätzen sind denkbar.

HANDLE

Mittlerweile nutzt Boston Dynamics seine Erfahrungen bei der Auto-Balancierung der Maschinen auch für andere Konstruktionen. Zum Beispiel für den zweirädrigen Lastenroboter Handle, der autonom in Lagerhäusern Paletten be- oder entladen kann.

ATLAS

Der spektakulärste Roboter im Portfolio ist Atlas, ein rund 1,80 m großer, zweibeiniger Humanoide. Die Videos, wie er über mehrere Kisten springt und nach einem Rückwärtssalto zum Stehen kommt, gingen durchs Netz. Dank der fortschrittlichen Koordination seiner Beine, Arme und seines Torsos kann Atlas auch auf schwierigem Gelände seinen aufrechten Gang beibehalten. Solche humanoiden Roboter können zukünftig an Unglücksstellen, zum Beispiel bei Chemieunfällen in Fabriken, dort eingesetzt werden, wo es für Menschen zu gefährlich wäre.

DUNKLE FABRIKEN

In den Fabriken soll das Licht ausgehen. Nicht, weil sie nichts mehr herstellen, sondern weil dort keine Menschen mehr arbeiten sollen. Der Begriff »Dark Factory« meint eine komplett automatisierte Fertigung, in deren Hallen keine Menschen mehr benötigt werden. Ergo kann Strom gespart werden und das Licht ausgehen. Das mag verrückt klingen, aber die Zukunft der automatisierten Fabriken ist nicht weit entfernt.

Der chinesische Online-Händler JD.com eröffnete 2018 sein erstes »menschenleeres« Versandzentrum am Rand von Shanghai. Die Anlage kann pro Tag 200.000 Pakete versenden und benötigt nur vier Techniker zur Wartung der Pack- und Sortierroboter.

Nehmen Roboter uns zukünftig die Jobs weg? Möglich. Doch bei der Automatisierung geht es nicht immer darum, die Lohnkosten einzusparen. Die japanische Firma Fanuc beispielsweise ist Spezialist für Fertigungsroboter. Da das Unternehmen in einer alternden Gesellschaft agiert, wird es schwierig, neue Arbeiter zu finden. Die Manager von Fanuc kamen zu dem Schluss, ihre Roboter weitestgehend von den eigenen Fertigungsrobotern bauen zu lassen. Naheliegend für einen Hersteller von Robotern – und zugleich ein Beispiel dafür, wie auch gesellschaftliche Faktoren die Unternehmen zur automatisierten Produktion drängen.

In Südkorea ist es ähnlich. Das Land sah schon früh, dass es im wirtschaftlichen Wettstreit gegen die größeren Nationen Japan und China nur bestehen konnte, wenn es auf automatisierte Fertigung setzte. Der »Shrimp, der zwischen den Walen schwimmt«, wie sich Südkorea bezeichnet, hat weltweit den höchsten Anteil an Fertigungsrobotern und ist führend in der Produktion von Mikroprozessoren und Speicherchips. Auf 10.000 Arbeiter kommen 630 Roboter. In Deutschland, dem höchstautomatisierten Land Europas, sind es rund 310.

Für Amazon sind Lagerroboter zentraler Teil der Geschäftsabläufe, das Unternehmen unterhält eine eigene Roboter-Einheit. Dafür kaufte es 2012 das Startup Kiva

Robotics und forscht seitdem selbst an Logistik-Robotern, die auf die eigenen Prozesse zugeschnitten sind. Amazon sieht voll automatisierte Warenhäuser jedoch noch einige Jahre entfernt. Das liegt vor allem an den Stärken des menschlichen Gehirns und am Tastsinn. Für Menschen ist es relativ einfach, einzelne Dinge in einem Lagerregal zu identifizieren und intuitiv abzuschätzen, wie und vor allem wie fest sie zu greifen sind, ohne sie zu beschädigen. Diese Aufgabe ist für einen Roboter nahezu unmöglich. Hier muss noch in die Forschung investiert werden.

Derzeit setzt Amazon auf sogenannte CoBot-Prozesse: Roboter übernehmen einfache, repetitive Aufgaben und arbeiten Menschen zu, die für die feinmechanischen Aufgaben zuständig sind. Ein Amazon Warehouse Roboter, der aussieht wie ein großer Staubsauger-Roboter, holt aus dem Lager das passende Regal und fährt es zur Packstelle. Menschliche »Picker« nehmen die gewünschten Produkte aus dem Regal und der Roboter fährt das Regal an eine freie Position.

BOTS UND DIE DIGITALE AUTOMATISIERUNG

Die Zukunft wird nicht nur eine Vielzahl mechanischer Automatisierungen in Form von Robotern bringen, sondern auch den Bereich der digitalen Tätigkeiten automatisieren. Da alles digitalisiert ist, können Computer mit Machine Learning immer besser Zusammenhänge in Daten erkennen und zunehmend kognitive Aufgaben übernehmen. Viele Tätigkeiten von Sachbearbeitern oder Verwaltungsangestellten werden in Zukunft schneller durch Computerschnittstellen und Prozessautomatisierung bearbeitet. Daher werden sich auch diese Berufsbilder in den kommenden Jahren maßgeblich verändern.

Es gab schon einmal einen derartigen Kahlschlag bei mittleren Bürojobs. In den 1960er/1970er Jahren, vor den ersten Computern in Büros, gab es Schreibpools und Kalkulatoren. In den Schreibpools arbeiteten vorwiegend Frauen, die Diktate oder **STENOTEXTE** als Briefe auf Schreibmaschinen tippten.

>STENOTEXTE

bestehen aus festen Kürzungen für häufige Silben und Wörter, Symbolen für bestimmte Laute/Buchstaben und Teilen der »normalen« Schrift. Dies soll es ermöglichen, zeitsparender (mit) zu schreiben

> SCHREIBPOOLS IN DEN 1970ERN

Die Kalkulatoren waren so etwas wie die ersten menschlichen Computer. Ihr Job war es, Formeln auszurechnen und Tabellen aktuell zu halten. Mit dem Einzug der ersten **MAINFRAMES** sowie Textverarbeitungs- und Tabellenkalkulationsprogramme nahm der Bedarf an diesen Jobs rapide ab. Selbst die Erinnerung an diese Tätigkeiten ist heute fast gänzlich verschwunden. Ein weiterer Aspekt, der aus dem kollektiven Gedächtnis gleitet: Die ersten menschlichen Computer waren überwiegend weiblich, die Rechenpools der Unternehmen bestanden zum Großteil aus Frauen. Sie waren oft die Ersten, die sich in einem Unternehmen mit den neu angeschafften Rechenmaschinen befassten. Die Frauen entwickelten Prozeduren und Anwendungen, um ihre Arbeit mit den Maschinen effizienter zu gestalten. Softwareentwickler war zu Beginn des Computerzeitalters ein von Frauen dominierter Beruf.

>MAINFRAMES

waren die ersten Computer, die in Unternehmen eingesetzt wurden. Sie waren groß wie Schränke und konnten einfache Rechen- und Datenverarbeitungsaufgaben übernehmen.

Computer sind allgegenwärtig. Die Verbesserung ihrer kognitiven Fähigkeiten durch künstliche Intelligenz und Automatisierung wird unweigerlich zu großen Veränderungen im Berufsalltag führen. In Japan machte die Versicherung Fukoku Mutual

Life Insurance von sich reden, als sie Anfang 2017 eine 34-köpfige Abteilung durch den Einsatz von IBMs »Watson« überflüssig machte und entließ. Die Lösung von IBM kann automatisch Tausende medizinischer Gutachten analysieren, die nötigen chirurgischen Eingriffe abschätzen, die daraus resultierende Länge der Patientenaufenthalte kalkulieren und so die Zahlungen an die Krankenhäuser berechnen. Das hatten früher deutlich zeitaufwendiger Sachbearbeiter übernommen.

Aktuelle Studien von Wirtschaftsinstituten und Unternehmensberatungen gehen davon aus, dass in den nächsten zehn Jahren rund 60 % der Berufe tiefgreifend durch künstliche Assistenten beeinflusst werden. Schaut man sich den heutigen Zustand von Siri oder Alexa an, erscheint einem das unrealistisch. Hört man sich hingegen die aktuellen Fähigkeiten von Google Duplex an, wird klar, wie schnell die Zukunft von intelligenten Bots eintreten kann. Google hat mit Duplex eine künstliche Intelligenz trainiert, die nahezu perfekt per Telefon Terminreservierungen für Restaurants, Friseure oder Ähnliches vornehmen kann. Für unwissende Hörer ist Duplex nicht mehr von einem Menschen zu unterscheiden. Google kann diesen Dienst nun auf beiden Seiten der Leitung einsetzen: als persönlichen Assistenten für Nutzer von Android-Telefonen oder als automatische Telefon-Rezeption für Restaurants, Handel und Dienstleistungsunternehmen.

FRANKs FAZIT

> Roboter sind heute bestenfalls als Staubsauger oder Rasenmäher in unserem Alltag angekommen. Dies wird sich sehr schnell und umfangreich ändern. Für uns bedeutet das, weniger lästige Arbeiten zu erledigen und zum Beispiel Pakete oder Essen schneller und zuverlässiger zu erhalten. Aber wir müssen auch eine gesellschaftliche Lösung für den Verlust der Arbeitsplätze finden: Mein Vorschlag ist ein weitgehend bedingungsloses Grundeinkommen, wie ich es bereits in Startup-DNA beschrieben habe.

HIER FINDEST DU VIDEOS UND WEITERE INFOS ZU DEN IN DIESEM KAPITEL VORGESTELLTEN ROBOTERN.

04

BLOCKCHAIN / DISTRIBUTED LEDGER

Hinter allem, was digital abläuft, liegt heute auf einem Server eine Datenbank. Unser Kontostand bei der Bank, unser Einkaufswagen bei Amazon, unsere Urlaubsfotos bei Instagram – alles ist irgendwo als Wert in eine Datenbank eingetragen. Obwohl sie das Grundgerüst der Digitalisierung sind, hat sich die Technologie hinter Datenbanken seit den 1960er Jahren kaum weiterentwickelt. Die Sicherheit und das Vertrauen in die Korrektheit der Daten wurde damals technisch nicht berücksichtigt. Unsere Daten sind lediglich durch Absicherung der Server, das Vier-Augen-Prinzip und Vertragsstrafen vor Fälschung geschützt. Mit der Blockchain wurde eine neue Technologie entwickelt, die es uns erstmals ermöglicht, der Datenbank im Kern zu vertrauen. Wie wir Daten speichern, verschlüsseln und fälschungssicher machen, wurde von Grund auf neu gedacht.

DIE GESCHICHTE DER BLOCKCHAIN

Die erste Idee einer Blockchain wurde bereits 1991 beschrieben, und zwar in Form einer Lösung zum Zeitstempeln digitaler Dokumente, um sie rückwirkend vor Manipulation zu schützen. Diese Technologie wurde jedoch nie eingesetzt und das Patent erlosch 2004, vier Jahre vor dem Durchbruch der Blockchain-Technologie als Bitcoin-Netzwerk.

Die Entstehung der Bitcoin-Blockchain ist mysteriös. Im Oktober 2008 veröffentlichte ein gewisser Satoshi Nakamoto in einer Kryptografie-Community ein Konzeptpapier mit dem Titel »Bitcoin: A Peer-to-Peer Electronic Cash System«. In diesem Dokument wurde erstmals die Funktionsweise hinter Bitcoin erklärt. Am 9. Januar 2009 veröffentlichte Nakamoto die Software, die das Bitcoin-Netzwerk startete – die Geburtsstunde von Bitcoin. Bis heute weiß niemand, welche Person oder welche Personengruppe hinter dem Pseudonym Satoshi Nakamoto steckt. In der Bitcoin-Szene gibt es die wildesten Spekulationen dazu. Als einer der ersten Miner im Netzwerk hat das Pseudonym Nakamoto Schätzungen zufolge bis heute rund 1 Million Bitcoin angesammelt. Zum Wechselkurs im Februar 2020 entspricht das einem Vermögen von rund 8 Milliarden Euro. 2011 endeten die Transaktion und niemand hörte mehr etwas von Nakamoto.

WAS IST EINE BLOCKCHAIN?

Bei einer Blockchain handelt es sich um eine Kette von Transaktionen, die in einer Datei verschlüsselt sind – den sogenannten Blöcken. Blockchain-Software-Architekturen wurden ursprünglich entwickelt, um digitale Transaktionen sicherer zu machen.

Die darunter liegende Technologie ähnelt den **PEER-2-PEER-NETZWERKEN**, welche wir noch aus den späten 1990er Jahren von den Musiksharing- und **TORRENT-NETZWERKEN** wie Napster oder Allofmp3 kennen. Der zentrale Unterschied zwischen Peer-to-Peer-Netzen und dem Internet, wie wir es kennen, liegt in der Speicherung der Daten.

>PEER-2-PEER-NETZWERKE

Rechner-zu-Rechner Netzwerke. Hier können Computer direkt Daten austauschen, ohne dabei Umwege über Internetserver zu gehen.

>TORRENT-NETZWERK

In einem Torrent-Netzwerk sind die Dateien redundant verteilt auf den Rechnern der Teilnehmer. Möchte man eine Datei aus dem Netzwerk herunterladen, wird sie in Teilsegmenten von verschiedenen Rechnern »ausgeliefert«. Durch diese Bündelung vieler Rechner erreicht man hohe Downloadgeschwindigkeiten ohne dedizierte zentrale Server betreiben zu müssen.

Im Internet liegen die Daten von Webseiten, Bildern und Co. in Datenbanken auf zentralen Servern, die dem Diensteanbieter, also einem Unternehmen, gehören. Wenn eine Webseite aufgerufen wird, werden die Daten aus der Datenbank gelesen, vom Server an den Browser geschickt und dort angezeigt. Bei Peer-to-Peer-Netzwerken (P2P) gibt es keine zentralen Server als alleinigen Speicherort der Daten. Vielmehr werden die Daten auf allen Rechnern, die am P2P-Netz teilnehmen, gespeichert.

Blockchain-Netzwerke nutzen die Eigenschaften dieser P2P-Technologie. Es bedarf keiner zentralen Instanz: Jeder, der an einem Blockchain-Netz teilnehmen möchte, kann sich die Software herunterladen und sie auf seinem Rechner ausführen. Der Rechner wird damit zu einem neuen Knoten (Node) im Netz. Dies bringt eine enorme Sicherheit. Alle seit Erstellung des ersten **GENESIS BLOCKS** durchgeführten Transaktionen sind als verbundene Blöcke in einer verschlüsselten Datei gespeichert. Diese Datei existiert als Kopie auf jedem Knoten des Netzwerks.

Würde ein Hacker versuchen, die Inhalte der Datei nachhaltig zu ändern, müsste er die Verschlüsselung gleichzeitig auf allen am Netz beteiligten Rechnern knacken. Allein die schiere Masse an Rechnern macht dieses Unterfangen unmöglich. Zum Vergleich – ein Hackerangriff auf eine klassische Datenbank müsste nur einen Eintrag und eventuelle Backups ändern. Ein Eintrag in einer Blockchain kann nicht verändert werden, ohne dass das gesamte Netzwerk zustimmt.

Zustimmung – oder genauer gesagt der Konsensmechanismus – ist eine weitere Eigenschaft, die Blockchain-Netze von klassischen P2P-Netzen unterscheidet. Im Konsensmechanismus wird geregelt, wie neue Transaktionen validiert werden, bevor sie als neue Blöcke in die Blockchain aufgenommen werden. So kann beispielsweise im Blockchain-Protokoll geregelt sein, dass immer mehr als 50 % der aktiven Netzknoten eine Transaktion validieren müssen.

>GENESIS BLOCK ist eigentlich der erste Block einer Blockchain. Oft meint man damit aber ganz spezifisch den ersten Block, der in der Bitcoin-Blockchain je geminet wurde. Damit ist dieser Block das Fundament des gesamten Bitcoin Systems und es haftet ihm die Legende von Satoshi Nakamoto an, der den Genesis-Block geminet hat. Manche Bitcoin Fans »werfen« dort Bitcoins hinein wie Geld in einen Glücksbrunnen, quasi als Tribut an Satoshi Nakamoto.

DISTRIBUTED LEDGER TECHNOLOGIE

Bitcoin und Blockchain stehen im Rampenlicht der Berichterstattung. Die fundamentale Innovation mit 10xPotenzial ist in Wirklichkeit die Technologie dahinter – Distributed Ledger Technologie (DLT). Am ehesten ist das zu übersetzen mit »verteiltes Kassenbuch«. DLTs sind dezentral verteilte und geführte Transaktionsdatenbanken, bei denen die Validierung und Speicherung von Transaktionen gleichzeitig auf allen Rechnern eines Netzwerks stattfindet.

Die Validierung läuft über einen vorher im Protokoll festgelegten Konsens-Algorithmus. Stimmen alle Rechner im Netzwerk überein, dass die angefragte Transaktion echt und den Regeln nach zulässig ist, wird sie gleichzeitig in alle Kopien des Registers aufgenommen. Die Echtheit wird über kryptografische Schlüssel und spezielle Signaturen gewährleistet.

So entsteht eine fälschungssichere Datenbank, die ohne zentrale Instanz auskommt und trotzdem digital verknüpfbar ist – denn wie wir bereits festgestellt haben, wird es in Zukunft immer wichtiger, dass alles digital vernetzt ist.

UNTERSCHIED BLOCKCHAIN UND DISTRIBUTED LEDGER

Distributed Ledger ist der Oberbegriff für eine Vielzahl verschiedener, verteilter Datenbanktechnologien. Blockchain ist eine davon. Die einzelnen DLTs unterscheiden sich in der Art, wie sie die Transaktionen speichern und darin, ob und welche Validierungsmechanismen sie verwenden. Bei einer Blockchain werden, wie der Name sagt, die Transaktionen in einzelne Blöcke zusammengefasst und hintereinander in einer Kette abgespeichert.

UNVERÄNDERLICHE EINTRÄGE (IMMUTABLE RECORDS)

Die in der Blockchain gespeicherten Daten und Transaktionen sind aufgrund ihrer Gegebenheiten immutable, also unveränderlich.

Jeder Block in der Blockchain hat einen eigenen Hash, der als digitale Signatur des Blocks und seines Inhalts dient. Ein Block trägt nicht nur seinen eigenen Hash, sondern auch den Hash des Blocks davor. Dies bewirkt die Verkettung der Blöcke – daher der Name Blockchain.

Ein Versuch, einen Block in der Blockchain zu manipulieren, würde den Hashwert dieses Blockes ändern, da sich der Inhalt ändert. Um die Spuren dieser Manipulation zu verwischen, müsste man effektiv die ganze Blockchain manipulieren, da sonst immer der nachfolgende Block die Manipulation wegen der nicht mehr übereinstimmenden Hashwerte bemerken würde. Dies ist eine zusätzliche Sicherheit neben der dezentralen Speicherung und dem Konsensmechanismus.

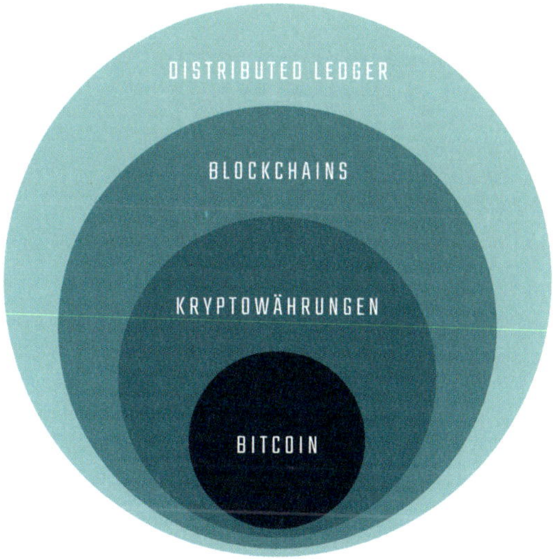

VORSICHT, VERWECHSLUNGSGEFAHR: BLOCKCHAIN, BITCOIN, KRYPTOWÄHRUNGEN

In der aktuellen Berichterstattung werden Blockchain, Bitcoin und Kryptowährungen oft synonym verwendet, dabei sind es unterschiedliche Dinge.

Kryptowährungen gibt es bereits seit den frühen 1980er Jahren. Damals versuchten Verschlüsselungsexperten, eine elektronische Währung zu entwickeln, die anonym und unabhängig von Staaten oder Banken zu nutzen ist. eCash, Digicash oder Bit-Gold zählten zu diesen ersten Versuchen.

2009 tauchte Bitcoin als erste, dezentral funktionierende, elektronische Währung auf Basis der Blockchain-Technologie auf. Der Kniff beim Bitcoin-Netzwerk: Die Teilnehmer des Netzwerks werden für die Validierung der Transaktionen im Netz entlohnt – sie erhalten neue Bitcoins für die Aufrechterhaltung des Netzes. Konkret bedeutet das, dass Bitcoin eine von unzähligen Kryptowährungen ist. Blockchain ist die Technologie, die für Bitcoin genutzt wird. Sie wird aber auch für andere Anwendungen verwendet.

BLOCKCHAIN

VERSCHLÜSSELUNG

Durch ihre grundlegende Funktionsweise, nämlich Transaktionen und Daten auf vielen Rechnern eines Systems zu verteilen, hat die Verschlüsselung bei Blockchains eine sehr große Bedeutung. Verschlüsselung bedeutet hier die Umwandlung eines erkennbaren Textes in eine unverständliche Abfolge von Zeichen. Dies geschieht durch komplexe Schlüssel. Nur wer den Schlüssel kennt, kann den Text rückumwandeln. Hier wird zwischen symmetrischer und asymmetrischer Verschlüsselung unterschieden: Bei der symmetrischen Verschlüsselung wird ein Schlüssel zur Ver- und Entschlüsselung genutzt. Bei der asymmetrischen Verschlüsselung gibt es zwei unterschiedliche Schlüssel, einen zur Ver- und einen zur Entschlüsselung. Diese Methode wird auch bei Blockchains verwendet.

PUBLIC / PRIVATE KEYS

Bei der asymmetrischen Verschlüsselung gibt es einen Public Key und einen Private Key. Ein Algorithmus erstellt ein Paar aus Public Key und Private Key, die mathematisch verlinkt sind: Aus dem Private Key kann man den Public Key ableiten, aber nicht andersherum.

Mit dem Public Key einer Person kann man eine Nachricht so verschlüsseln, dass sie nur die Person mit dem zum Public Key passenden Private Key lesen kann. Man kann sich den Public Key als E-Mail-Adresse von Person A vorstellen und den Private Key als Passwort zum entsprechenden Mailaccount. Jeder, der die E-Mail-Adresse kennt, kann Person A eine E-Mail senden. Aber nur Person A kann diese Nachrichten lesen. Allein, wer die zusammengehörenden Public und Private Keys hat, kann die Nachrichten/Transaktionen entschlüsseln.

Der Private Key hinterlässt außerdem eine digitale Signatur, sodass jeder, der den entsprechenden Public Key kennt, verifizieren kann, dass die Nachricht oder Transaktion wirklich vom Besitzer des Private Keys in genau dieser Form verfasst wurde und seitdem nicht von externen Parteien wie Hackern verändert wurde.

PUBLIC / PRIVATE CHAINS

Der Unterschied zwischen einer Public und einer Private Blockchain liegt in den Zugangs- und Zugriffsrechten, also darin, wer Mitglied des Networks sein und die Konsensmechanismen ausführen darf.

Einem öffentlichen (permissionless) Blockchain-Network kann jeder beitreten, der die im Protokoll festgelegten Regeln und Verfahren verfolgt. Bitcoin ist zum Beispiel ein Public Blockchain-Network.

Ein privates (permissioned) Blockchain-Network hingegen ist geschlossen. Man kann nur auf Einladung beitreten und muss als Mitglied nach gewissen Regeln validiert werden. Es kann zudem reglementiert werden, wer was sehen und wer an welchen Transaktionen teilhaben kann. Private Blockchains werden meist von Unternehmen oder der Regierung betrieben und es können Menschen oder Organisationen teilnehmen.

KONSENSMECHANISMUS

Ein Konsensmechanismus ist ein Protokoll, das sicherstellt, dass die Knoten in einer Blockchain miteinander abgeglichen sind und dass eine vollständige Übereinstimmung darüber herrscht, welche Transaktionen legitim sind und zur Blockchain hinzugefügt werden.

Da jeder Blöcke einreichen kann, um sie zur Blockchain hinzuzufügen, müssen diese Blöcke konstant überprüft und verifiziert werden. So wird sichergestellt, dass keine betrügerischen oder fehlerhaften Elemente Teil der Blockchain werden können. Der Konsensmechanismus sorgt dafür, dass es eine allgemeine Übereinkunft über den Inhalt der Blockchain gibt und er gewährleistet die Verlässlichkeit im Blockchain-Netzwerk. Er stellt Vertrauen her, ohne dass die Identität der Teilnehmer bekannt sein muss. Das wird »trustless trust« genannt.

HASHES

Eine Hashfunktion ist eine mathematische Funktion, die Daten auf eine kleinere Zielmenge reduziert. Man gibt Daten in Form einer Zeichenfolge ein und erhält eine kürzere Kette von Zeichen in Form eines Hashes.

Für Blockchains werden kryptografische Hashfunktionen verwendet. Diese sind sogenannte Einwegfunktionen und als solche nur schwer umkehrbar, sprich, man kann nicht vom Output auf den Input schließen. Außerdem sind sie kollisionsresistent, es ist nach aktuellem Wissensstand ausgeschlossen, dass zwei unterschiedliche Inputwerte den gleichen Outputwert ergeben. Sobald auch nur das kleinste Zeichen innerhalb der Inputmenge verändert wird, ändert sich der Hash sofort gravierend.

Da auch Nachrichten und Dateien für Computer nur eine Zeichenfolge sind, kann man diese hashen und den Hash einer Nachricht, Datei oder Transaktion zusammen mit den Public und Private Keys zur Verifizierung nutzen.

Bei der Blockchain hat jeder Block einen eigenen Hash, sodass man zur Verifizierung den Hash anstelle des ganzen Blockinhalts nutzen kann.

Bei der Bitcoin-Blockchain wird zum Beispiel die SHA-256-Hashfunktion (SHA für Secure Hash Algorithm) benutzt, mit der jeder Input unabhängig von seiner Länge in eine Folge aus Zahlen und Buchstaben von exakt 256 Bits umgewandelt wird.

PROOF OF WORK

Proof of Work ist eine Art Konsensmechanismus, der unter anderem bei der Bitcoin-Blockchain verwendet wird. Hier müssen alle Knoten eine mathematische Funktion lösen. Der erste, der die Lösung der Funktion findet, bekommt als Belohnung Bitcoins. Die Kehrseite dieser Modelle und einer der größten Kritikpunkte der Bitcoin-Blockchain ist der hohe Energieverbrauch, denn um das Rätsel zu lösen, wird sehr viel Rechenpower benötigt.

MINER

Miner ist in der Bitcoin-Welt die Bezeichnung für einen Teilnehmer, der sich darauf spezialisiert hat, in Proof-of-Work-Modellen die Belohnung für die Validierung der Transaktionen zu bekommen. Miner nutzen zum Teil eigene Rechenzentren, um die Lösungen der Validierungsaufgaben zu berechnen und verbrauchen dementsprechend viel Energie.

PROOF OF STAKE

Beim Proof of Stake wird ein Knoten, der sogenannte Validator, ausgewählt, der den nächsten Block validiert und alle dort protokollierten Transaktionen überprüft. Während beim Proof of Work alle Knoten ein kryptografisches Rätsel bearbeiten, wird im Proof of Stake gelost: Knoten, die als Validator fungieren möchten, müssen eine Summe an Coins ins Netzwerk einlagern, quasi als Pfand. Je größer die Summe an Coins ist, der sogenannte Stake, desto wahrscheinlicher wird man als Validator ausgewählt. Der Stake stellt zudem sicher, dass der Validator keine betrügerischen Transaktionen bewilligt: Sollte er dies tun, würde er einen Teil seines Stakes verlieren. Als Belohnung für die Validierung der Transaktion bekommt der Validator typischerweise eine Transaktionsgebühr in Form von Tokens des jeweiligen Netzwerkes. Beim Proof of Stake wird die Validierung Forging oder Minting genannt.

PROBLEME MIT BITCOIN

Bitcoin war die erste Version einer dezentralen, selbstorganisierenden Währung. Ein Meilenstein in der Entwicklung eines globalen Netzwerks.

Wie bei jeder ersten Version zeigten sich bei der Nutzung einige Probleme. Da ist zum einen der hohe Zeitaufwand. Durch die im Bitcoin-Protokoll hinterlegten Regeln, die festlegen, wie Transaktionen im Netz bestätigt werden müssen, dauert es zehn Minuten und mehr, bis eine Transaktion validiert und in die Blockchain aufgenommen wird.

Die nötige Rechenleistung wächst mit der Anzahl der Teilnehmer. Mittlerweile ist das Netzwerk so groß, dass es mehr Strom verbraucht als ganze Länder. Die Energie, die aktuell nötig ist, um eine Bitcoin-Transaktion zu validieren, könnte 20 Haushalte einen Tag lang mit Strom versorgen.

Ein weiterer Nachteil einer Blockchain ist, dass die grundlegende Architektur nicht über Nacht gewechselt werden kann. Da sich das Netzwerk selbst organisiert, müssen alle grundlegenden Änderungen der Software von allen Teilnehmern des Netzes beschlossen und akzeptiert werden. Und wie in jeder größeren Gemeinschaft gibt es auch bei Bitcoin unterschiedlichste Interessen und Ideen, in welche Richtung sich die Software weiterentwickeln sollte. Mittlerweile gibt es mehrere Abspaltungen (»Forks«) von Bitcoin, die versuchen, das Verfahren energieeffizienter zu gestalten, was im Umkehrschluss aber auch zu einer Auffaserung des Bitcoin-Netzwerks führt.

Das letzte Problem ist kein technisches, sondern ein menschliches: Gier. Denn die Gier des Menschen hat Bitcoin zu einem Spekulationsobjekt ohne physischen Wert gemacht. Der Hype um Bitcoin erinnert an die schlimmsten Zeiten der Börsenspekulation. Die dadurch entstehende Preisfluktuation macht Bitcoin als Zahlungsmittel unbrauchbar. Unserer Auffassung nach werden sich stattdessen moderne DLTs wie Hashgraph oder Etherium durchsetzen.

AUTOMATISIERTE TRANSAKTIONEN

Durch ihre besondere Struktur ermöglichen Distributed Ledger Netzwerke völlig neue Arten autonomer Kooperation. Sicherheit und Vertrauen sind im System fest verankert, dies erlaubt Peer-2-Peer Transaktionen ohne **INTERMEDIÄRE** oder Gatekeeper. Aufbauend auf dieser Technologie entstehen sogenannte Token Economies – eigenständig funktionierende, digitale Plattformen. Sie sind nicht mehr auf die Existenz einer zentralen Plattform wie Facebook oder Ebay angewiesen, vielmehr organisieren sie sich selbst. Dafür sorgen eingebaute Incentivierungs-Mechanismen. Damit kann jeder, der etwas zum Netzwerk beiträgt, etwa Rechnerkapazität, aus dem Netzwerk eine Belohnung erhalten – beispielsweise in Form eines Tokens. Diese Token entsprechen einem Guthaben von Nutzungskapazität auf der Plattform. Wer komplexe Transaktionen wie Smart Contracts auf der Ethereum-Blockchain validieren lassen möchte, bezahlt dies mit Token. So besteht also für viele Ethereum-Nutzer ein Anreiz, Rechnerkapazität für das Netzwerk zur Verfügung zu stellen und damit Tokens zu verdienen. Damit organisiert sich eine ständig nutzbare Blockchain-Plattform von selbst, ohne dass eine zentrale Entität dahinter stehen muss. Auf dieser Plattform können neuartige Transaktionen ohne Intermediäre ausgeführt werden – von digital ablaufenden Verträgen über verteilte Apps bis hin zu komplett autonom laufenden digitalen Unternehmen.

> INTERMEDIÄRE
sind Vermittler, Banken oder andere Instanzen, die eine Transaktion zwischen zwei handelnden Parteien abwickeln.

SMART CONTRACTS / AUTOMATISIERTE VERTRÄGE

Bei einem Smart Contract werden die Bedingungen eines Vertrages in die Blockchain programmiert. Werden die Bedingungen erfüllt, wird automatisch die Transaktion ausgelöst. Ein einfaches Beispiel ist eine Wettplattform auf Blockchainbasis: Zwei Nutzer wetten auf den Ausgang eines Fußballspiels. Beide hinterlegen ihren Wetteinsatz in Bitcoins auf der Plattform. Die Bedingungen der Wette werden in einem Smart Contract hinterlegt – gewinnt Mannschaft A, bekommt Nutzer 1 die Wetteinsätze. Gewinnt Mannschaft B, bekommt Nutzer 2 alle Einsätze. Nach dem Spiel entnimmt der Smart Contract das Ergebnis einer Nachrichten-Website und übermittelt dem Gewinner automatisch die Wetteinsätze. Solche Smart Contracts können ohne Intermediäre oder Mittelsmänner funktionieren.

Ein weiteres Beispiel für eine neue, sinnvolle Anwendung der Blockchain-Technologie ist ihr Einsatz beim Handel mit Unternehmensanteilen. Bisher laufen Finanztransaktionen immer noch wie in den 1980er Jahren: In Datenbanken ist vermerkt, wer wie viele Anteile eines Unternehmens hält. Wer Anteile verkaufen möchte, muss über mehrere Intermediäre handeln – er stellt bei der Depotbank seinen Verkaufsauftrag ein, dieser wird an die Börse vermittelt. Dort werden die Aktien gehandelt und nach Abschluss des Verkaufsvertrags tauscht eine Clearingstelle Geld und Aktien und übermittelt den Datenbanken der Unternehmen die Veränderung der Besitzverhältnisse. Hier handeln viele verschiedene Parteien mit viel Geld und es kann eine Menge schiefgehen, deshalb ist dieser Markt natürlich extrem streng reguliert. Würde man die Unternehmensanteile direkt auf einer Blockchain aufsetzen, wäre jederzeit klar, wer welche Anteile besitzt. Die Anteile könnten ohne Intermediäre gehandelt werden und wären in einem Block sicher gespeichert. Genau dafür steht das Freigeist Investment Neufund.

DEZENTRALE APPLIKATIONEN / dAPPS

Dezentrale Applikationen, kurz »dApps« genannt, sind Softwareprogramme, die auf einer Blockchain-Infrastruktur laufen.

Klassische Software läuft zentral auf einem Rechner oder Server. Prozessorkapazität, Arbeitsspeicher und Datenbanken werden zentral von einer Instanz bereitgestellt. Dezentrale Applikationen brechen mit dieser Konvention und nutzen die Computer-Ressourcen aller im Netz verbundenen Rechner.

Neben den Tokens gibt es weitere Anreize für Nutzer. Zum Beispiel kann bei dezentralen Applikationen die Datenspeicherung anders organisiert werden. Damit kann jeder Nutzer seine eigenen Daten mitbringen, dem Netz zur Verfügung stellen und bei Bedarf wieder aus dem Netz herausnehmen. In einem sozialen Netz auf der Basis von Blockchain hätte jeder Nutzer die Möglichkeit, im Netz gepostete Inhalte wie

Urlaubsbilder wieder zu löschen, ohne dass Kopien auf den Servern des Anbieters verbleiben.

DAOS – DEZENTRALE AUTONOME ORGANISATIONEN

Dezentrale Autonome Organisationen – kurz DAOs – sind die komplexeste Ausprägung dezentraler Applikationen. Eine DAO existiert auf einer Blockchain und ihre Geschäftstätigkeit ist komplett über Smart Contracts geregelt. Sie handelt vollkommen autonom nach den in den Smart Contracts festgelegten Regeln. Es bedarf keiner menschlichen Entscheidungen mehr.

Ein Beispiel für eine DAO ist eine KI, die Bilder generiert und anschließend automatisch über eine Online-Plattform für Kunst verkauft. Mit den Einnahmen bezahlt die KI die benötigten Rechenkapazitäten, um neue Bilder zu generieren. Diese Aktion kommt ohne jeden menschlichen Eingriff aus.

FRANKs FAZIT

> Auch wenn wir uns heute auf die Zuverlässigkeit von unzähligen Diensten verlassen, laufen im Hintergrund Datenbanken, in deren Kern keine Sicherheit implementiert ist. Unberechtigte Zugriffe sind möglich und können nicht nachvollzogen werden. DLTs ändern das, deshalb sind sie für mich eine Technologie für das exponentielle Zeitalter. Verschlüsselung, Speicherung, Validierung und Sicherung der Daten funktionieren in einer integrierten Lösung. Alle Daten, denen wir vertrauen müssen, werden in Zukunft in einem Distributed Ledger bzw. einer Blockchain gespeichert werden. Neue Geschäftsmodelle können entstehen – direkt zwischen Nutzern und Anbietern, ohne Mittelsmänner. Aber es ist auch wichtig zu bedenken, dass herkömmliche Datenbanken deutlich effizienter, einfacher und günstiger zu betreiben sind. Überall dort, wo wir die Sicherheit der Blockchain oder Funktionen wie Smart Contracts nicht brauchen, sind sie daher weiterhin die bessere Wahl. Spannend wird es zu sehen, was die Weiterentwicklung von Quantencomputern für Hashes und Kryptografie und folglich auch für DLTs bedeuten wird. Aber bis es so weit ist, ist die Blockchain die mit Abstand sicherste Form der Transaktionsdokumentation.

05

5G, EDGE COMPUTING & IoT

2G, 3G, 4G ... die ständige Weiterentwicklung im Mobilfunk sorgte in den letzten 15 Jahren für unglaubliche Veränderungen in unserem Alltag. Der Siegeszug der Smartphones und der Boom der App-Economy veränderte die Art und Weise, wie wir kommunizieren (WhatsApp), wie wir uns zurechtfinden (Google Maps) und wie wir Musik hören (Spotify).

Mit 5G, der fünften Generation von Mobilfunkstandards, steht eine neue Grundlagentechnologie in den Startlöchern, um die nächste Stufe der digitalen Revolution einzuläuten. 5G wurde von Beginn an für unterschiedlichste Anwendungsszenarien entwickelt und kann verschiedenste Funkfrequenzen nutzen. 5G hat hohe Reichweiten für weitläufige Netzabdeckung, hohe Bandbreiten für schnelle Downloadgeschwindigkeiten, kurze Signallaufzeiten für Echtzeitanwendungen, geringen Energieverbrauch für autarke Sensoren. Mit diesen Eigenschaften werden neue Services und Geschäftsmodelle möglich

FUNKSPEKTRUM

Der Bereich der Radiowellen, die für die Übertragung der Mobilfunksignale genutzt werden, reicht von 3 Kilohertz bis zu 300 Gigahertz. Dieser Bereich wird in Deutschland von der Bundesnetzagentur in Frequenzblöcken an einzelne Anbieter vergeben, damit sich die Funksignale untereinander nicht stören.

UNTERES FREQUENZBAND

Frequenzen unterhalb 1 GHz wurden früher wegen ihrer Reichweite für Radio und Fernsehsignale genutzt. Diese langen Wellen durchdringen Hauswände und ermöglichen guten Empfang innerhalb von Gebäuden. Ihre Download-Raten sind jedoch geringer als die der höheren Frequenzbänder.

MITTLERES FREQUENZBAND

Die Frequenzen zwischen 1 Ghz und 6 GHz sind die klassischen mobilen Datenbänder. Bluetooth, WiFi und die meisten Mobilfunknetze liegen in diesem Frequenzbereich. Sie bieten ein gutes Verhältnis von Reichweite zu Geschwindigkeiten.

OBERES FREQUENZBAND/ MILLIMETER WELLEN

Der Bereich über 24 GHz wurde bisher wegen der geringen Reichweite nicht für Datennetze genutzt. Neue Signalsteuerungs-Technologien machen dieses Band nun aber für innerstädtische Funknetze interessant.

NETZEBENEN

Mit 5G wird es möglich, virtuelle Ebenen innerhalb der Funknetze einzurichten. Ihre Eigenschaften können speziell auf die jeweiligen Nutzungsszenarien eingestellt werden. Zum Beispiel eine hohe Downloadrate mit hoher Latenz für Videostreaming. Oder aber geringe Latenz bei mittlerer Downloadrate für Videospiele.

LATENZ

Bezeichnet die Zeit, die ein Signal braucht, um zum Beispiel vom Smartphone über den Funkmast ins Internet und wieder zurückzukommen. Unter optimalen Bedingungen liegt die Latenz in 4G Netzen bei 50 Millisekunden. 5G soll Laufzeiten von unter 10 Millisekunden schaffen und damit Echtzeitanwendungen ermöglichen.

UNLIZENZIERTES SPEKTRUM

Freie, nicht regulierte Frequenzbänder können von allen genutzt werden, so zum Beispiel den Produzenten von WLAN-Routern, Bluetooth Lautsprechern oder Baby Monitoren. Diese Frequenzen haben eine geringe Reichweite, damit man sich nicht in die Quere kommt.

FLEXIBLE BANDBREITEN

Diese Neuerung gibt 5G Netzen die Möglichkeit, den einzelnen Datengeräten innerhalb einer Funkzelle eigene Bandbreiten zuzuordnen. So müssen sich Sensoren nicht mehr die Bandbreite mit Videostreaming-Diensten auf Smartphones teilen, was bislang zu gegenseitiger Behinderung führte.

WI-FI / WLAN

Funkstandard für die Versorgung innerhalb der Wohnung. Geringe Reichweite – hohe Datenraten.

MILLIMETER WELLEN

Sehr hohe Frequenzbereiche können durch 5G zum Beispiel Innenstädte mit Gigabit Internet versorgen.

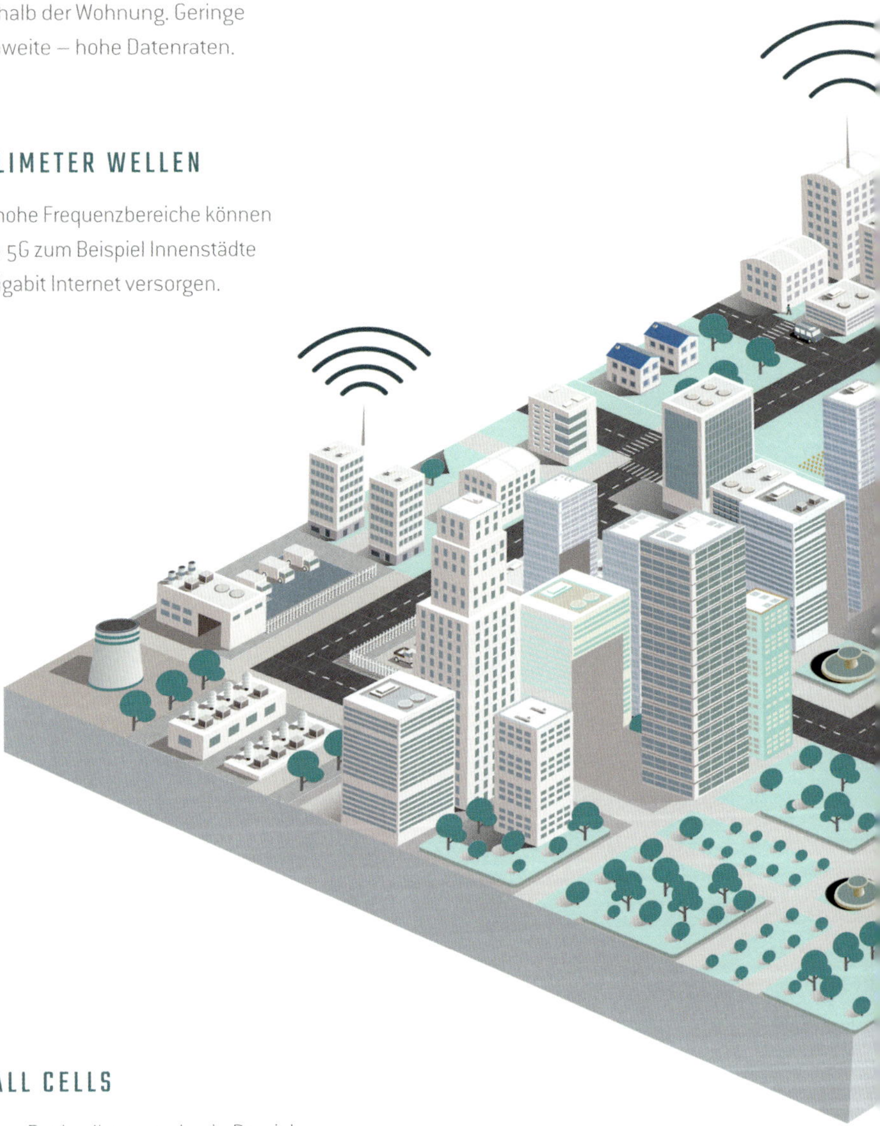

SMALL CELLS

»Kleine Funkzellen« werden in Bereichen mit vielen aktiven Geräten, z. B. Bahnhöfen oder Flughäfen, eingesetzt, um die Datenlast besser zu verteilen.

LTE

Aktueller Mobilfunkstandard und Grundlage für 5G. Je nach genutztem Frequenzband mit mit bis zu 1.200 MBit/s Datenraten.

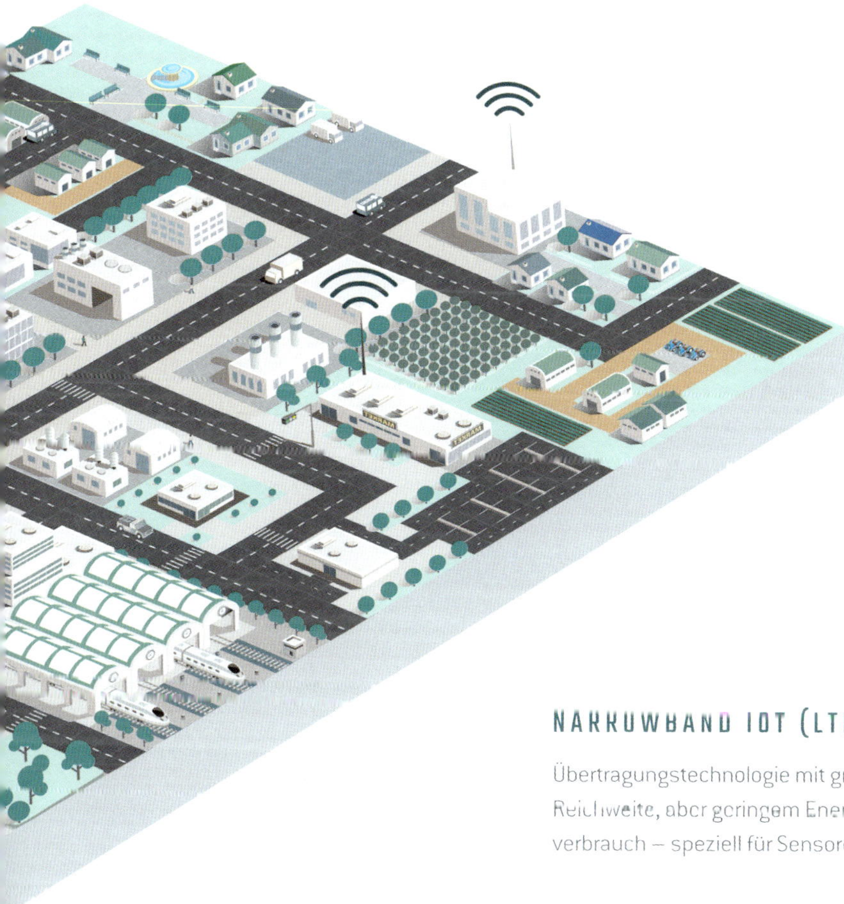

NARROWBAND IOT (LTE)

Übertragungstechnologie mit großer Reichweite, aber geringem Energieverbrauch – speziell für Sensoren.

LTE LOW BAND

Die unteren Frequenzen des LTE-Spektrums wurden früher für analoge Fernsehsignale genutzt. Sie haben eine große Reichweite und können ländliche Gebiete mit Internet versorgen.

WAS BRINGT 5G?

HÖHERE DATENRATEN

Der neue 5G-Standard kann Datenraten von bis zu 10 Gigabit erreichen. Dies ermöglicht Anwendungen wie das Streaming von ultra-hochauflösenden Videos oder den Download großer Datenmengen in kurzer Zeit. So kann beispielsweise ein 4K-Film in ca. 25 Sekunden vollständig heruntergeladen werden. Auch neue Anwendungen im Bereich Virtual Reality und Augmented Reality benötigen große Bandbreiten und werden erst in Verbindung mit der geringen Latenz durch 5G markttauglich.

GERINGE LATENZ FÜR EDGE COMPUTING

Die Signallaufzeiten sinken signifikant auf unter 10 Millisekunden. Damit werden viele sogenannte **URLLCs** möglich. Das sind Echtzeitanwendungen, die darauf angewiesen sind, dass die Daten ohne Zeitverzug übermittelt werden. Ein Beispiel ist das Startup Startup Einride. Die Firma entwickelt ferngesteuerte, semiautonome LKWs, die mit Kameras und Sensoren ausgerüstet sind und keine Fahrerkabine mehr haben haben. Der menschliche Fahrer sitzt zuhause in einer Art Fahrsimulator und greift in Ausnahmesituationen ein. Ähnliche Ideen gibt es für ferngesteuerte Drohnen, die zum Beispiel weitläufige Schienen- oder Stromnetze auf Schäden untersuchen können. Durch die minimalen Latenzen wird es möglich, Fahr- oder Flugzeuge aus der Ferne sicher zu steuern.

>URLLC

steht für Ultra Reliable and Low Latency Communications und ist als einer von drei Anwendungsfällen im 5G Netz für hoch zuverlässige Verbindungen mit Latenzen im Bereich von Milisekunden zuständig. eMBB für sehr hohe Downloadgeschwindigkeiten und mMTC für reine Internet-der-Dinge-Anwendungen.

In aktuellen VR- und AR-Anwendungen kommt es bei den Nutzern häufig zu Schwindelgefühlen. Das liegt unter anderem an dem sogenannten »Lag«, der Zeitverzögerung zwischen dem projizierten Bild und der tatsächlichen Kopfbewegung. Der verwirrte Gleichgewichtssinn verursacht Schwindel.

> 5G ERMÖGLICHT SPANNENDE ANWENDUNGEN IM SMARTHOME BEREICH

Die geringere Latenz reduziert den Lag und somit auch das Schwindelgefühl. Die Kombination aus geringer Latenz und einer hohen Datenrate ermöglicht auch neue Geschäftsmodelle bei Videospielen. Einige Anbieter testen bereits Game-Streaming. Der Spieler benötigt keine Playstation oder XBox mehr, nur noch einen kleinen Empfänger und Controller, um die Spiele direkt aus dem Internet spielen zu können.

Eine der wichtigsten neuen Möglichkeiten ist das sogenannte Edge Computing; durch die geringe Latenz und eine erweiterte Cloud-Infrastruktur können Rechenaufgaben in der Cloud so schnell beantwortet werden als liefen sie lokal. Das Ergebnis: Jede Glühbirne wird so intelligent wie der teuerste Supercomputer. Sie ist über 5G mit der Edge-Cloud-Infrastruktur verbunden und hat in wenigen Millisekunden die Antwort auf komplexe Rechenaufgaben. 5G sorgt dafür, dass wir zukünftig fast ausschließlich von »super smart devices« umgeben sind.

WENIGER ENERGIEVERBRAUCH

Die Datenübertragung von 5G ist deutlich effizienter und der Energieverbrauch bis zu 90 % geringer als bei 4G. Das ermöglicht künftig die sinnvolle Vernetzung auch kleiner Geräte mit wenig Akkukapazität. Kombiniert mit einer geringen Latenz, können solche Geräte wie Augmented-Reality-Brillen oder Smart Glasses mit Sensoren sogar den Großteil notwendiger Rechenleistung ganz in die Cloud verlagern. Damit entfallen viele Computerbauteile in der Brille, sie kann kleiner und günstiger konzipiert werden.

HIGHSPEED UND INTERNET

Bei früheren Mobilfunkstandards kam es bei hohen Geschwindigkeiten immer zu Verbindungsabbrüchen. Grund dafür waren die zu schnellen Wechsel von einer Funkzelle in die nächste. Dieser »Handover« zwischen den Funkzellen wird bei 5G deutlich verbessert. Die Verbindung kann bis zu 500 km/h aushalten und ermöglicht damit stabile Kommunikation auch in Hochgeschwindigkeitszügen, Drohnen oder Flugtaxis.

MEHR AKTIVE GERÄTE PRO FUNKZELLE

Wer schon einmal in einer großen Menschenmenge war, kennt den Effekt: Zu viele Handys an einem Ort lassen die Verbindung instabil werden. Die bisherigen Mobilfunkstandards haben Beschränkungen bei der Anzahl aktiver Geräte pro Funkzelle, dadurch entstanden Verbindungsstörungen oder Lags. Die Zahl vernetzter Geräte wird sich in den nächsten Jahren vervielfachen. Mit 5G wird das Limit auf über 1 Million aktiver Geräte pro Quadratkilometer erhöht. Das beseitigt eine große Barriere für den endgültigen Durchbruch des Internet of Things.

DAS INTERNET DER DINGE

Seit Jahren reden alle vom Internet der Dinge, Internet of Things (IoT), von Industrie 4.0 oder dem Machine-to-Machine-Internet. Wie bei allen exponentiellen technologischen Fortschritten verliefen die ersten Jahre noch relativ gemächlich. Nun kommen wir in die Phase, in der die Geschwindigkeit der Entwicklungen kaum noch zu begreifen ist. Der grundlegende Tech-Stack, sprich die Basis-Technologien des IoT, hat eine stabile Reife erlangt und ermöglicht die Implementierung vieler neuer IoT-Anwendungen. Ein Beispiel sind vernetzte Sensoren in Kühltransportern, die ständig die Temperatur an die Zentrale melden und damit gewährleisten, dass die Kühlkette von Lebensmitteln nicht unterbrochen wurde. Oder vernetzte Rauchmelder, die automatisch bei Rauch einen Alarm an die Leitstelle schicken können. Vernetzte GPS-Sensoren in Bussen ermöglichen die Echtzeitanzeige an Bushaltestellen.

>> ALLES WAS VERNETZT WERDEN KANN, WIRD VERNETZT WERDEN.

TIM HÖTTGES,
CEO DEUTSCHE TELEKOM

Verstärkt wird diese exponentielle Entwicklung durch die verfügbare Rechenleistung, die dank Cloud Computing immens gestiegen ist. Sensoren, die in IoT-Geräten eingesetzt werden können, werden immer günstiger, immer besser und dringen somit in immer mehr Einsatzfelder vor. Künstliche Intelligenz ermöglicht die Echtzeitüberwachung und Analyse Tausender Sensoren. Bisher nicht digitalisierte Arbeitsgebiete können nun durch IoT vernetzt werden und die gewonnenen Daten helfen Firmen bei der Optimierung dieser Bereiche.

Durch diese Fortschritte ergeben sich für Unternehmen Analyse- und Steuerungsmöglichkeiten ihrer Produktion und ihrer Produkte, von denen sie vor fünf Jahren nicht zu träumen wagten. Maschinen- und Anlagenbauer können von nun an auch nach der Lieferung mit ihren Produkten vernetzt bleiben.

>VORAUSSCHAU-ENDE WARTUNG

oder Predictive Maintenance, sorgt dafür, dass feste Wartungsintervalle überflüssig werden, wodurch man Zeit und Kosten spart. Durch Sensoren werden Bauteile an den Maschinen permanent überwacht, durch die Auswertung der Sensordaten können mögliche Ausfälle von Komponenten frühzeitig erkannt und Defekte behoben werden, bevor tatsächlich Schaden entsteht.

Dadurch können sie ihren Kunden neue Dienste wie die **VORAUSSCHAUENDE WARTUNG** der Anlagen anbieten und die Ausfallraten der Maschinen senken.

Durch die Vernetzung der Dinge eröffnen sich Chancen auf völlig neue Geschäftsmodelle, zum Beispiel sogenannte »Pay-per-use«-Modelle im B2B-Bereich. Früher kauften Baufirmen ihre Großgeräte und Maschinen. Später mieteten sie Bagger oder schwere Bohrmaschinen tageweise. Durch IoT werden nun zeitbasierte Nutzungsmodelle möglich. Bei sogenannten »Power-by-the-Hour«-Modellen zahlt der Nutzer nur die Zeit, in der die Maschine wirklich in Gebrauch ist. Die Übermittlung der Daten und Abrechnung erfolgt vollautomatisiert über die im Gerät inkludierte mobile Datenschnittstelle. Der Anbieter ist durch die Fernwartung ständig über den Zustand seiner Maschinen informiert und kann rechtzeitig Ersatz schicken. So erspart er sich teure Kurier-Einsätze und seinen Kunden lästige Leerzeiten.

IoT UND KÜNSTLICHE INTELLIGENZ

Zwei Technologien sind wie gemacht für die Automatisierung von digitalen Geschäftsprozessen: künstliche Intelligenz und das Internet der Dinge. Sie werden sich durch ihre konvergente Nutzung exponentiell verstärken. Beide Technologien sind in der Lage, die digitale Transformation von reinen Produkt- zu neuen Service-Geschäftsmodellen loszutreten.

Durch die steigende Marktreife von IoT werden immer mehr Unternehmen vernetzte IoT-Geräte in ihren Geschäftsprozessen nutzen. Ihre Zahl wird sich nach Angaben von Marktexperten in den nächsten Jahren verzehnfachen. Je nach Studie werden im Jahr 2025 zwischen 80 und 100 Milliarden aktive Geräte mit dem Internet verbunden sein. Diese Geräte werden schätzungsweise weit über

150 ZETTABYTES an Daten produzieren. Doch Daten zu sammeln ist nur dann sinnvoll, wenn aus ihnen Erkenntnisse und Handlungsempfehlungen abgeleitet werden können. Hier kommt KI ins Spiel. Durch die Fortschritte bei der Entwicklung spezieller Algorithmen und die ständig steigende Rechenpower in der Cloud können Machine-Learning-Modelle hier ihre absoluten Stärken ausspielen – sie können große Datenmengen analysieren, Muster und Anomalien automatisiert erkennen und Handlungsempfehlungen ableiten.

Kurz gesagt – IoT sammelt die Daten und KI erschließt den Kontext und gibt Handlungsempfehlungen. Auf einer einfachen Ebene überwacht KI in Echtzeit die Sensordaten einer Maschine und sagt über Wahrscheinlichkeitsmodelle vorher, wann sie gewartet oder ausgetauscht werden sollte. Auf einer fortgeschritteneren Ebene führt die KI ihre errechneten Empfehlungen autonom aus. Ein Beispiel: Eine vernetzte Insulin-Pumpe könnte über Sensoren den Blutzuckerwert eines Patienten ständig überwachen und auf der Basis der Messdaten die nötige Menge an Insulin injizieren.

Bereits für sich sind das Internet der Dinge und künstliche Intelligenz Zukunftstechnologien, die Unternehmen smarter und effizienter machen werden. Die Kombination beider Technologien wird eine Welle neuer Geschäftsprozesse und Geschäftsmodellinnovationen starten.

>150 ZETTABYTES

sind 150.000.000.000.000 Gigabyte, also 150 Billionen GB

1 Kilobyte KB	1.000 Byte (nach SI-Norm)
1 Megabyte MB	1.000.000 Bytes
1 Gigabyte GB	1.000.000.000 Bytes (1.000 MBs)
1 Terabyte TB	1.000.000.000.000 Bytes (1.000 GBs)
1 Petabyte PB	1.000.000.000.000.000 Bytes (1.000 TB)
1 Exabyte EB	1.000.000.000.000.000.000 (1.000 PBs)
1 Zettabyte ZB	1.000 EBs

IoT UND BLOCKCHAIN

Eines der größten Hindernisse beim Internet der Dinge ist, dass es von zentralisierter Infrastruktur abhängig ist. Alle Geräte eines Netzwerks werden über einen zentralen Cloud-Server identifiziert und gemanagt, was hohe Anforderungen an die Backend-Infrastruktur stellt. Der Server muss alle aktiven Verbindungen verwalten und permanent mit Unmengen von neu eintreffenden Daten umgehen. Aus diesem Grund ist die Skalierung großer IoT-Netze eine komplexe und vor allem teure Angelegenheit. Die Zentralisierung macht das Netzwerk aber auch anfällig gegenüber Ausfällen und Angriffen durch Cyber-Kriminelle. Eine einzige Schwachstelle könnte das komplette Netz lahmlegen.

Deshalb sind eine dezentrale Netzstruktur oder ein Peer-to-Peer-Ansatz sinnvoll. Die Verteilung von Computing Power, Authentifizierung und Datenspeicherung auf mehrere Knoten im System macht das gesamte Netz widerstandsfähiger gegen Ausfälle. Dies ist einer der grundlegenden Vorteile von DLTs. Die Nutzung von Distributed-Ledger-Strukturen hilft dabei, große IoT-Netze effizienter und stabiler zu betreiben.

Es gibt noch einen weiteren Sicherheitsaspekt von Blockchain-Netzen, der perfekt für das Internet der Dinge geeignet ist: Unmengen potenziell wertvoller Daten in einem Netz sind ein Magnet für Hacker. Und Tausende von kleinen Geräten bieten Tausende möglicher Angriffspunkte. Blockchain-Netze sind, wie wir oben erörtert haben, aufgrund ihres Setups relativ manipulationssicher. Blockchain nutzt kryptografische Algorithmen zur Verschlüsselung der übermittelten Daten und da die Daten nur über Konsensmechanismen mehrerer Knoten geschrieben werden können, sind sie immun gegen **MAN-IN-THE-MIDDLE-ATTACKEN**.

Diese Konsensmechanismen wiederum sorgen für Vertrauen in einem Netzwerk mit mehreren Partnern. Nehmen wir als Beispiel eine Lieferkette für Tiefkühlwaren. Produzent, Transporteur und Händler wollen sicherstellen, dass die Kühlkette einer Lieferung nie unterbrochen wurde. Zuerst wurden Stichprobenmessungen in den Lastwagen durchgeführt. Später funkten vernetzte Thermometer während des Transports ihre Messwerte an die Logistik-Leitstelle. Diese konnte so dokumentieren, dass die Ware stets die richtige Temperatur hatte. Da sie allein im Besitz der Daten war, mussten die anderen Parteien darauf vertrauen, dass die Daten nicht manipuliert worden waren. Mit einer Blockchain-IoT-Lösung einigen sich die Parteien einmalig auf eine Chain für die Sensordaten. Damit können alle sicher sein, dass die Daten nicht manipuliert wurden. Setzt man den Lieferauftrag zudem noch als Smart Contract auf diese Blockchain, kann der programmierte Vertrag automatisch die Zahlungen an den Produzenten und den Logistiker auslösen, sobald die Ware beim Händler angekommen ist. Es wäre nicht mehr nötig, Lieferbestätigungen und Rechnungen aufwendig hin und her zu faxen.

>MAN-IN-THE-MIDDLE-ATTACKEN

Das Konzept hinter einer MITM-Attacke ist eigentlich sehr simpel: Stellt euch vor, jemand hätte beim Zettelchen schreiben damals in der Schule euren Zettel abgefangen und an Stelle des Empfängers etwas an euch zurückgeschrieben – und ihr hättet nichts gemerkt. Ähnlich funktioniert eine MITM-Attacke in der Online-Welt. Simpel gesagt schaltet sich ein Angreifer zwischen zwei kommunizierende Parteien und erlangt somit Kontrolle über den Datenverkehr, sodass er diesen einsehen oder sogar manipulieren kann. Davon merken die kommunizierenden Parteien nichts, weil der »man in the middle« sich jeweils als die andere kommunizierende Partei ausgibt.

DAS NETZ WIRD DER COMPUTER / EDGE COMPUTING

Aktuell befinden wir uns in der Cloud Computing Ära. Google Maps, Spotify, Facebook, WhatsApp. All die Dienste, die wir nutzen, laufen auf Servern in großen Rechenzentren. Die Webbrowser oder Apps auf unseren Smartphones und Laptops sind Benutzeroberflächen zu den Servern und Datenbanken der Diensteanbieter. Die Rechenpower liegt auf Großrechnern in Rechenzentren von Amazon, Microsoft oder Google, die auf der ganzen Welt verteilt sind. Amazon Web Services beispielsweise hat einen deutschen Standort in Frankfurt.

Auch aktuelle IoT-Netzwerke nutzen die Cloud-Architektur und somit einen zentralen Cloud-Server, der alle Daten der IoT-Geräte empfängt und sie steuert.

Diese Systemarchitektur wird allerdings bei geschätzt über 80 Milliarden vernetzter Geräte und 150 Zettabyte generierter Daten schon bald an ihre Grenzen stoßen. Dann läuft das Datennetz voll und zentrale Rechenzentren können die immense Datenmenge nicht mehr in Echtzeit verarbeiten.

Die Idee hinter Edge Computing ist es, mehr Rechenleistung aus dem Zentrum des Netzes an den Rand der Nutzung zu holen. Anstelle eines zentralen Rechenzentrums in der Mitte eines Landes werden mehrere kleine, regional verteilte Rechenzentren aufgebaut. Von den IoT-Geräten generierte Daten müssen dann nicht mehr durch das ganze Netz zu einem zentralen Knoten, sondern nur noch zum nächsten Knoten gesendet und dort verarbeitet werden. Neben der deutlich geringeren Datenlast im Gesamtnetz hat diese Struktur noch weitere Vorteile. Zum einen verringert sich durch die regionale Verteilung der Knoten die Latenz. Ein Signal muss nicht mehr viele 100 Kilometer zum nächsten Rechenzentrum und zurück reisen, sondern nur noch 50 Kilometer. Dies bringt einige Millisekunden Zeitvorteil, was bei kritischen Echtzeitanwendungen wie autonomen Drohnen im Zweifel einen Crash verhindern kann. Zum anderen ist es auch vorteilhaft für die Datensicherheit. Wenn zum Beispiel eine große Fabrik ihre Fertigung über IoT-Sensoren kontrolliert und steuert, müssen diese Daten nicht unbedingt über das Internet zum nächsten Cloud-Zentrum geschickt werden. Für solch räumlich und inhaltlich sehr klar definierte Anwendungen kann die Fabrik ein eigenes kleines lokales IoT-Netz innerhalb ihrer Anlage betreiben, mit dem sie ihre Daten vor möglichen Zu- und Angriffen schützt. Diese IoT-Netze nennt man auch Campusnetze.

> TIM HÖTTGES SETZT SICH ALS TELEKOM-CEO AKTIV FÜR DEN AUSBAU VON 5G IN DEUTSCHLAND EIN

FRANKs FAZIT

> 5G ist die Basis für unzählige neue Dienste, Unternehmen und die Digitalisierung unserer Konzerne. Wer das beste Netz hat, fördert Innovation und neue Geschäftsmodelle. Es ist traurig, dass Europa hier nicht mehr führt und stattdessen auf Technologie aus China angewiesen ist. Doch ohne starkes 5G-Netz werden wir beim Internet der Dinge und neuen Geschäftsmodellen noch weiter zurückfallen.

06

3D-DRUCK/ ADDITIVE FERTIGUNG

»

SO WIE EIN SMARTPHONE HEUTE NICHTS MEHR MIT EINER MECHANISCHEN RECHENMASCHINE GEMEIN HAT, SO WERDEN DIE PRODUKTE DER NÄCHSTEN JAHRZEHNTE WENIG ÄHNLICHKEITEN HABEN MIT DEN GEGENSTÄNDEN, DIE UNS HEUTE UMGEBEN.

LIN KAYSER, HYPERGANIC

Der öffentliche Hype um 3D-Drucker ist in letzter Zeit etwas zurückgegangen. Dabei ist 3D-Druck viel mehr als nur eine andere Art, Bauteile zu produzieren. Es ist ein grundlegend neuer Weg, Dinge herzustellen. Seit der Steinzeit arbeiten wir nach dem gleichen Prinzip: Wir nehmen einen Block eines beliebigen Materials und hämmern, sägen und feilen daran herum, bis er die gewünschte Form hat. Dann binden, kleben oder stecken wir verschiedene Blöcke zu komplexeren Konstruktionen. Beim 3D-Druck ist es fundamental anders. Ein 3D-Drucker kann ein Objekt jeglicher Form direkt im dreidimensionalen Raum erstellen. Jeder Punkt im Druckbereich kann individuell angesteuert werden. Für jeden Punkt kann ein eigenes Material bestimmt werden. Seit Hammer und Nagel ist dies die größte Erfindung im Bereich der Produktion. Die daraus erwachsenden Möglichkeiten sind so komplex, dass wir in Zukunft nur noch die Software programmieren werden, die dann eigenständig neue Produkte gestaltet. Wir werden den idealen Stuhl, Raketenantrieb oder Wärmetauscher nicht mehr vollumfänglich begreifen können, weil die Software die Dinge neu denken wird.

3D-DRUCK ZUM MITREDEN

TECHNOLOGIEN

Mittlerweile gibt es 3D-Drucker für viele verschiedene Materialien – Kunststoffe, Keramik, Metalle. Auch Papier, Glas, Beton und sogar Lebensmittel lassen sich in 3D-Druckern verarbeiten. Für jedes Material gibt es spezialisierte Fertigungsverfahren, sie beruhen auf einer der folgenden vier Methoden.

SCHMELZSCHICHTUNG

Das Schmelzschichtungsverfahren ist das bekannteste Verfahren. Hier wird das zu druckende Material im Druckkopf geschmolzen und dann schichtweise aufeinander aufgetragen. So funktionieren die meisten 3D-Drucker für Privatanwender.

SINTERN

Diese Methode wird auch Pulverbrettverfahren genannt. Hier liegt das Rohmaterial als sehr feines Pulver vor. Das Pulver wird dünn auf einer Plattform verteilt und anschließend von einem Laser- oder Elektronenstrahl an den gewünschten Punkten zum Schmelzen gebracht.

LITHOGRAFIE

Lithografische Verfahren nutzen Fotopolymerisation. Dabei werden flüssige Materialien durch Bestrahlung mit Licht ausgehärtet. Ein mit Fotopolymeren gefüllter Behälter wird von einem Laser dort beschossen, wo die Kunststoffe hart werden sollen.

MULTIJET-METHODEN

Ähnlich wie bei der Lithografie werden bei Multijet-Methoden flüssige Kunstharze verwendet, die aushärten, wenn sie Licht ausgesetzt werden. Ein Multijet 3D-Drucker funktioniert ähnlich wie ein Tintenstrahldrucker. Allerdings druckt er nicht mit Tinte, sondern mit kleinen Tropfen von Kunstharzen. Die Tröpfchen werden während des Drucks durch UV-Bestrahlung gehärtet.

10xEFFEKTE BEI 3D-DRUCKERN

Der 3D-Drucker ist ein sehr gutes Beispiel für die disruptive Wirkung der in diesem Buch vorgestellten Gesetze des exponentiellen Fortschritts – Wright's Law, Moore's Law und Kurzweil's Law.

Wright's Law: Noch Anfang der 2000er Jahre waren 3D-Drucker groß, teuer und in ihren Einsatzmöglichkeiten stark auf einzelne Anwendungen und Nischen begrenzt. Seit 2005 führte die Kostendegression bei den Bauteilen dazu, dass erste Geräte für unter 10.000 Euro zu haben waren. Ein breiterer Einsatz von 3D-Druckern wurde möglich und es konnten erste Prothesen und Alltagsgegenstände individualisiert produziert werden.

Wegen des geringeren Preises konnten mehr Ingenieure mit 3D-Druckern arbeiten und an neuen Anwendungen tüfteln. 2010 entstanden das erste 3D gedruckte Auto und die ersten, durch 3D-Druck gefertigten Bauteile für Flugzeuge. Die stärkere Nachfrage nach 3D-Druckern führte zu Skaleneffekten. Amüsanterweise können die Bauteile für 3D-Drucker heute sehr günstig gedruckt und ganze Open-Source-Baupläne für eigene 3D-Drucker aus dem Internet heruntergeladen werden.

Moore's Law: 3D-Drucker wurden nicht nur günstiger, sondern auch schneller und besser. So waren die 3D-Drucker 2016 bereits rund 150x schneller als die der ersten Generation. Dieser Geschwindigkeitszuwachs ermöglicht nun den effizienten Einsatz der Geräte in zunehmend mehr Fertigungsprozessen.

Kurzweil's Law: 3D Drucker stehen einer wachsenden Zahl von Entwicklern und Ingenieuren aus unterschiedlichen Industrien zur Verfügung und ermöglichen die Nutzung verschiedener Materialien in **ADDITIVEN PRODUKTIONSPROZESSEN** – Plastik, Metalle, Keramik, Glas, sogar Gewebe und Zellen.

>ADDITIVE PRODUKTIONS-PROZESSE

sind Fertigungsverfahren, bei denen Werkstoffe computergesteuert Schicht für Schicht aufgetragen werden, um dreidimensionale Produkte zu erzeugen. Besonders ist auch, dass keine bauteilabhängigen Werkzeuge benötigt werden.

Die beschleunigenden Effekte bei der Entwicklung, der Erstellung von Prototypen und der Produktion von Bauteilen sind entfacht. Die Vielzahl möglicher Materialien, die hier zum Einsatz kommen können, beeinflusst die Fertigungs- und Logistikketten ganzer Industrien.

Metalldrucker beispielsweise beeinflussen die Lieferketten im Automobilbau. Bauteile müssen nicht mehr just-in-time von Presswerken zu Produktionsanlagen transportiert werden, sondern können in Echtzeit vor Ort produziert werden. Ersatzteile von langlebigen Maschinen müssen nicht mehr jahrelang vorgehalten, sondern können bedarfsweise nach alten CAD-Plänen nachgedruckt werden. Auch individualisierte chirurgische Instrumente können für spezielle Operationen in den Kliniken vor Ort gedruckt werden.

Es gibt noch einen weiteren, entscheidenden Vorteil der additiven Fertigung: Die unvergleichbar hohe Effizienz, mit der die Materialien genutzt werden, spart Rohstoffe. In herkömmlichen Fertigungsverfahren werden zunächst Blöcke des Rohmaterials produziert, dann werden die benötigten Bauteile in der gewünschten Form aus dem Materialblock herausgeschnitten. Ein großer Teil des Rohmaterials geht dabei als Abfall verloren, bei komplexen Formen sogar bis zu 90 %. 3D-Drucker bringen das Rohmaterial direkt in die richtige Form. Es muss nichts weggefräst werden, es entstehen weder Verschnitt noch Abfall. Die ökonomischen und ökologischen Vorteile von 3D-Druckern sind enorm.

DIE ZWEI FUNDAMENTALEN 10xPARADIGMEN DES 3D-DRUCKS

Kritiker, die bemängeln, dass 3D-Druck heute noch teurer ist als herkömmliche Fertigungsverfahren, denken nicht langfristig genug. Im 3D-Druck gibt es zwei fundamentale 10xParadigmen. Hat man diese verstanden, erschließen sich vollkommen neue Wege für die Disruption.

KOMPLEXITÄT IST EGAL!

Ein Komplexitätstreiber in der klassischen Entwicklung und Fertigung von Bauteilen ist es, wenn das Design im Produktionsverlauf geändert werden muss. Schon die kleinsten Änderungen haben zur Folge, dass Press- oder Gussformen ständig neu erstellt oder CNC-Maschinen umprogrammiert werden müssen. Teilweise braucht es sogar neue Rohteile. Beim 3D-Druck hingegen müssen lediglich die Modelldaten digital angepasst werden, dann kann der 3D-Drucker sofort mit dem neuen Bauteil beginnen. Keine Maschine muss neu programmiert werden, keine Form neu gegossen. Ohne Rüstzeiten kann weiter produziert werden. Die Entwicklung von Prototypen, auch »Rapid Prototyping« genannt, wird durch den Einsatz von 3D-Druckern immens beschleunigt und vereinfacht.

Auch komplexe geometrische Formen, die für Fräsen oder Pressen eine Herausforderung sind, druckt ein 3D-Drucker mit Leichtigkeit. Der Fertigungsprozess wird nicht durch die Komplexität einer Form beeinträchtigt. Dies ermöglicht ganz neue Herangehensweisen.

So entstehen Fertigungsprozesse, die mit herkömmlichen Verfahren nicht möglich wären. Mit Multi-Material-Druckern können Bauteile, die aus mehreren Werkstoffen bestehen, beispielsweise Polymere und Metall, in einem Arbeitsschritt gedruckt werden.

> DIE FERTIGUNG DIESER HOCHKOMPLEXEN FORMEN, DEREN MIKROSTRUKTUR UND DICHTE IN JEDEM KUBIKZENTIMETER VARIIERT, IST NUR DURCH 3D-DRUCK MÖGLICH. © HYPERGANIC AG / HERAEUS GROUP

Selbst die Struktur der verwendeten Materialien lässt sich mit der 3D-Druck-Technologie einfach anpassen. Bionische, von der Natur inspirierte Strukturen, wie Waben mit millimetergroßen Hohlräumen, ermöglichen Bauteile, die bei weniger Gewicht eine höhere Belastbarkeit aufweisen. Sie können kombiniert werden mit anderen Strukturen, wie im Beispiel dieses Wärmetauschers.

VARIANTEN SIND EGAL!

In der herkömmlichen Fertigung von Bauteilen muss für jede zu produzierende Variante eine eigene Pressform vorhanden sein. Soll eine Presse mehrere Varianten eines Bauteils fertigen, muss sie bei jeder Änderung umgerüstet werden. Bei 3D-Druckern sind Bauteilvarianten egal. Der Drucker lädt vor jedem Druck die Pläne der nun zu druckenden Variante und beginnt.

Dem 3D-Drucker ist es auch egal, ob er ein Bauteil 50 Mal druckt oder 50 verschiedene Bauteile ein Mal. Es entstehen weder Kosten durch zusätzliche Rüstzeiten noch durch Individualisierung. Die Paradigmen des 3D-Drucks verändern somit die alten Gesetze der Produktion. Es gibt keine »economies of scale« mehr. Vielmehr eröffnet 3D-Druck unzählige neue »opportunities of scope« – neue Geschäftsmodelle, neue Marktsegmente.

> **BIONIK**

ist eine hybride Wissenschaft zwischen Biologie und Ingenieurwissenschaften. Sie versucht, Formen und Strukturen der Natur für technische Konstruktionen zu nutzen.

DIGITALE EVOLUTION

Wie bereits beschrieben, führt die Kombinierbarkeit der neuen Technologien zu weiteren exponentiellen Fortschritten. Die Verbindung von 3D-Druck und künstlicher Intelligenz hebt die **BIONIK** auf ein ganz neues Level.

Das Startup Hyperganic aus München trainierte eine KI mit Formen, Strukturen und Wachstumsmustern der Natur. Heraus kamen Algorithmen, die Objekte analysieren, berechnen und im Anschluss nach den gewünschten Eigenschaften wie Gewicht, Festigkeit oder Stabilität züchten können.

Die KI kreiert Hunderte digitaler Objekte. Dann wird in einer Computersimulation überprüft, wie diese Objekte den gewünschten Eigenschaften entsprechen. Die besten Varianten gehen in die nächste Iteration und werden miteinander gekreuzt. So entstehen Nachkommen mit noch besseren Eigenschaften. Der Prozess läuft über mehrere Generationen und am Ende dieser digitalen Evolution entstehen Objekte, die perfekt an die gewünschten Eigenschaften angepasst sind. Bereits die ersten Objekte haben oft Formen, die kein menschlicher Ingenieur hätte vorhersehen können – so zum Beispiel der eben aufgeführte Wärmetauscher. Am Ende entstehen Maschinen so komplex wie die Natur.

© ICON

IN MEXIKO WIRD EINE SIEDLUNG GEDRUCKT

3D-Druck eröffnet auch neue Möglichkeiten für Familien, die sich keine sichere Unterkunft leisten können. Der automatische Druck von Häusern wird in Zukunft so günstig und effizient sein, dass diese Technologie auch ärmeren Familien ein sicheres Zuhause ermöglicht. Um die Technologie zu demonstrieren, druckte die Firma ICON in Mexiko innerhalb weniger Tage eine ganze Wohnsiedlung für bedürftige Familien.

ZUSAMMENSPIEL BIOTECH & 3D-DRUCK

Neben der Bionik ergeben sich im gesamten Biotech-Segment unglaubliche Möglichkeiten. Bereits in den letzten Jahren ermöglichte 3D-Druck die schnellere und günstigere Herstellung von Prothesen. Krankenhäuser können Arm- oder Beinprothesen für ihre Patienten vor Ort individuell anfertigen. Das Zusammenspiel von synthetischer Biologie und neuen Bioprintern wird in Zukunft ungeahnte Behandlungsmöglichkeiten eröffnen.

>KAPILLAREN

oder auch Haargefäße sind kleinste Gefäße in der Anatomie von Menschen und Tieren, durch die Blut transportiert wird.

Dank der Fortschritte in der synthetischen Biologie werden wir in naher Zukunft körpereigene Zellen wie Leberzellen und Blutgefäße züchten und diese mit Bioprintern zu Organen drucken. Einigen Startups ist es im letzten Jahr gelungen, lebendes Gewebe mit mikrometergroßen **KAPILLAREN** und Blutkreisläufen in einem additiven Verfahren herzustellen. Die Teams arbeiten gerade an der Produktion von Lungen und Nieren. Sollten diese Projekte gelingen, wäre dies die Rettung aller, die dringend auf eine Organspende warten.

FRANKs FAZIT

> Die Veränderungen durch 3D-Druck sind tiefgreifender, als es auf den ersten Blick erscheint. Es werden nicht nur bekannte Dinge auf Knopfdruck hergestellt, sondern es entsteht eine völlig neue Art von Bauteilen und Formen, die nur eine komplexe Software erschaffen kann. Schon heute wird die Architektur von Prozessoren nicht mehr von Menschen, sondern von Software designt. Diese Verfahren werden nun auf Gegenstände unseres Alltags übertragen. Der nächste große Schritt für die 3D-Drucker-Industrie ist es, so schnell und günstig wie die bisherigen Produktionsverfahren zu werden. Sobald dieses Ziel erreicht ist, wird der Markt für 3D-Drucker exponentiell wachsen.

HIER FINDEST DU EIN VIDEO DER 3D-GEDRUCKTEN HÄUSER IN MEXIKO UND WEITERE INFOS ZUM THEMA 3D-DRUCK.

07

SYNTHETISCHE BIOLOGIE & CRISPR/CAS

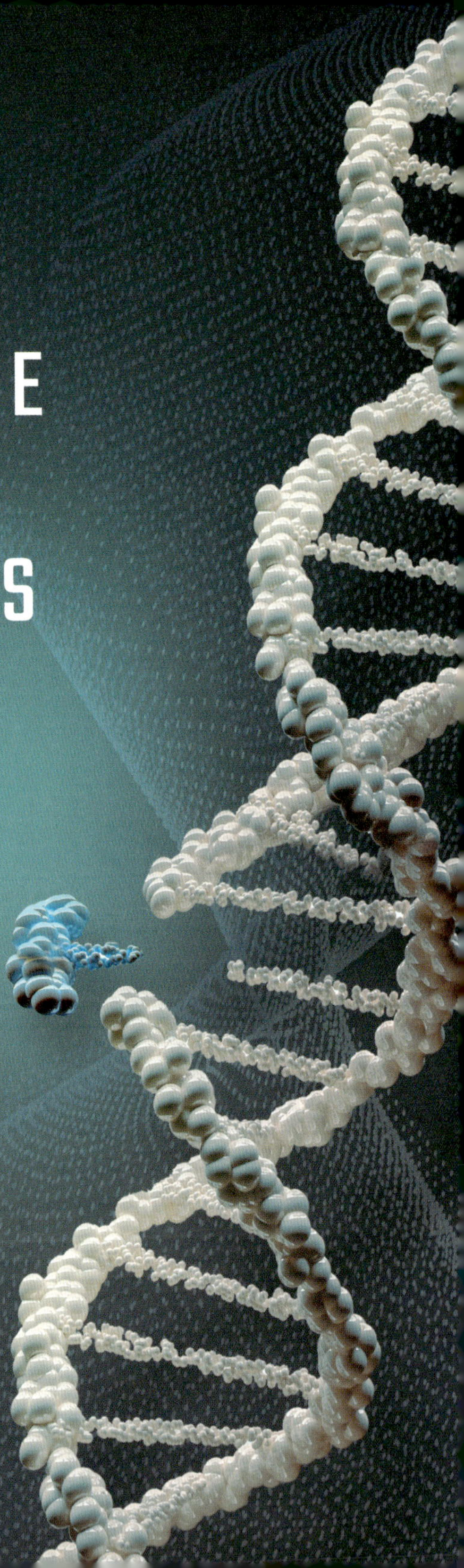

»

DIE FÄHIGKEITEN DER BIOLOGIE, AUF DAS ATOM GENAUE PRODUKTE SELBSTSTÄNDIG HERZUSTELLEN, IST JEDEM MENSCHLICHEN FERTIGUNGSPROZESS ÜBERLEGEN.

JASON KELLY, CEO GINKO BIOWORKS

Synthetische Biologie hat das Ziel, biologische Prozesse einfacher modifizierbar und nutzbar zu machen. Das Forschungsgebiet liegt in der Schnittmenge von Molekularbiologie, organischer Chemie und Nanotechnologie. Durch die Konvergenz dieser Technologien wurden in der synthetischen Biologie in den letzten Jahren die Grundlagen für einen exponentiell wachsenden Fortschritt geschaffen. Die Forscher arbeiten an einer Art biologischem Baukasten, mit dem sie bestehende biologische Systeme gezielt verändern oder ganz neue Arten von Enzymen, genetischen Kreisläufen und Zellen erschaffen können. Dieser Baukasten ist in seiner Bedeutung vergleichbar mit der Erfindung des integrierten Schaltkreises zu Beginn des Computerzeitalters. So, wie die programmierbaren Mikrochips zu hochkomplexen Computersystem zusammengebaut wurden, werden in Zukunft biologische »Bausteine« zu spezifisch konfigurierten biologischen Systemen zusammengefügt. Diese biologischen Systeme werden die Medizin, die Landwirtschaft, die Gewinnung von Rohstoffen und die Speicherung von Daten komplett umkrempeln.

SYNTHETISCHE BIOLOGIE

GEN-SEQUENZIERUNG

ist die Bestimmung der Nukleotid-Abfolge eines DNA-Strangs. Als Nukleotide bezeichnet man die Bausteine von Nukleinsäuren, bestehend aus einem Basen-, einem Zucker- und einem Phosphatanteil. Die Gen-Sequenzierung erlaubt den Forschern tiefere Einblicke in den Aufbau und Ablauf biologischer Systeme.

DNA-SYNTHESE

beschreibt die künstliche Herstellung von DNA-Molekülen ohne initiale Vorlage. Der Aufstieg der synthetischen Biologie ist eng verbunden mit Fortschritten der beiden Grundlagentechnologien Gen-Sequenzierung und DNA-Synthese.

CRISPR

steht für »Clustered Regularly Interspaced Palindromic Repeats«. Das sind sich wiederholende Abfolgen von Proteinen in der DNA von Organismen.

WARP DRIVE DER GENETIK – CRISPR/CAS

CRISPR wurden in den 1980/90er Jahren entdeckt. Lange Zeit war nicht klar, was sie bedeuten. Im Jahr 2007 stellte man bei einer Bakterienart, die zur Herstellung von Joghurt verwendet wird, fest, dass die sich wiederholenden Proteinstränge dem Bakterium helfen, sich gegen den Befall durch Viren zu verteidigen. Die Bakterien integrierten Teile der fremden Viren-DNA in ungenutzte Teile ihres eigenen Erbguts. So entwickelten die Bakterien eine Resistenz gegen die Viren. Entfernte man die Sequenzen der fremden DNA wieder, verloren die Bakterien diese Resistenz. Die Joghurt-Forscher machten sich diese Technik zunutze, um Joghurt haltbarer zu machen.

Der wissenschaftliche Durchbruch, den viele als die Entdeckung des **WARP-ANTRIEBS** der Genetik bezeichnen, kam 2012. Die Molekular-Biologinnen Jennifer Doudna und Emmanuelle Charpentier entdeckten eine CRISPR-Formation mit einem speziellen Enzym, dem »cas«. Mithilfe dieses Enzyms lassen sich DNA-Stränge an einer ausgewählten Stelle auftrennen, neue Gen-Sequenzen einfügen und im Anschluss wieder verbinden.

> WARP-ANTRIEB

In den Science-Fiction-Erzählungen von Star Trek läutete die Entdeckung des Warp Antriebs eine neue goldene Ära für die Menschen ein. CRISPR könnte wirklich so eine große Bedeutung bekommen.

Das Besondere an CRISPR/cas ist, dass dies für Biologen die genauesten, einfachsten und günstigsten Werkzeuge sind, um den Gen-Code von Organismen präzise zu verändern. Die Einfachheit der Methode in Verbindung mit den unglaublichen Anwendungsmöglichkeiten führte zu einer Flut neuer Forschungsprojekte und Startups. Diese Firmen versuchen, mit CRISPR/cas Methoden Durchbrüche in der synthetischen Herstellung von Insulin, Bio-Treibstoff, Proteinen oder Antibiotika zu erzielen.

Nehmen wir Antibiotika, eine der größten Entdeckungen in der Geschichte der Menschheit. Die Möglichkeit, Krankheitserreger im Körper zu bekämpfen, rettete vielen Millionen Menschen das Leben. Leider entwickeln immer mehr Erreger Resistenzen gegen die Antibiotika – Krankheiten, die heute noch gut zu

>>

WIR HABEN DAMIT GEZEIGT, DASS DIE DNA TATSÄCHLICH DIE SOFTWARE DES LEBENS IST.

CRAIG VENTER, 2012

behandeln sind, können in Zukunft lebensbedrohlich werden. Mit den CRISPR/cas-Methoden versuchen Startups, völlig neue Arten von Antibiotika zu entwickeln. Das Startup Locus Biosciences entwickelte die Methode, über ein cas3-Enzym gezielt Pathogene, also Krankheitserreger, anzugehen und kritische Teile in ihrer DNA auszuschalten. Die ersten Ergebnisse waren so vielversprechend, dass Locus einen Deal über 800 Millionen Dollar mit dem Pharmariesen Johnson & Johnson abschließen konnte.

GEN-CODE WIRD DIE NÄCHSTE PROGRAMMIER-PLATTFORM!

Digitalisierung ist die Verarbeitung von Daten in digitaler Form. An oder aus, Eins oder Null. Digitale Daten sind eine lange Kette von Einsen und Nullen, die nach einem vorher festgelegten System ausgelesen oder geschrieben werden. Was bei Computern die Bytes sind, nennt sich in der Genetik »Codons«. Gene sind digital. In der DNA ist der Bauplan des Lebens in einer Kette von Codons verschlüsselt. Jedes Codon enthält drei von vier Nukleotiden: Adenin, Uracil, Guanin und Cytosin – oft abgekürzt mit A, U, G und C. Enzyme können diese Codons auslesen und anhand der Informationen die 20 Aminosäuren bilden, aus denen alle Proteine in unserem Körper entstehen. Mit der Gen-Sequenzierung und CRISPR/cas haben Genetiker nun leistungsfähige Lese- und Schreibwerkzeuge für den Gen-Code. Softwareentwickler und Gentechniker sind somit Brüder und Schwestern im Geiste. Viele Denkmuster der Softwareentwicklung haben auch Einzug in die Biotechnologie gefunden. Ist der Code, die Kette von Einsen und Nullen, geschrieben – ist die Kette der Codons einmal entziffert – kann sie beliebig oft reproduziert oder kopiert und exponentiell skaliert werden.

Genau wie beim **APP-RUSH** entstehen rund um dieses Ökosystem gerade neue Dienstleister, die sich auf wichtige, grundlegende Prozesse im Gen-Ökosystem spezialisieren, diese skalieren und anderen Unternehmen als Dienstleistung anbieten. So wie das Aufkommen von Cloud-Infrastruktur zu einem Boom digitaler Innovationen führte, werden »Genveränderungen-as-a-service«-Anbieter in den nächsten Jahren die Innovationen in der synthetischen Biologie exponentiell beschleunigen.

Ginko Bioworks, ein Unternehmen aus Boston, hat sich eine Idee aus der Chip-Entwicklung genommen und sie für die Gen-Entwicklung neu gedacht. Eine große Herausforderung bei der Entwicklung neuer synthetischer Wirkstoffe ist die unglaublich hohe Anzahl möglicher Gen-Kombinationen, die hergestellt und getestet werden müssen. Hier setzt Ginko mit sogenannten »Gen Foundries« an. Dabei handelt es sich um vollautomatisierte Maschinenparks, die genetisch veränderte Organismen herstellen, analysieren und testen. Ähnlich zu Moore's Law konnten die Entwickler bei Ginko den Output ihrer Foundries jedes halbe Jahr verdoppeln. Mit den jetzt verfügbaren Foundries kann ein Forscher 25 Mal mehr Gen-Kombinationen in gleicher Zeit testen als zuvor. Tendenz steigend. Aber das ist nicht die einzige Parallele zur Computer-Welt. Ginko ist auch ein tolles Beispiel für die neue 10xDenke, denn das Unternehmen möchte die Gen-Entwicklung skalierbar machen. Die Foundries wurden von vornherein komplett auf Automatisierung und Skalierbarkeit ausgelegt. Das Genlabor Ginko hat ein sehr großes Software-Team. Dieses Team hat eine eigene Entwicklungsumgebung für Gen-Codes erschaffen. Mit der Software können Genentwickler aus Tausenden Proteinen neue Gen Kombinationen programmieren und sie über einen Compiler an die vollautomatisierten Foundry Roboter übermitteln. Die Roboter übernehmen den Mix der gewünschten Enzyme und DNA Stränge. Python, Ruby und Docker treffen auf Enzyme, Hefen und DNA. Die zahlreichen Messdaten der Massen-Spektrometer und Flüssigkeits-Chromatographen werden digital gespeichert und können mit künstlicher Intelligenz genauer und schneller ausgewertet werden als je zuvor.

> APP-RUSH

Nach dem Marktstart des iPhones entstanden in kürzester Zeit unzählige auf App-Entwicklung spezialisierte Dienstleister.

>RADIKALE EMPIRIE

Neuer wissenschaftlicher Ansatz, der durch Automatisierung und KI Analysen ermöglicht wird. Anstelle des klassischen »Hypothese entwickeln und dann testen«-Ansatzes lässt man eine KI alle denkbaren Varianten eines Versuchs ausprobieren und analysiert danach, ob bei den vielen Proben etwas Spannendes herausgekommen ist.

Biologie wird immer mehr zu Biotechnologie. Durch die Zusammenarbeit von Biologen, Automatisierungs-Experten und Softwareentwicklern konnten in den letzten Jahren viele repetitive Prozesse in den Laboren automatisiert werden. Damit sank die Fehleranfälligkeit, und die Geschwindigkeit, mit der Experimente durchgeführt werden können, stieg rapide an. Softwareprogramme durchforsten die gewonnenen Daten automatisch nach spannenden Erkenntnissen. Diese computerunterstützte Biologie ermöglicht für die Zukunft ganz neue Forschungsmethoden. Früher konnte man in einem Labor nur wenige Experimente pro Woche durchführen. Automatisierte Labore ermöglichen nun eine **RADIKALE EMPIRIE**, bei der Tausende Proben pro Tag generiert und analysiert werden können. Bei der Analyse der Daten hilft künstliche Intelligenz, denn Machine-Learning-Algorithmen können Muster oder Abweichungen in großen Datenmengen besser und effizienter erkennen als der Mensch. In Zukunft wird KI auch daran beteiligt sein, neue Hypothesen zu entwickeln. Das Startup LabGenius hat eine Forscher-KI für neuartige Protein-Kombinationen in der Medizin entwickelt. Die KI kann Hypothesen für Protein-Kombinationen erstellen, testen und analysieren, deren Komplexität für Menschen nicht mehr begreifbar ist. Mit jedem durchgeführten Experiment lernt die KI dazu. Die Steigerung der Analyse-Fähigkeiten kommt zur rechten Zeit, denn Forschern ist es gelungen, eine künstliche DNA mit acht Basen zu erzeugen. Die vier zusätzlichen Basen erweitern den Kombinationsraum der Codons von 64 auf 512 mögliche Variationen und damit die Chancen auf neuartige Aminosäuren mit vollkommen neuen Eigenschaften.

DNA SPEICHER / DNA COMPUTER

Wir leben im Datenzeitalter. Die Menge der produzierten Daten wächst exponentiell. Aktuelle Schätzungen gehen davon aus, dass wir im Jahr 2025 über 175 Zettabytes an digitalen Daten generieren. Das sind 175 Milliarden Terrabyte! Diese unglaubliche Datenmenge zu speichern, wird eine große Herausforderung. Heute werden

Daten digital als Nullen und Einsen auf Festplatten oder SD-Karten gespeichert. Wie oben beschrieben, speichert die Natur seit Hunderten Millionen von Jahren Daten in Form von Erbinformationen in Ketten verschiedener Nukleotide. Die großen Fortschritte der letzten Jahre in der Sequenzierung und Herstellung synthetischer DNA machen nun eine völlig neue Art der Datenspeicherung möglich. Forscher wollen sich dies zunutze machen, um DNA-Speicher und DNA-Computer zu entwickeln.

DNA ist aufgrund ihrer Eigenschaften ein idealer Datenspeicher. Man kann Daten sehr dicht in DNA komprimieren – 200 Petabyte (200.000 Terabyte) an Daten passen auf ein Gramm Materie. DNA ist persistent und über Tausende Jahre stabil – man denke nur an die DNA, die aus Moskitos sequenziert werden kann, die seit der Steinzeit in Bernstein eingeschlossen sind. DNA lässt sich einfach, schnell und günstig kopieren und sie wird immer lesbar bleiben. Die Technik, DNA auszulesen, wird mindestens so lange existieren, wie die Menschheit in der Lage bleibt, ihre eigene DNA zu sequenzieren. Es ist also durchaus möglich, dass wir in naher Zukunft ganze Datenzentren auf die Größe eines Zuckerwürfels schrumpfen und sich das ganze Wissen der Welt in einem kleinen Stück DNA speichern lässt.

FRANKs FAZIT

Durch synthetische Biologie und Anwendungen wie CRISPR werden wir erstmalig in der Lage sein, unseren menschlichen Körper drastisch zu verändern. Wir beginnen, die komplexen chemischen Prozesse unseres Körpers zu verstehen und können aktiv eingreifen. Das gibt Hoffnung, Krankheiten wie Krebs endgültig zu heilen, erblindete Menschen wieder sehen zu lassen und zukünftige Epidemien schnell zu stoppen. Aber ich habe auch tiefen Respekt davor: Sind wir weise genug, die richtigen Dinge mit diesen Möglichkeiten zu tun? Als Informatiker freue ich mich vor allem darauf, dass die Erkenntnisse auf diesem neuen Gebiet für die nächste Computergeneration eingesetzt werden. Seit Jahrhunderten versuchen wir, unser Gedächtnis durch externe Speicher zu erweitern, dabei tragen wir alle eine 1.000x Speicher-Technologie in uns. Die Tragweite ist für mich kaum greifbar und ich bin sehr gespannt auf die ersten Produkte mit »DNA-Core«.

08

ENERGIE

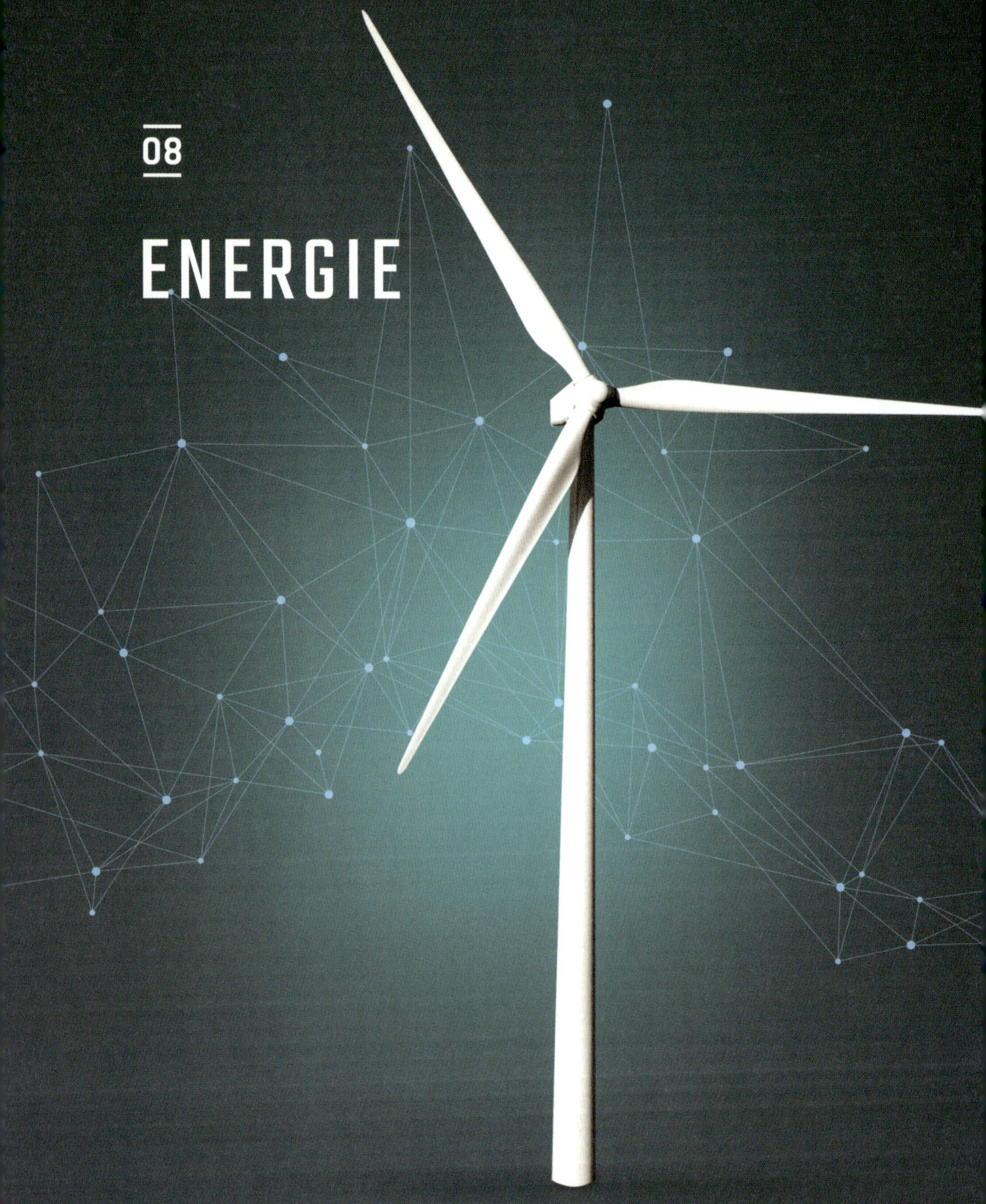

Der weltweite Energieverbrauch ist in den letzten Jahrzehnten dramatisch gestiegen. Schätzungen zufolge wird er bis 2040 aufgrund der wachsenden Bevölkerung, steigender Technologisierung und der zunehmenden Urbanisierung um weitere 30 % ansteigen. Insbesondere der Stromverbrauch wird steigen, bis 2040 soll er 40 % des Energieverbrauchs ausmachen.

Sektoren wie Transport und Verkehr oder Industrie bewirken einen direkten CO_2-Ausstoß durch Dieselmotoren und Kohleöfen. Auch indirekt tragen sie durch ihren Strom- und Wärmeverbrauch zum globalen CO_2-Ausstoß bei. Schaut man sich die direkten CO_2-Emissionen in **CO_2-ÄQUIVALENTEN** an, kommen 25 % davon aus dem Energiesektor für Strom und Wärme. Splittet man diese aber nun nach Verbrauchern auf, so kommt knapp ein Drittel des CO_2-Ausstoßes aus der Industrie, gefolgt von Landwirtschaft, Gebäuden und dem Transportsektor.

> CO_2-ÄQUIVALENTE

sind eine Maßeinheit, um die Klimawirkung der unterschiedlichen Treibhausgase zu vereinheitlichen und sie vergleichbar zu machen. Dafür wird das Erwärmungspotenzial eines Treibhausgases über einen fixen Zeitraum im Vergleich zu CO_2 ausgedrückt.

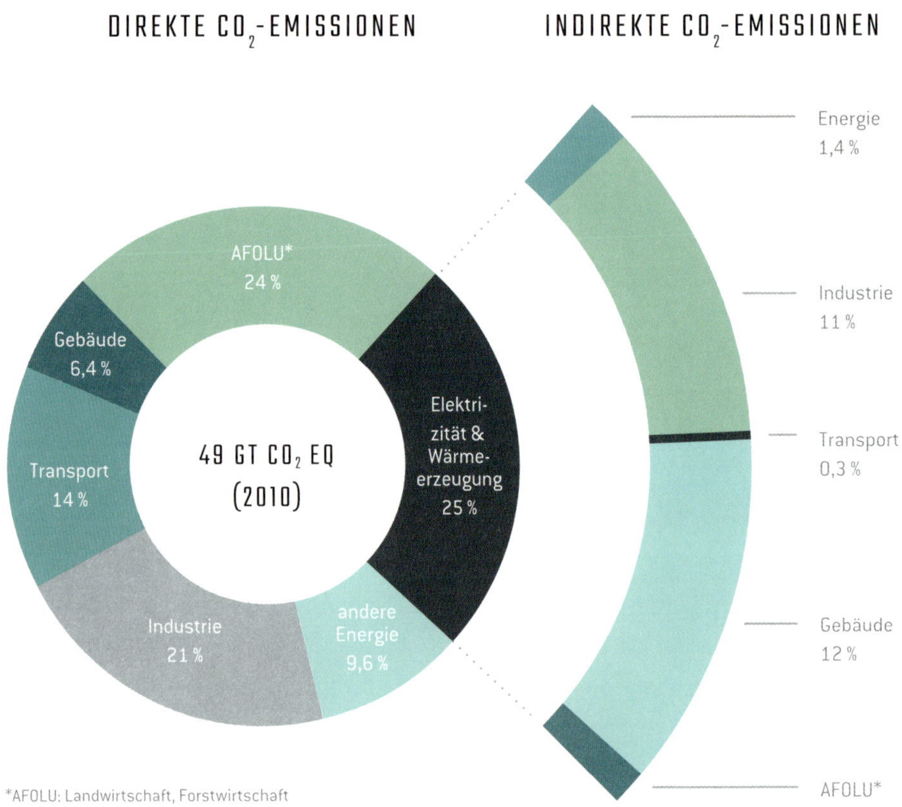

*AFOLU: Landwirtschaft, Forstwirtschaft und andere Landnutzung

Was technisch klingt und aussieht, hat in der Realität drastische Folgen: den Klimawandel.

Allein der Anstieg der weltweiten Oberflächentemperatur von 1 °C im Vergleich zur vorindustriellen Zeit hatte spürbare Auswirkungen auf unser Leben: stärkere Stürme und extremer Niederschlag in einigen Regionen, Hitzewellen und Dürren andernorts. Das arktische Eis beginnt zu schmelzen, ganze Ökosysteme geraten ins Wanken.

ANSTIEG BEIM CO_2-AUSSTOSS IN DEN LETZTEN 2000 JAHREN

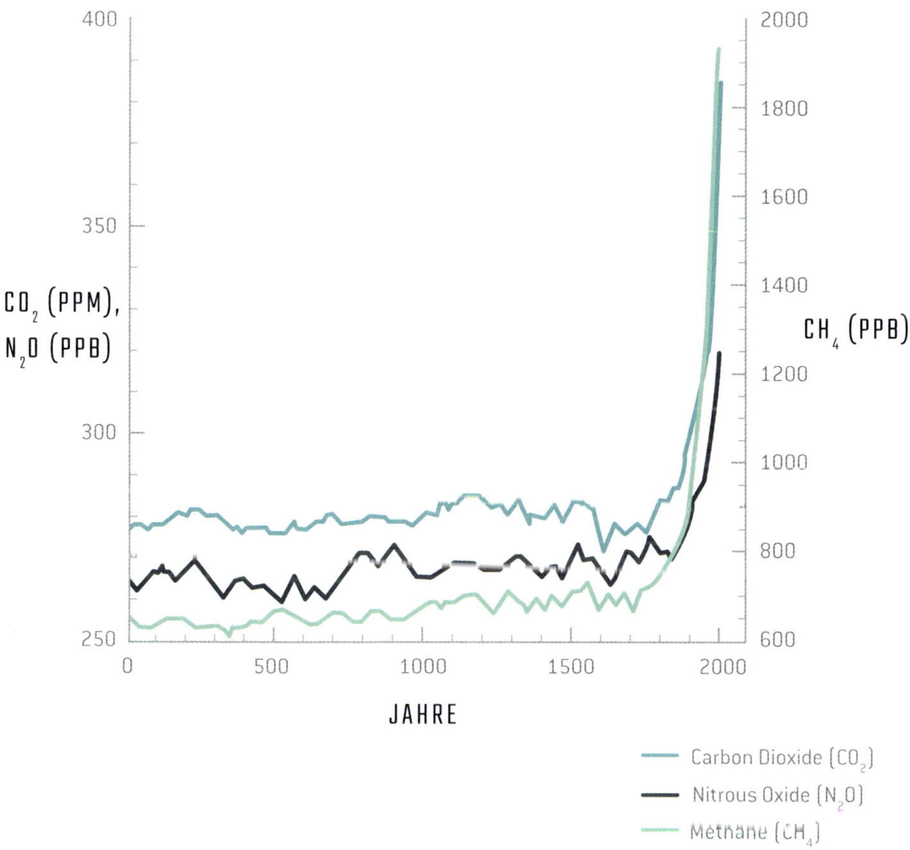

TIPPING POINTS

Das Klima ist ein sehr komplexes System mit vielen voneinander abhängenden Elementen. Ändert sich ein Element, werden Kettenreaktionen angestoßen, die sich selbst verstärken können. Wie beim Domino fallen weitere Elemente um und letztendlich das ganze System. Tipping Point, zu deutsch »Kippelement«, heißt jene kleine Veränderung, die große, langfristige und unumkehrbare Konsequenzen auf das Klima hat.

Diese Tipping Points sind unterschiedlichster Art und beeinflussen das Klima vielfältig.

Die arktischen Permafrostböden tauen auf.
Unter riesigen Eisplatten speichern diese Permafrostböden enorme Mengen CO_2 und Methan. Werden diese Gase freigesetzt, beschleunigt dies maßgeblich die Erderwärmung, was wiederum das Schmelzen der Permafrostböden beschleunigt.

An den Polkappen schmelzen die Gletscher.
Gletscher reflektieren das Sonnenlicht und reduzieren so das Aufheizen der Atmosphäre. Schmelzen sie, verringert sich die Fläche des Eises, die Erderwärmung beschleunigt sich. Die steigende Temperatur führt wiederum zu einem schnelleren Schmelzen der Gletscher.

Ökosysteme wie Regenwälder und Korallenriffe sind in Gefahr.
Sie filtern Kohlendioxid aus der Luft und dem Ozean. Ein Viertel des weltweiten Kohlenstoff-Austausches zwischen Atmosphäre und Biosphäre findet im Amazonas-Regenwald statt, der 2019 nicht zuletzt aufgrund der Erderwärmung brannte.

Das Problem: Je höher die Erderwärmung, desto höher ist das Risiko, dass einer oder mehrere dieser Dominosteine fallen und damit das ganze System kippt.

Der mit unserem Lebensstil einhergehende Energieverbrauch verändert unseren Planeten und die Energieerzeugung ist direkt und indirekt der größte Hebel, um den Klimawandel zu stoppen. Es müssen technologische Lösungen her.

DEKARBONISIERUNG

Der Großteil der Energieversorgung stammt aus Quellen, die schädlich für unser Klima sind. 2018 kamen rund 64 % der Energieproduktion aus fossilen Quellen. Kohle, Gas und Öl bilden das Rückgrat unseres Wirtschaftskreislaufs.

Damit wir überhaupt eine Chance haben, den CO_2-Ausstoß zu reduzieren, müssen wir die Wirtschaft konsequent dekarbonisieren – also auf klimaneutrale Energiequellen umstellen.

Dies wirkt sich gleich doppelt auf die Energiebranche aus. Erstens müssen wir die indirekten, fossilen Energieverbraucher auf elektrischen Betrieb bringen, indem wir zum Beispiel Autos, LKWs und Flugzeuge von Verbrennungsmotoren auf Elektroantriebe umstellen. Dies sorgt allerdings für einen Anstieg des Stromverbrauchs. Deshalb muss zweitens die Stromerzeugung komplett auf klimaneutrale Technologien umgestellt werden. Hierbei gibt es nicht den einen, richtigen Weg. Es muss ein Mix aus vielen alternativen Technologien entstehen, damit die Umstellung gelingen kann.

ENERGIE ERZEUGEN

Bei der Stromerzeugung nutzen wir zwar heute schon Wasserkraft, Wind- und Sonnenenergie, aber trotz des Booms der regenerativen Energien in den letzten Jahren ist ihr Anteil an der globalen Energieversorgung noch zu gering. Ein anderes Problem ist die Abhängigkeit der Stromproduktion von unstetigen Quellen. Wenn die Sonne scheint, ist Solarenergie heute viel günstiger als fossiler Strom und im Überfluss vorhanden. Die Preise für Solarstrom in Hochzeiten haben sich in den letzten zehn Jahren auf ein Sechzehntel reduziert. Wenn die Sonne allerdings nicht scheint, gibt es gar keinen Strom. Für die Stabilität des Stromnetzes ist eine stetige Grundlast notwendig, die durch Wind und Sonne nicht erreicht werden kann. Bis wir für dieses Problem mit Speichertechnologie und einem Stromnetz 2.0 eine Lösung gefunden haben, brauchen wir also weitere Technologien für die Energieerzeugung.

Eine sehr umstrittene Technologie, die in dieser Diskussion ein Comeback feiern könnte, ist die Nuklearenergie. Kernkraftwerke liefern konstant eine große Menge Strom, ohne CO_2 auszustoßen. Die Probleme der bisherigen Reaktoren waren die potenziell schrecklichen Folgen einer Kernschmelze und die Frage, wie und wo radioaktive Abfälle gelagert werden. Eine neue Generation von Reaktoren, auch Generation IV Reactors genannt, soll diese Probleme nicht mehr haben.

Flüssigsalzreaktoren beseitigen nach Stand der Wissenschaft das Risiko für Unfälle wie in Tschernobyl und Fukushima. Viele neue Atomreaktortypen sind zudem safe to walk away und brauchen im unwahrscheinlichen Falle eines Zwischenfalls weder ein Notstromsystem noch externe Kühlsysteme. Zudem müssen sie seltener nachgefüllt werden. Dies senkt den Aufwand für den Transport von radioaktivem Material und das Risiko, dass Material abgezweigt werden könnte.

Was das Problem des Atommülls betrifft, so gibt es auch hier technologische Durchbrüche. Die Firma TerraPower forscht bereits an zwei Typen von Reaktoren: Laufwellen-Reaktoren und »molten chloride fast reactors«, die zu den oben genannten Flüssigsalz-Reaktoren gehören. Diese Reaktor-Typen nutzen abgereichertes Uran, also den vorhandenen Atommüll, als Brennstoff und somit als Treibstoff der Energieerzeugung. Funktioniert diese Technologie, gibt es am Ende sogar weniger Atommüll durch Atomreaktoren.

Zusätzlich wird an neuen Brennstoffen für Reaktoren geforscht. Bei Reaktoren auf Thorium-Basis entstehen radioaktive Abfallstoffe mit deutlich kürzeren Halbwertszeiten.

Atomreaktoren funktionieren auf der Basis von Kernspaltung. Es wird eine Kettenreaktion in Gang gesetzt, durch die große Atomkerne in kleinere gespalten werden. Dabei entsteht Wärmeenergie, die zur Erzeugung von Wasserdampf genutzt wird. Dieser Wasserdampf treibt eine Turbine an, die Strom erzeugt. Sehr vereinfacht betrachtet sind Atomreaktoren also nichts weiter als Wasserkocher mit Dynamos.

Das Gegenteil der Kernspaltung ist die Kernfusion. Bei ihr verschmelzen zwei kleine Atomkerne zu einem großen Atomkern und geben die überschüssige Energie als Wärme ab. Danach funktionieren Fusionsreaktoren genau wie ihre Spiegelbilder, die im Grunde Spaltungsreaktoren heißen müssten.

Eine weitere Möglichkeit der Energiegewinnung sind **HEAT-TO-POWER-ANLAGEN**. Sie kommen vornehmlich in Solarthermie-Kraftwerken zum Einsatz, wo Sonnenlicht von Hunderten von Spiegeln auf einen Punkt reflektiert wird.

Die so gebündelte Sonnenenergie erzeugt Temperaturen bis zu 1000 Grad Celsius und erhitzt spezielle Wärmeleit-Öle oder erzeugt ultraheißen Wasserdampf, der Turbinen antreibt.

Heat-to-Power-Anlagen haben noch eine weitere, unglaublich spannende Anwendung: Sie können industrielle Abwärme wieder nutzbar machen. Bei vielen industriellen Prozessen, zum Beispiel in Stahlwerken, fällt bei der Produktion quasi als Abfallprodukt Wärme an. Liegt sie über 500 Grad, wird sie nur selten genutzt. Das ergibt rund 3000 TWh ungenutzte, thermische Energie im Jahr. Hinzu kommt, dass diese Abwärme häufig aufwendig abgekühlt werden muss, bevor sie in die Atmosphäre entlassen werden kann. Mit überschaubarem Aufwand können hitzeintensive Produktionsanlagen mit Heat-to-Power-Systemen nachgerüstet werden und so Energieabfall in Strom recyclen.

>HEAT-TO-POWER-ANLAGEN

(HtP) wandeln Wärme in Strom um. Hierbei ist die Effizienz entscheidend, also wie viel der Wärmeenergie als Strom ankommt.

ENERGIE SPEICHERN

Eigentlich waren die regenerativen Energien perfekt dafür geeignet, unseren Energiebedarf zu decken. Einzig die Schwankungen bei Sonnen- und Windenergie stellen uns vor große Herausforderungen. Könnte man Strom in Zeiten der Überproduktion effizient speichern und bei Bedarf schnell an die Netze abgeben, wäre unser Problem gelöst. Damit könnte der Energieverlust, der durch das Abschalten der Atom- und Kohlekraftwerke entsteht, ganz entspannt ausgeglichen werden.

Eine aktuelle Studie geht davon aus, dass bis 2050 etwa 15.000 TWh Leistung aus Energiespeichern benötigt werden, wenn wir weltweit zu 100 % auf erneuerbare Energien umsteigen. Für Europa würde die benötigte Speicherleistung etwa 2.250 TWh betragen. Von dieser Speicherleistung sind wir jedoch weit entfernt. Gerade große Speicherlösungen sind rar. Zumindest im Privatbereich sind erste Batterie-Lösungen im Einsatz: Besitzer von Solardächern sorgen damit für mehr Energieautonomie in ihrem Haushalt. Eine andere Idee für die nahe Zukunft ist es, die Kapazitäten angeschlossener Elektroautos als Zwischenspeicher zu nutzen und sie als Stromquelle anzuzapfen, wenn die regenerativen Energien schwächeln. Aus Kosten-, Umwelt- und Kapazitätsgründen ist der Einsatz solcher herkömmlichen Batterie-Lösungen aber beschränkt.

> SOLARTHERMIE KRAFTWERK

In den letzten Jahren gab es glücklicherweise große Fortschritte bei der Entwicklung von thermalen Energiespeichern. Sie speichern Energie in Form von Wärme, die bei Bedarf wieder in Strom umgewandelt wird. Power-to-Heat-to-Power heißen diese Prozesse in der Fachsprache. Der Vorteil dieser Methode ist, dass große Mengen Energie einfach in gut verfügbaren Materialien gespeichert werden können. Ein Solarthermie Kraftwerk könnte beispielsweise rund um die Uhr Energie liefern, da Thermalspeicher die hohen Temperaturen zu Peak Zeiten zwischenspeichern und zu einem späteren Zeitpunkt in Energie umwandeln könnten. Mit Kraftblock hat Freigeist in ein Startup investiert, das die großskalige Speicherung von Energie in Thermalspeichern erstmals sowohl ökologisch als auch ökonomisch sinnvoll abbilden kann.

Eine andere Denkrichtung beschäftigt sich damit, Solar- und Windenergie physisch als potenzielle Energie, auch Lageenergie genannt, zwischenzuspeichern. Man spricht hier von Gravitationsenergiespeichern. Pumpspeicherkraftwerke pumpen bei einer Überversorgung durch regenerative Energien Wasser vom Fuß eines Berges in einen Stausee weiter oben am Berg. Sinkt die Stromproduktion unter einen kritischen Wert, öffnen sich Fluttore im Stausee und das Wasser fließt den Berg hinab und treibt dabei stromerzeugende Turbinen an. Das ist zwar sehr günstig, aber – ähnlich wie die Energiegewinnung – abhängig von den natürlichen Gegebenheiten, denn man braucht einen Berg. Anders ist es bei dem Gravitationsenergiespeicher von Energy Vault, der auch im Flachland eingesetzt werden kann. Hier wird überschüssige regenerative Energie genutzt, um Betonblöcke mit einem Kran in die Höhe zu stapeln. Wird die Energie benötigt, lässt der Kran die Blöcke zu Boden sinken und wandelt die dabei entstehende kinetische Energie über einen Dynamo in Strom um.

Eine dritte Möglichkeit ist es, überschüssige Energie zur Herstellung von Wasserstoff zu nutzen. Dabei wird Wasser durch ein »Elektrolyse« genanntes Verfahren in seine molekularen Einzelteile Sauerstoff und Wasserstoff aufgespalten. Der so gewonnene Wasserstoff, ein ungiftiges Gas, kann gespeichert und vielseitig verwendet werden, etwa in Verbrennungsmotoren und Gaskraftwerken zur Energiegewinnung. Alternativ kann man ihn in Brennstoffzellen zur Erzeugung von Strom einsetzen und damit zum Beispiel einen Elektromotor antreiben. Im Vergleich zu Benzin oder Erdgas hat Wasserstoff einen großen Vorteil: Er setzt beim Verbrennen kein Kohlendioxid frei. Es gibt allerdings auch Nachteile, denn zur Herstellung des Wasserstoffs braucht man sehr sauberes Wasser. Das muss zuerst aufbereitet werden und mit seiner Speicherung geht aufgrund des extrem hohen Drucks ein gewisses Risiko einher. Ein weiterer Nachteil ist die geringe Gesamt-Energieeffizienz innerhalb des Systems, da zuerst viel Energie für die Elektrolyse eingesetzt werden muss. In der Nutzung hat Wasserstoff zudem einen geringeren Wirkungsgrad als zum Beispiel Diesel oder Erdgas. Durch physikalische Grenzen sind hier leider keine großen Schritte mehr möglich. Die theoretische maximale Effizienz einer Brennstoffzelle liegt je nach Zellenart bei 60–70 %, aktuell werden in der Praxis 40–50 %

erreicht. Die Gesamt-Energieeffizienz liegt momentan bei 35–40 % und kann bestenfalls noch bis 45 % gesteigert werden.

Da zentrale Speichersysteme heute aus mangelnder, technologischer Reife noch nicht großskalig angewandt werden, haben wir einen Preisverfall der regenerativen Energien zu Peak-Zeiten. Dass in diesen Zeiten die Energie ohne Möglichkeit zur Zwischenspeicherung gar nicht genutzt werden würde, macht Wasserstoff aktuell noch zu einer attraktiven Energiequelle. Der Effizienz-Nachteil von Wasserstoff wird quasi durch den Kostenverfall des eingesetzten Stroms wett gemacht, sozusagen Moore's Law im etwas anderen Sinne. Denn durch den technologischen Fortschritt in der Energiespeicherung könnten die Kosten für den Strom zu Peak-Zeiten zukünftig wieder steigen beziehungsweise ausgeglichen werden. Dies dürfte sich maßgeblich auf die Nutzung von Wasserstoff als Energiequelle auswirken. Ein Vorteil von Wasserstoff ist jedoch seine geringe Dichte, dadurch ist er sehr leicht und eignet sich besonders für den Einsatz in elektrisch betriebenen Flugzeugen, LKWs und Schiffen. Trotz seiner geringen Effizienz könnte Wasserstoff also für manche Bereiche weiterhin interessant bleiben.

DEZENTRALISIERUNG

Bei der Umstellung von fossiler auf klimaneutrale Stromerzeugung wird sich auch die Struktur der Energiebranche ändern. Nicht-fossile Kraftwerke, die an einem Ort große Mengen Strom erzeugen könnten, sind (im Fall von Kernfusion) noch in der Entwicklung oder (im Fall von Atomkraftwerken) politisch nicht durchzusetzen. Dies führt dazu, dass überall im Land viele kleinere Wind- oder Solarkraftwerke und in Industrieanlagen neue Heat-to-Power-Lösungen entstehen werden. Die gesamte Energieerzeugung wird somit dezentraler und bringt neue Herausforderungen für die Stromnetze der Zukunft mit sich. Die Stromnetze müssen intelligent werden. Sie müssen die weit verteilten kleinen Kraftwerke vernetzen und zu einem virtuellen Großkraftwerk zusammenschalten. Idealerweise werden auch große Energieverbraucher in dieses Datennetz eingebunden, sodass Stromproduktion und Stromverbrauch insgesamt besser koordiniert werden können. Das kann sowohl auf Makro- als auch auf Mikro-Ebene funktionieren. Schaltet man smarte Stromzähler, Waschmaschinen oder Elektroautos zu einem Internet der Dinge zusammen, kann die Netzlast optimal ausgesteuert werden. Das Sahnehäubchen wäre die vollkommen automatisierte Koordination und vor allem die Abrechnung mit den unterschiedlichen Stromerzeugern über digitale Verträge auf einer Blockchain-Plattform.

KOHLENDIOXID EINFANGEN

Es ist abzusehen, dass selbst eine sofortige Reduzierung des CO_2-Ausstoßes nicht ausreicht, um die Menge an Kohlendioxid in der Atmosphäre hinreichend einzudämmen. Wir benötigen neue Methoden, die das CO_2 bei der Erzeugung auffangen oder aus der Luft filtern und dann speichern. Bäume können das auf natürliche Weise. Sie nutzen das CO_2 der Luft zur Photosynthese, geben überschüssigen Sauerstoff an die Atmosphäre ab und speichern den anfallenden Kohlenstoff als Holz. Nur benötigen neue Bäume Zeit zum Wachsen, bis sie ihren Beitrag leisten können. Aufforstung kann also nur bedingt bei der Entkarbonisierung der Atmosphäre helfen. Es ist deshalb extrem wichtig, dass wir aufhören, die bestehenden großen Wälder zu zerstören. Das würde uns im wahrsten Sinne des Wortes etwas mehr Luft verschaffen.

Unabhängig davon müssen technische Lösungen her, die dabei helfen, das CO_2 wieder aus der Luft zu holen. Bei der CO_2-Sequestrierung, auch »Carbon Capture and Storage« (CSS) genannt, wird CO_2 an seiner Entstehungsquelle, zum Beispiel in Industrieanlagen, abgetrennt und in unterirdischen Lagern gespeichert. Mögliche Orte dafür sind unter anderem der Meeresuntergrund, leere Erdöl- und Erdgaslagerstätten oder salzhaltige Grundwasserleiter.

Ein Forschungsprojekt am Karlsruher Institut für Technologie (KIT) beschäftigt sich gerade mit der Möglichkeit, bestehende Klimaanlagen an Gebäuden um CO_2-Filter zu ergänzen, die das CO_2 nicht nur aus der Luft extrahieren, sondern es auch noch in einen chemischen Energieträger umwandeln. Wer hierzu mehr erfahren will, findet ein Gespräch mit den Forschern in Folge 2 des Startup-DNA Podcasts.

Es gibt noch anderweitige Bestrebungen, das eingefangene CO_2 verwertbar zu machen. Einige Forscher untersuchen die Möglichkeit, Algen damit zu füttern, die daraus Biokraftstoffe herstellen sollen. Andere versuchen, daraus Plastik oder Zement herzustellen.

Bei allen Experimenten muss jedoch immer sichergestellt sein, dass das CO_2 nicht doch auf irgendeinem Wege in die Atmosphäre gelangt.

Außerdem muss uns allen klar sein, dass es sich hierbei nur um notwendige Ergänzungen und nicht etwa um Freifahrtscheine zur Produktion von noch mehr CO_2 handelt. Es ist immer besser, die Freisetzung von CO_2 zu vermeiden.

FRANKs FAZIT

> Auch im Bereich Energie werden neue Technologien und Startups etablierte Unternehmen aus dem Markt drängen. Das extrem wichtige und zeitkritische Thema Klima wird diese Veränderungen weiter beschleunigen. Die Regierungen müssen sich trauen, nach dem First Principle Thinking Ansatz zu handeln und sich von emotionalen Debatten um sterbende Industrien und irrationalen Ängsten distanzieren. Ein planloser und rein populistischer Ausstieg aus der Atomkraft schadet dem Klima und der Wirtschaft. Die einzigen Gewinner sind hier Politiker, die auf eine Wiederwahl hoffen dürfen. Die Energiewende ist eine der komplexesten Aufgaben der Menschheit. Auch ich habe nicht auf alles Antworten, kenne nicht jede Möglichkeit im Detail, aber eines weiß ich: Uns fehlt der Mut, wirklich neu zu denken. Wir müssen begreifen, dass der gesamte Energiemarkt 2030 komplett anders aussehen wird als heute. Diesen Umbruch müssen wir als Chance, nicht als Gefahr sehen. Deutschland erhält so die Möglichkeit, technologisch in diesem Sektor wieder ganz vorne mitzuspielen und Energietechnologien »Made in Germany« zu einem weltweiten Exportschlager zu machen.

HIER FINDEST DU VIDEOS UND WEITERE INFOS ZU DEN VORGESTELLTEN PROJEKTEN.

09

ÄRA 3.0

10xÄRA

1.0

1990 – 2020

Die großen Innovationen der letzten 30 Jahre basieren hauptsächlich auf Fortschritten in der Computerdomäne – schnelleren Chips, unbegrenztem Speicher, Gigabit Internet und Smartphones. Daraus entstanden Anwendungen, die unsere Gesellschaft, unseren Alltag und die Art und Weise, wie wir miteinander kommunizieren, fundamental veränderten. Die Unternehmen hinter diesen Innovationen – Google, Apple, Facebook, Amazon, Microsoft (GAFAM) – gehören heute zu den wertvollsten Unternehmen der Welt. Innerhalb von nur zehn Jahren erreichten sie einen Marktwert von mehreren Billionen Dollar. Nennen wir diese Zeit die 10xÄra 1.0.

10xÄRA

2.0

AB 2020

In der nächsten Dekade werden wir eine Phase noch schnelleren Fortschritts erleben: die 10xÄra 2.0. Zwei Faktoren kommen zusammen und verstärken sich gegenseitig: Es treten so viele neue Grundlagentechnologien gleichzeitig auf den Markt wie nie zuvor. Jede dieser Technologien für sich könnte unser Leben signifikant verändern. Doch sie sind komplementär – sie ergänzen sich perfekt und lassen aufgrund ihres digitalen Ursprungs exponentielle Entwicklungen zu. Ein weiterer Faktor ist die sogenannte Smartphone-Dividende. Durch die Produktion von ca. 1,4 Milliarden Smartphones pro Jahr werden alle verwendeten Teile (Chips, Kameras, Sensoren, Displays,...) extrem günstig und können auch für andere Produkte verwendet werden.

10xÄRA

3.0

AB 2030

Parallel zu dieser Entwicklung werden bereits die Technologien der Ära 3.0 erste echte Anwendungen liefern. Dies wird ab 2030 den Fortschritt noch mal deutlich beschleunigen.

CHIPS
INTERNET
CLOUD
SMARTPHONE
KÜNSTLICHE INTELLIGENZ
BLOCKCHAIN
ROBOTER
3D-DRUCK
5G
5G
IOT
EDGE/CLOUD COMPUTING
SYNTHETISCHE BIOLOGIE
ENERGIE
QUANTUM COMPUTING
KERNFUSION
SINGULARITÄT
BRAIN APPSTORE

QUANTENCOMPUTER

Quantencomputer könnte man sehr vereinfacht auch als 10xComputer bezeichnen. Ein normaler Computer arbeitet mit sogenannten »Bits«, die zwei mögliche Zustände einnehmen können: 1 oder 0 – repräsentiert durch die Transistoren in den Prozessoren. Je mehr Transistoren ein Computer besitzt, desto mehr Rechenoperationen kann er pro Sekunde ausführen. Ein Quantencomputer arbeitet mit Quantenbits – kurz Qubits. Qubits folgen den **GESETZEN DER QUANTENMECHANIK** und können, anders als normale Bits, unendlich viele Zustände zwischen 1 und 0 einnehmen. Quantencomputer lassen sich mit einer Münze vergleichen, die hoch geworfen wurde. Die Münze (= das Qubit) befindet sich während des Flugs zwischen »Kopf« und »Zahl« und nimmt erst bei der Landung einen Wert ein. Solange verbleibt sie in der **SUPERPOSITION.** Beim normalen Computer liegt die Münze (= der Transistor) nur auf »Kopf« oder auf »Zahl«. Mehrere Qubits werden bei Quantencomputern zu Registern zusammengesetzt und mehrere Register bilden einen Quantenschaltkreis. Das ist das Gegenstück zum Prozessor bei klassischen Computern. Die Qubits innerhalb der Register sind verschränkt. Änderungen an einem Qubit wirken sich sofort auf das andere Qubit aus. Diese Verschränkung innerhalb eines Registers sorgt dafür, dass Quantencomputer mehrere Rechenschritte parallel machen können.

Im Münz-Modell heißt das: Ein normaler Rechner mit »zwei Münzen« kann einen von vier verschiedenen Zuständen haben: Kopf – Kopf, Zahl – Zahl, Kopf – Zahl oder Zahl – Kopf. Ein Quantenrechner mit »zwei Münzen« kann alle vier Zustände gleichzeitig abbilden. Durch die Verschränkung der »Quantenmünzen« beeinflusst das Ergebnis der ersten Münze die zweite.

>>

ICH DENKE, ICH KANN SICHER SAGEN, DASS NIEMAND QUANTENMECHANIK VERSTEHT.

RICHARD FEYNMAN,
PHYSIK-NOBELPREIS FÜR SEINE FORSCHUNG AUF DEM GEBIET DER QUANTENPHYSIK

Ein Quantencomputer mit vier Qubits kann 16 verschiedene Zustände gleichzeitig halten (2 hoch 4 = 2*2*2*2). Der herkömmliche 4-Bit Computer könnte zwar auch die 16 Zustände abbilden, aber nur nacheinander und nicht parallel. Hier zeigt sich, wieso Quantencomputer herkömmlichen Supercomputern überlegen sind und ihnen bei komplexen Berechnungen den Rang ablaufen werden. Ein Quantencomputer mit 50 Qubits kann 2 hoch 50 – also 1.125.899.906.842.624 – Zustände gleichzeitig halten. Und mit jedem weiteren Qubit wächst die Zahl der parallelen Zustände exponentiell. So erreichen Quantenrechner schnell die sogenannte Quantenüberlegenheit im Vergleich zu klassischen Computern.

Quantenüberlegenheit bezeichnet den Zeitpunkt, ab dem Quantencomputer den herkömmlichen digitalen Supercomputern überlegen sind. Klassische Computer erreichen bei bestimmten Aufgaben schnell ihre Kapazitätsgrenze. Ihr Rechenbedarf steigt bei Optimierungsaufgaben mit zunehmender Komplexität exponentiell an. Bei Quantencomputern dagegen wächst der komplexitätsbedingte Rechenaufwand nur linear. Aufgaben, für die aktuelle Supercomputer Jahre rechnen würden, könnte ein Quantencomputer in Minuten lösen. Im Oktober 2019 veröffentlichten Forscher von Google einen Bericht, in dem sie zeigten, dass sie mit ihrem Sycamore-Quantenprozessor das erste Mal die Quantenüberlegenheit erreicht hatten. Sycamore löste in 200 Sekunden eine Rechenaufgabe, für die der aktuell schnellste Supercomputer 10.000 Jahre benötigt hätte.

> GESETZE DER QUANTENMECHANIK

Bei Quanten handelt es sich in erster Linie um Elementarteilchen wie Photonen oder Elektronen. In der Quantentheorie können diese Teilchen allerdings auf zwei verschiedene Arten beschrieben werden. Einmal als klassische Teilchenform (Vorstellung: kleine kugelförmige Objekte mit einer bestimmten Masse an einem Punkt im Raum) oder als Wellenform (Vorstellung: Wellenmuster ausgedehnt im Raum).

> SUPERPOSITION

Die Superposition ist eines der fundamentalen Prinzipien der Quantenmechanik. Ein Quantenteilchen verbleibt solange in einem unscharfen Zustand, bis es gemessen wird. Dann nimmt es aber sofort einen Wert ein. Qubits in Quantencomputern verharren in einer Position zwischen Null und Eins, bis sie gemessen werden. Deswegen können Quantencomputer im Vergleich zu normalen Computern viele verschiedene Zustände gleichzeitig abbilden.

»

QUANTEN COMPUTING IST NICHTS WENIGER ALS EIN VOLLKOMMEN NEUER WEG, DIE NATURGESETZE ZU NUTZEN. ES WIRD DIE ERSTE TECHNOLOGIE SEIN, DIE ES ERLAUBT, AUFGABENSTELLUNGEN DURCH ZUSAMMENLEGEN MEHRERER PARALLELER REALITÄTEN ZU BEARBEITEN UND SO ZU NEUEN ERGEBNISSEN ZU KOMMEN.

DAVID DEUTSCH, 1997

Kritiker werfen Google vor, die Quantenüberlegenheit der Sycamore QPU mit einer ungewöhnlich gut geeigneten Aufgabenstellung gezeigt zu haben. Außerhalb dieser Aufgabenstellung könne der Quantencomputer nicht viel bewerkstelligen. Doch diese Kritik verfehlt den Punkt. Der Pfad zu dieser Technologie wurde geebnet, wir stehen kurz vor dem Beginn eines neuen Computerzeitalters. Zurzeit befinden wir uns bei Quantencomputern in der **NISQ-ÄRA**. Die aktuellen Modelle sind Zwischentechnologien mit einem relativ hohem Hintergrundrauschen. Dieses Stadium ist zu vergleichen mit der Zeit der ersten Computer – große Schränke mit wenigen, empfindlichen Röhren-Transistoren und überschaubaren Funktionen. Genauso sind die ersten Quantencomputer große Kühlschränke mit wenigen, hochempfindlichen Quantengattern und aktuell noch wenigen Möglichkeiten. Quantencomputer werden in vielen Branchen für Moonshots sorgen, wie einst ihre Großväter, die Mikroprozessoren, in den 1950er/60er Jahren.

>NISQ-ÄRA

NISQ steht für Noisy Intermediate-Scale Quantum Computer. »Intermediate-Scaled« (mittel-skaliert), weil es die Anzahl der Qubits, also die Größe der Quantencomputer, beschreibt, die von 50 bis zu ein paar Hundert reichen werden. Also nicht klein und nicht groß. »Noisy« (fehleranfällig), weil wir keine perfekte Kontrolle über diese Qubits haben werden, wodurch Fehler entstehen können (Rauschen).

QUANTENCOMPUTER HABEN SECHS WESENTLICHE EIGENSCHAFTEN, DIE SIE VON HEUTIGEN COMPUTERN UNTERSCHEIDEN:

1. Sie eignen sich besonders für hochkomplexe Optimierungsaufgaben wie Routenplanung oder Verkehrssteuerung. Eine Lieferroute mit 4 Stops hat 24 mögliche verschiedene Routen. Bei einer Lieferung mit 10 Stops sind es bereits 3.628.800 unterschiedliche Routen. Man ahnt die Komplexitätssteigerung bei größeren Lieferflotten. Quantum-Algorithmen können nicht nur alle möglichen Routen parallel berechnen, sondern auch schnell die übergreifend optimale Route bestimmen.

2. Quantensimulationen: Mit ihren verschränkten Qubits sind Quantencomputer perfekt dafür geeignet, die komplexen Wechselwirkungen innerhalb eines Moleküls zu simulieren. Viele Krankheiten, zum Beispiel Alzheimer, hängen mit fehlerhaften Proteinen im menschlichen Körper zusammen. Die Simulation der Auswirkung unterschiedlicher Wirkstoffkombinationen auf die fehlerhaften Proteine ist für herkömmliche Supercomputer zu aufwendig. Da Quantencomputer viele mögliche Zustände parallel berechnen können, sind Pharmaunternehmen mit ihnen in der Lage, die Wirkweise neuer Molekül-Kombinationen zu simulieren und so die Entwicklung neuer Medikamente zu beschleunigen.

3. Die Funktionsweise von Quantencomputern hat große Überschneidungen mit den Methoden des Machine Learning. Beide Technologien arbeiten viel mit Wahrscheinlichkeiten und Verknüpfungen. Und beide Technologien werden noch dadurch ausgebremst, dass sie nicht mit echten Daten, sondern nur mit einer Annäherung der echten Daten in Form von Nullen und Einsen arbeiten können. Neue, speziell für die Fähigkeiten von Quantencomputern entwickelte Methoden von quantenkünstlicher Intelligenz haben das Potenzial, Machine Learning auf eine ganz neue Stufe zu bringen.

4. Die Stärke von Quantencomputern bei der Zerlegung von Primzahlen sorgt für viel Unruhe bei Cyber-Sicherheitsexperten. Die meisten Verschlüsselungstechniken basieren auf der Primzahl-Zerlegung und generieren Datenschlüssel, die von normalen Computern nur mit enorm langer Rechenzeit geknackt werden könnten. Folglich müssen neue, quantensichere Methoden zur Verschlüsselung von Daten entwickelt werden. Die Industrie vermarktet dies bereits als »Quantum-Ready«.

5. Die Quantenverschränkung kann genutzt werden, um ein neues, unhackbares Internet zu entwickeln. Durch die Verschränkung führt jeder Eingriff ins System – zum Beispiel, wenn ein Hacker sich in einen Informationsfluss einklinkt – zu einer Änderung der Quantenzustände. Damit ist es sofort sichtbar, wenn sich eine unberechtigte Person Zugriff auf den Datenstrom verschafft hat.

6. Die Übermittlung von Quantendaten ist nur schwierig über das herkömmliche Internet abzubilden. Da Quanten während der Superposition unendlich viele Zustände einnehmen können, müssten unglaubliche Datenmengen übermittelt werden. Informationen zu Spins oder der Ausrichtung der Teilchen würden verloren gehen. Aus diesem Grund entwickeln Forscher gerade ein Quanteninternet. Hier werden die Eigenschaften von verschränkten Photonen zum Aufbau eines neuen Internets genutzt. Die Geschichte wiederholt sich: In der Gründungszeit des Internets waren es Universitäten und andere Forschungseinrichtungen, die Netzknoten für das ARPA-Net bereitstellten. So entstand ein erstes stabiles Netzwerk. Heute sind es wieder Universitäten und Forschungseinrichtungen, die mit dem Aufbau von Netzknoten für ein Quanteninternet beginnen.

WER TIEFER IN DAS THEMA »QUANTENCOMPUTER« EINSTEIGEN WILL, FINDET HIER WEITERE INFOS.

KERNFUSION

Kernfusion sorgt schon heute für einen Großteil der Energie auf unserer Erde. Allerdings ist der Fusionsreaktor 149.600.000 km von der Erde entfernt – im Inneren der Sonne verschmelzen Wasserstoffatomkerne unter großem Druck zu Helium. Dabei wird eine gewaltige Menge Energie freigesetzt, die bei uns auf der Erde als Licht und Wärmestrahlung ankommt.

Seit den 1980er Jahren gibt es die ersten Ideen, die Kernfusion auch auf der Erde zur Erzeugung von Energie einzusetzen. Denn Kernfusion ist eine nahezu unendliche Energiequelle. Das Fusionsfeuer in der Sonne brennt schon seit über 4 Milliarden Jahren und der Brennstoff reicht noch für weitere 11 Milliarden. Die primäre Ressource – Wasserstoff – ist auf der Erde in großen Mengen vorhanden und der Wirkungsgrad einer Fusion ist enorm. Ein Gramm Wasserstoff setzt während der Fusion soviel Energie frei wie 11 Tonnen Steinkohle oder 10.000 Liter Heizöl – und das ohne klimaschädliche Emissionen.

Irdische Fusionsreaktoren sollen auf Basis der Wasserstoffisotopen Deuterium und Tritium laufen. Deuterium, auch als schweres Wasser bekannt, wird relativ einfach aus Wasser hergestellt. Tritium müsste innerhalb des Reaktors hergestellt werden. Soweit die Theorie. Die Herausforderungen, einen Fusionsreaktor in der Praxis zu bauen, sind allerdings immens. Die größte Frage ist, wie sich die Materie, die während der Fusion Temperaturen von mehreren Millionen Grad Celsius entwickelt, in einen Reaktor sperren lässt.

>>

ICH HOFFE, DASS DIE KERNFUSION ZU EINER PRAKTISCHEN ENERGIEQUELLE WIRD. SIE WÜRDE EINE UNERSCHÖPFLICHE ENERGIE-VERSORGUNG OHNE UMWELTVERSCHMUTZUNG ODER GLOBALE ERWÄRMUNG LIEFERN.

STEPHEN HAWKING, 2010

Die Fusion im Inneren der Sonne erreicht eine Temperatur von 15 Millionen Grad Celsius und es herrscht ein großer Druck, der die Fusion bei diesen Temperaturen erst möglich macht. Auf der Erde kann ein solcher Druck nicht erreicht werden, somit muss die Temperatur der Fusion höher sein. Berechnungen zufolge läuft eine Fusion in einem irdischen Reaktor bei einer Temperatur von 100 Millionen Grad Celsius ab. Um das Fusionsfeuer zu zünden, müsste der Wasserstoff mit Mikrowellen in kurzer Zeit auf mehrere Millionen Grad erhitzt werden. Das **PLASMA** müsste von starken elektrischen Feldern eingezwängt werden und die Wechselwirkung der magnetischen Felder auf das elektrisch geladene Plasma würde die Fusion zünden.

>PLASMA

ist der »vierte Aggregatszustand«, der nach dem Aggregatszustand »gasförmig« entsteht, wenn man Materie noch sehr viel mehr Energie zufügt, sodass den Atomen einige oder alle Elektronen entrissen werden. Physikalisch besteht Plasma somit aus freien Elektronen und positiv geladenen Ionen und je nach Art des Plasmas auch aus neutralen Teilchen.

Durch die Verschmelzung der Wasserstoffatome im Plasma wird Energie freigesetzt. Ein Teil der erzeugten Energie wird direkt genutzt, um die Magnetfelder aufrechtzuerhalten. Mit der verbleibenden Wärmeenergie wird eine Dampfturbine zur Stromerzeugung betrieben.

Fusionsreaktoren sind in der Theorie viel sicherer als Atomreaktoren. Sie werden mit sehr wenig Brennstoff betrieben und im Falle einer Störung stoppt die Reaktion innerhalb von Sekunden. Kettenreaktionen wie bei Atomreaktoren sind nicht möglich. Auch das zum Betrieb nötige Tritium ist lange nicht so gefährlich wie die radioaktiven Rückstände, die bei der Kernspaltung entstehen.

Das Feuer der Sonne auf der Erde nachzubauen, ist ein echtes Moonshot-Projekt. Das prominenteste Projekt derzeit ist der »International Thermonuclear Experimental Reactor« (ITER). Hier arbeiten Forscher aus 35 Nationen daran, uns eine unerschöpfliche Energiequelle auf der Erde zu erschaffen. Die Bodenplatte der Fusionskammer wurde 2020 gelegt, es kann mit dem Bau der Brennkammer begonnen werden. Ziel ist es, die Anlage im Jahr 2025 erstmals in Betrieb zu nehmen.

DER APP-STORE FÜR UNSER GEHIRN / HIRN-SCHNITTSTELLEN

Eigentlich sind wir Menschen schon längst eine Symbiose mit unseren Smartphones eingegangen. Wir versorgen sie mit Strom und einer Datenverbindung und sie navigieren uns dafür überall hin, spielen uns Musik vor und verbinden uns via Social Media mit Freunden und Familie. Wird der Akku knapp oder haben wir keinen Empfang, steigt Panik in uns auf. Doch unsere Finger und der Touchscreen sind kein sehr effizientes Interface. Der Hype um Sprachsteuerung und Sprachassistenten zeigt, dass die Menschen dringend effizienter mit ihrem digitalen Ich verbunden sein wollen. Dabei ist Sprachsteuerung nur für wenige Situationen geeignet. Wäre es nicht viel besser, wenn man den Computer über Gedanken steuern könnte?

> »COMPUTER SIND WIE FAHRRÄDER FÜR UNSEREN VERSTAND.
>
> STEVE JOBS

In der Medizinforschung gibt es bereits die ersten Erfolge bei dem Versuch, vollständig gelähmte Patienten über Gedanken – Hirnströme – einen Computer steuern zu lassen. Bei Parkinsonpatienten können über Hirnimplantate (Hirnschrittmacher) die schlimmsten Folgen des ständigen Zitterns gemildert werden. Bei der Fußball-WM 2014 konnte ein querschnittsgelähmter Brasilianer über ein spezielles Implantat ein Exoskelett steuern und so den Anstoß des Eröffnungsspiels machen. Aber auch außerhalb medizinischer Anwendungen arbeiten Wissenschaftler daran, ein besseres Interface zwischen Maschinen und dem menschlichen Gehirn zu entwickeln. Diese invasiven Methoden haben allerdings eine große Hürde: Sie müssen direkt ins menschliche Gehirn eingepflanzt werden und werden vom Immunsystem des Körpers bekämpft. Oder, um es mit den Worten Mark Zuckerbergs zu sagen: »Hirnimplantate skalieren nicht!«

Deswegen forschen viele Universitäten und Unternehmen an nichtinvasiven Methoden. Dabei werden Elektroden auf dem Kopf platziert, um die Hirnströme zu messen. Diese Elektroenzophalografien (EEGs) waren bis vor kurzem noch sehr ungenau, denn im Gehirn feuern rund 100 Milliarden Nervenzellen elektrische Impulse ab. Die Ströme sind äußerst schwach und die schiere Menge an Impulsen sorgt für ein immenses Grundrauschen. Es war kaum möglich, einzelne gewünschte Signale oder Muster exakt zu identifizieren. Hier hilft nun die künstliche Intelligenz mit ihren Stärken in der Mustererkennung dabei, aus dem großen Rauschen die richtigen Signale herauszufiltern und zu interpretieren. Die Algorithmen können mittlerweile bereits mit hoher Wahrscheinlichkeit abschätzen, ob man an einen Elefanten oder an eine Giraffe denkt. Von da ist es nicht mehr weit, an Buchstaben zu denken, statt sie zu tippen. Auch erste einfache Formen der Gedankenübertragung wurden im Labor getestet. Für eine schlichte Variante des Spiels Tetris wurden die Gehirne dreier Probanden über EEGs zusammengeschaltet. Zwei Probanden konnten sehen, wie ein Tetris Block gedreht werden musste, um in ein Ziel zu passen. Der dritte Proband sah das nicht, war aber über ein Magnetstimulationsgerät mit den anderen beiden verlinkt. Über die EEG Schnittstelle wusste er mit einer 80 % Erfolgsrate, wie der Block gedreht werden musste – elektronische Telepathie.

> ONTOGENETISCHE VERFAHREN

sind medizinische Verfahren, mit denen über Lichtwellen genau definierte Nervenzellen angeregt werden können.

Auf ähnliche Art konnten Forscher künstliche Erinnerungen von einem Lebewesen auf ein anderes übertragen. In einem Experiment erhielten Mäuse in einem kleinen Bereich des Käfigs einen leichten Stromschlag. Die Tiere begannen, diese Ecke des Käfigs zu meiden. Es wurde aufgezeichnet, welche Hirnregionen welche Signale sendeten. Über **ONTOGENETISCHE VERFAHREN** wurden dann bei anderen Mäusen ähnliche Signale in den gleichen Hirnregionen ausgelöst. Das Ergebnis war verblüffend: Obwohl die zweite Gruppe von Mäusen nie schlechte Erfahrungen mit Stromschlägen gemacht hatte, begann sie, die gleiche Käfigecke zu meiden wie ihre Artgenossen der ersten Gruppe. Noch stehen wir ganz am Anfang dieser Entwicklung. Aber vielleicht werden wir in nicht allzu ferner Zukunft Erinnerungen oder sogar Wissen anderer direkt in unser Gehirn herunterladen können.

Ein prominentes Unternehmen, das an Brain-Computer-Interfaces arbeitet, ist das von Elon Musk mitbegründete Neuralink. Ein innovatives Kernelement von Neuralink sind die sogenannten »Threads«, sehr feine Polymerfäden, dünner als ein Haar, die ins Gehirn eingesetzt werden und mit Elektroden elektrische Signale im Gehirn empfangen. Die Fäden sind mit einem Chip verbunden, der die Signale verarbeitet und sie an eine Steuereinheit überträgt. Bestehende Brain-Computer-Interfaces haben jedoch ein immanentes Dilemma: Je genauer man die feinen Ströme der Neuronen auslesen möchte, desto näher muss man an sie heran. Nichtinvasive Verfahren bleiben außerhalb der Schädeldecke und liefern sehr oberflächliche Sensordaten. Invasive Verfahren liefern genauere Daten, müssen aber ins Gehirn implantiert werden.

Die Schnittstelle von Neuralink ist eine Weiterentwicklung bestehender Hirnimplantate, zum Beispiel dem Utah Array. Die dünnen Fäden können im Vergleich zu den herkömmlichen Methoden viel mehr Neuronen überwachen und feinere Signale empfangen. So entsteht ein deutlich detaillierteres Bild über die Vorgänge im Gehirn. Neben dem Implantat arbeitet Neuralink auch an chirurgischen Robotern, die diese Elektroden-Fäden hochpräzise in das Gehirn einsetzen sollen. Die ersten Anwendungen werden medizinische sein, zum Beispiel, um beschädigte Hirnregionen zu aktivieren. Zukünftig könnte hier aber ein Interface zu externer Software und entsprechenden Geräten entstehen – und letztendlich die Möglichkeit, uns direkt mit einer KI zu verschmelzen.

SINGULARITÄT

In der Diskussion um KI fällt oft der Begriff der Singularität. Singularität ist der Zeitpunkt, an dem eine »starke«, selbstlernende künstliche Intelligenz schlauer wird als der Mensch. Ab da, so die pessimistischen Argumente der Diskussion, wird die KI in einer für den Menschen nicht mehr nachvollziehbaren Geschwindigkeit Fortschritte machen und die Menschheit hinter sich lassen. Sie wäre die letzte Erfindung des Menschen – ab dann übernimmt die klügere KI. Je nach Schwere des Pessimismus löscht diese KI die Zivilisation komplett aus, weil sie den Menschen als Fehlerquelle identifiziert oder schlichtweg als komplett irrelevant betrachtet. Oder es entsteht eine fürsorgliche KI, die die Menschheit wie eine Art Haustier behandelt.

Auch Tech-Enthusiast Elon sieht die KI-Technologie als Bedrohung. Er glaubt, dass wir das menschliche Gehirn »upgraden« müssen, um zukünftig mit künstlicher Intelligenz mithalten zu können. Dies versucht er mit Neuralink zu erreichen.

Die Optimisten sehen in einer starken, übermenschlich schlauen KI eine große Chance für die Menschheit, in eine Ära unglaublichen Fortschritts einzutreten. Die Realisten, zu denen übrigens der Großteil der KI-Forscher zählt, sehen noch keine Anzeichen dafür, dass eine starke KI kommt. Aktuell gibt es in der Forschung nicht einmal den Ansatz einer Idee, mit welchen Methoden sie überhaupt realisiert werden könnte. Sie sehen vielmehr die Multiplizität – die enge Zusammenarbeit von Mensch und schwacher KI – als wahrscheinlichstes Szenario. Die Computer übernehmen zunehmend die Aufgaben, die sie am besten können – Analysen komplexer Daten oder repetitive, monotone Tätigkeiten in hoher Zuverlässigkeit, während der Mensch sich auf seine kreativen und kognitiven Stärken fokussiert.

In einem Punkt stimmen aber alle Teilnehmer der Debatte überein: KI ist eine sehr mächtige Technologie, bei deren Einsatz wir sehr genau aufpassen müssen, um mögliche, wenn auch unbeabsichtigte Folgen (wie die bereits thematisierte befangene KI) auszuschließen. Der MIT Professor Max Tegmark brachte es auf den Punkt: »Als die Menschen das Feuer entdeckten und es damit Probleme gab, erfanden sie den Feuerlöscher. Als die Menschen das Auto erfanden und es damit Probleme gab, haben sie den Sicherheitsgurt erfunden. Aber es gibt Erfindungen wie Atomwaffen oder KI, bei denen wir besser nicht aus unseren Fehlern lernen, sondern im Voraus überlegen sollten, was schiefgehen könnte.«

FRANKs FAZIT

> Auch wenn wir heute noch nicht wissen, wie die Architektur aussehen wird, ich persönlich glaube an die Singularität. Ob das 25, 100 oder noch mehr Jahre dauert, ist offen. Auch für mich ist es heute schwer vorstellbar, dass Software wirklich jede Art von komplexen Entscheidungen besser treffen kann als wir. Erfahrungen, Emotionen und Intuition sind neben reinem Wissen und Logik sehr wichtig für gute Entscheidungen. Eines ist schon heute klar: Bis zum Zeitpunkt der Singularität hat nicht nur die KI, sondern zunächst der Mensch noch viel zu lernen, um sie dann in die richtige Bahn zu lenken.

DEIN LEBEN IN 10x!

In den nächsten 10 Jahren werden sich unser Alltag, unsere Gesellschaft und unser Leben radikal wandeln – wie wir arbeiten, was wir essen, wie wir uns fortbewegen. Sogar wir selbst werden durch die Technologien aus dem Baukasten der Zukunft verändert. Die dadurch ausgelösten Disruptionen werden viele Branchen komplett umkrempeln. Dies eröffnet unzählige neue Chancen. Dieser Teil erklärt, welche konkreten Auswirkungen dies auf dein Leben im Bereich Mobilität, Ernährung, Energie, Gesundheit und vieles mehr hat.

10

MOBILITÄT

> 174

In kaum einem Bereich werden wir in naher Zukunft die Veränderungen durch 10xTechnologien so sehr erleben können wie im Bereich Mobilität. Die Art, wie wir von A nach B kommen, wird sich in den nächsten zehn Jahren grundlegend ändern. Hier treffen große gesellschaftliche Trends auf disruptive Technologien und neue Geschäftsmodelle.

ELEKTRIFIZIERUNG

Bedingt durch Faktoren wie den Klimawandel und die erhöhte Luftverschmutzung ist eine weitere Nutzung fossiler Brennstoffe für die Mobilität bereits heute nicht mehr zu verantworten. Der Umstieg auf neue, CO_2-neutrale Energieträger ist zwingend notwendig. Schon in diesem Jahrzehnt werden erstmals Neuzulassungen von Verbrennern verboten: Norwegen stoppt im Jahr 2025 die Zulassungen, Indien ab 2030. China will die Anzahl der zugelassenen Benziner ab sofort jährlich reduzieren. Auch in Frankreich und Großbritannien soll der Verbrennungsmotor ab 2040 aussterben. An seine Stelle treten elektrisch betriebene Fahrzeuge, mit Batterie oder mit Wasserstoff-Zellen.

Tesla war der erste Autohersteller, der die Klimagefahr durch die Emission von CO_2 konsequent zum Kern seines Handelns machte und zu 100 % auf Elektroautos setzte. Elon Musk baute dabei nicht nur einen Automobilkonzern auf, sondern auch das komplette elektrische Ökosystem darum herum. Seine Gigafactories produzieren sowohl die Akkus für die Autos als auch für die Stromspeicher zuhause. Tesla bietet sogar komplette Hausdächer aus Solarzellen an, die den Strom für die heimische E-Tankstelle produzieren.

Mit den Auswirkungen, die die Elektrifizierung der Autos auf den gesamten Automobilsektor haben wird, lassen sich sehr gut die Sekundär- und Tertiär-Effekte der bevorstehenden Disruption erklären.

Ein Verbrennungsmotor hat über 1.000 bewegliche Bauteile. Das macht ihn zu einer hochkomplexen Maschine. Eine Reihe äußerst spezialisierter Zulieferer produziert vom Anlasser bis zur Zündkerze alle Einzelteile. Ein Elektromotor hingegen besteht nur aus rund 20 Teilen. Wenn Elektroautos den Verbrennungsmotor verdrängen, bricht der Markt für die Zulieferer weg, ein Fundament des deutschen Mittelstandes. Noch eine große Veränderung: Autohändler verdienen ihr Geld nicht mit dem Verkauf von Neuwagen, sondern dem lebenslangen Service: Ölwechsel, Zündkerzen oder Bremsbeläge. Beim E-Auto entfallen diese Wartungsarbeiten zu großen Teilen. Gut für den Kunden, aber das Ende aller traditionellen Autohäuser.

Auch die Tankstellen und die gesamte Ölindustrie werden die Veränderungen in der Automobilindustrie deutlich spüren. Rund 50 % des weltweit geförderten Erdöls werden zu Benzin und Diesel verarbeitet. Mit dem Rückgang des Verbrennungsmotors brechen die Umsätze ein, was sich besonders dramatisch für Ölstaaten wie Russland oder Saudi-Arabien auswirken wird, deren Staatshaushalte zu großen Teilen durch die Einnahmen der Ölexporte getragen werden. Der Rückgang des Ölnachfrage wird Löcher in die Staatskassen reißen. Versuchen die ölexportierenden Länder, die Umsatzlücken durch höhere Produktionsmengen zu schließen, wird sich das Überangebot von Öl verstärken und einen weiteren Preisverfall bei Rohöl auslösen.

Auch der deutsche Staatshaushalt ist betroffen. Über die Energieabgabe nimmt der Staat rund 40 Milliarden Euro pro Jahr ein. Fast 90 % der Energieabgaben stammen aus dem Verkauf von Diesel und Benzin. Bei einem Benziner betragen die Energieabgaben rund 4 Euro pro 100 km. Der Strom für ein Elektroauto schlägt nur mit rund 0,3 Euro pro 100 km zu Buche – weniger verkauftes Benzin bedeutet eindeutig weniger Steuereinnahmen.

Ein weiterer Effekt betrifft die Autobesitzer. Die Diskussionen um Fahrverbote, Nachrüstungen oder Schadenersatz sorgten für einen spontanen Preisverfall bei Diesel-PKW. Dieser Wertverlust wird zukünftig sehr wahrscheinlich alle Arten von Verbrennungsmotoren betreffen.

Für Stromproduzenten sehen die Zeiten besser aus. Das bedeutet aber zugleich, dass dringend aufgestockt und in CO_2-neutrale Stromproduktion, Stromspeicher und ein stärkeres Netz investiert werden muss.

AUTONOMIE LEVEL

Es gibt fünf Level des autonomen Fahrens:

LEVEL 1 Einfache Fahrassistenten wie Tempomat oder Spurhalteassistenten. Heute schon in vielen Autos serienmäßig verfügbar.

LEVEL 2 »Teilautomatisiertes Fahren«: Das Fahrzeug kann eigenständig lenken und gleichzeitig beschleunigen oder bremsen. Der Fahrer muss aber zu jeder Zeit eingreifen können.

LEVEL 3 »Hochautomatisiertes Fahren«: Das Fahrzeug nimmt seine Umgebung über Sensoren wahr und kann eigenständig Entscheidungen zur Fahrsituation treffen.

LEVEL 4 »Vollautomatisiertes Fahren«: Das Fahrzeug kann in kontrollierten Umgebungen völlig eigenständig fahren. Es erkennt, ob es in eine für das Fahrzeug nicht lösbare Situation gerät und kann eigenständig sicher anhalten, bis ein Mensch wieder das Ruder übernimmt. Die aktuelle Technologie von Waymo fällt in diese Kategorie.

LEVEL 5 »Autonomes Fahren«: Das Fahrzeug kann alle Verkehrssituationen alleine bewältigen. Menschliches Eingreifen ist nicht mehr vorgesehen. (z. B. kein Lenkrad mehr im Auto)

Ein positiver Effekt, von dem alle profitieren werden, ist die Verbesserung der Luftqualität in den Städten. Damit wird auch die Lebenserwartung steigen, denn aktuell sterben jedes Jahr Zehntausende Menschen an den Folgen von Autoabgasen.

AUTONOME AUTOS UND LASTWAGEN

Vollständig selbstfahrende Autos sind das große Ziel zahlloser Startups und Forschungsabteilungen von Konzernen. Kein anderes Thema der Mobilität wird aktuell so sehr in der Öffentlichkeit diskutiert. Mal sind sie das Sinnbild für die schöne neue Zukunft ohne Unfälle und Staus, mal die Zerstörer von Jobs für Taxibetriebe und Lastwagenfahrer. Eine Level 5 Autonomie der Fahrzeuge ist zwar noch ein paar Jahre entfernt, doch rund um die Level 4 Autonomie entstehen gerade spannende neue Modelle.

Das schwedische Startup Einride hat einen fahrerlosen LKW der Kategorie 4 entwickelt, der sich gerade in der Erprobung befindet. Ein Algorithmus steuert den

> EIN FAHRERLOSER LKW VON EINRIDE

LKW über Sensoren nahezu autonom. Sollte der Algorithmus nicht weiterwissen, übernimmt ein Fahrer per Datenverbindung das Fahrzeug. In der Zentrale von Einride befinden sich Arbeitsplätze mit Monitoren und Lenkern, an denen die Fahrer die LKWs überwachen und bei Bedarf fernsteuern. Ist das Hindernis überwunden, übernimmt wieder die KI. Ein Fernfahrer von Einride kann so bis zu zehn LKWs gleichzeitig steuern und ist dennoch zum Abendessen zuhause.

Dies ist nur eins von vielen Level 4 Projekten. Googles Waymo betreibt in einigen Vororten von Phoenix erste Fahrdienste ohne Fahrer hinter dem Steuer. Auch einige Universitäten setzen bereits selbstfahrende Minibusse für den Passagiertransport auf dem Campus zu Forschungszwecken ein.

Je mehr Aufgaben der Computer beim Fahren übernimmt, desto mehr wird der größte Risikofaktor aus dem Verkehr gezogen: Menschliches Versagen ist der Grund für rund 95 % aller schweren Verkehrsunfälle. Jedes Jahr sterben in den USA rund 35.000 Menschen im Straßenverkehr, in Europa sind es ca. 26.000.

Auch wenn die Vorstellung vielen Angst bereitet, Fakt ist: Je früher die autonomen Fahrzeuge auf die Straßen kommen, desto mehr Leben werden gerettet.

Analog zur E-Mobilität bringt autonomes Fahren viele Sekundäreffekte mit sich, beispielsweise in der Versicherungsbranche: Dadurch, dass weniger Unfälle verursacht werden, wird es langfristig weniger Schäden geben und folglich weniger Prämien, was zu niedrigeren Beiträgen führen könnte. Zwar könnten die einzelnen Schäden aufgrund der verbauten Hightech-Teile an sich teurer werden, doch dank Sensoren, die Beschädigungen am Auto feststellen und melden, wird zugleich der Bearbeitungsaufwand bei Unfällen und Schäden gesenkt. Auch juristische und ethische Fragen müssen geklärt werden. Wer haftet, wenn ein autonom fahrendes Auto einen Unfall baut? Wann haftet der Fahrer, wann der Hersteller? Wird zur Unterteilung immer ein Fahrtenschreiber benutzt werden müssen? Wie soll das Auto entscheiden, ob es in einer ausweglosen Situation besser das Kind oder den Rentner überfährt?

Die Sorgen um wegfallende Arbeitsplätze sind ebenfalls berechtigt. Wenn sich Level 4 Fahrzeuge wie die von Einride durchsetzen, kommt bald nur noch ein Kraftfahrer auf zehn LKWs. Man kann sich ausrechnen, wie viele Jobs damit überflüssig werden. Die Kraftfahrer der Zukunft müssen sich zudem an die neue Arbeitsumgebung – Monitore anstelle von Fahrerkabinen – gewöhnen.

MARKEN MÜSSEN SICH NEU DEFINIEREN

Selbstfahrende Autos werden besonders vorsichtig und zurückhaltend fahren, da sie gerade in der Anfangsphase noch auf die Fehler von menschlichen Verkehrsteilnehmern reagieren müssen. Autonomes Fahren wird also zunächst eine sehr ruhige, gemächliche Reise von A nach B werden.

Wie werden die Statussymbole Auto und Autofahren ihre Bedeutung wandeln? Ist es vorstellbar, dass die Freude am Fahren darin besteht, ein gutes Buch im Auto zu lesen? Was wird mit der Leidenschaft für bestimmte Marken, den Motorsound, den Sportauspuff oder das Sportfahrwerk geschehen? Wie ist die Beziehung zu einer Automarke, wenn man ein Auto per App für eine Fahrt bestellt und es nicht einmal selber fährt? Diese Überlegungen zeigen: Die Kombination aus Sharing Economy und autonomem Fahren zwingt insbesondere Premiummarken dazu, ihren Mehrwert komplett neu zu entwickeln. Dabei treffen sie zusätzlich auf vollkommen neue Wettbewerber, sowohl auf Nutzungsseite als auch in Sachen Produkterfahrung. Fährt man zukünftig mit einem Audi/BMW/Mercedes von München nach Frankfurt oder nimmt man ein Flugtaxi? Wenn selbstfahrende Autos fahrende Wohnzimmer werden, wer hat dann die höhere Kompetenz – Volvo oder Ikea, Daimler oder Rolf Benz?

INTEGRIERTE MOBILITÄT

In einer Branche, die von so vielen Veränderungen beeinflusst wird, müssen die einzelnen Akteure ihre Geschäftsmodelle anpassen oder sie werden vom Markt verschwinden. Die ersten Autobauer haben die Zeichen der Zeit erkannt und schwenken um.

E-Autos sind nur der erste Schritt. In Reaktion auf das geänderte Konsumentenverhalten definieren manche Hersteller ihren Markt und ihr zukünftiges Geschäftsmodell komplett neu – sie werden vom Autoproduzenten zum ganzheitlichen Mobilitätsanbieter.

Ford kündigte an, im Kerngeschäft keine Limousinen mehr zu bauen und sich voll auf SUVs und Trucks zu konzentrieren. Im Rahmen dieser Strategie möchte der Autohersteller zu einer Mobilitätsplattform werden. Hierfür investierte Ford in den Pendelbusservice Chariot, der Premium-Kleinbusse für Stadtpendler betreibt. Das Unternehmen übernimmt Software-Startups, die die Planung von öffentlichem Nahverkehr vereinfachen, und investiert in eine eigene Softwarelösung für die Verkehrskoordination von smarten Städten.

In Detroit kaufte Ford einen alten Bahnhof, um ihn als Testprojekt für neue Mobilitätsdienste in der Stadt umzubauen.

Die litauische Stadt Vilnius stellt die Daten ihres Nahverkehrs per Schnittstelle allen interessierten Entwicklern zur Verfügung, damit diese neue Dienste erarbeiten können. Daraus entstanden unter anderem Reiseplaner, die in Echtzeit Bus- und Straßenbahnfahrpläne, Carsharing-Dienste sowie freie Parkplätze berücksichtigen.

FLUGTAXIS

Urbane Regionen sind schon heute die Zentren von Kultur, Innovation und Wertschöpfung. In den großen Städten liegen die Jobs der Zukunft und wirtschaftliche Chancen. Nach einer Schätzung der Weltbank wird sich die Anzahl der Megacities mit mehr als 10 Millionen Einwohner in den nächsten zehn Jahren fast verdoppeln, auf 41 Städte. Der Anteil der Weltbevölkerung, der in Städten lebt, wird von 55 % auf über 68 % steigen. Im Jahr 2050 werden 2,5 Milliarden mehr Menschen in Städten leben.

Schon heute sehen wir die Konsequenzen der Urbanisierung: Wohnraumknappheit, verstopfte Straßen, Parkplatznot und verschmutzte Luft. Hier müssen Lösungen her. Der Luftraum urbaner Regionen ist bislang weitestgehend ungenutzt. Dank technologischer Innovationen wird sich das schon sehr bald ändern.

FLIEGENDE SMARTPHONES

Viele der Komponenten, die heute in Smartphones verbaut werden – leistungsstarke, leichte Akkus, Bewegungs- und Neigungssensoren und kleine Prozessoren – sind exakt die Bauteile, die es braucht, um ein Flugzeug per Autopilot in der Luft zu halten. Kombiniert mit effizienteren Elektromotoren und leichteren Materialien, zum Beispiel Karbon, entsteht eine neue Art von Fluggerät – die Flugdrohne. Die ersten Drohnen wurden mit Kameras ausgestattet und für professionelle Filmproduktionen eingesetzt. Durch Fortschritte in der Steuerungssoftware können aktuelle Drohnen autonom ihren Flug stabilisieren, Hindernissen ausweichen und vorprogrammierte Manöver fliegen. Die Technik ist reif für den nächsten Schritt.

Erste Unternehmen nutzen Flugdrohen für die Lieferung von Paketen oder dringend benötigter Medizin. Zukünftig könnten Drohnen für die »last mile delivery« zum Standard werden, wie es Marc-Uwe Kling in »Quality Land« beschreibt. Doch Zusteller-Drohnen sind längst nicht das Einzige, das bald den Sprung von der fiktionalen in die echte Welt schaffen könnte.

Mit einem 10xMindset betrachtet, könnten die Entwicklungen in der Technologie von Flugdrohnen auf den Personentransport ausgeweitet werden und komplett neue Mobilitätskonzepte entstehen – Flugtaxis. Für viele ist das Science-Fiction, für andere das ganz persönliche Moonshot-Projekt.

URBAN AIR MOBILITY

Dieses Feld nennt sich Urban Air Mobility und hat das Ziel, den Luftraum für Transporte in und aus der Stadt zu nutzen, um die Straßen zu entlasten. Ein großer Vorteil bei der Erschließung des Luftraums ist, dass es keiner weiteren Investitionen in die Infrastruktur bedarf. Weder Straßen noch Schienen werden benötigt. Das spart Geld und ist auch gut für die Umwelt, denn der Straßenbau ist eine der größten Quellen für CO_2-Emissionen.

Die meisten dieser neu entstehenden Mobilitätskonzepte lassen sich am ehesten mit Hubschraubern vergleichen. Die überdimensional großen Drohnen können senkrecht starten und landen. Durch die Elektroantriebe und das neuartige Rotordesign sind sie deutlich leiser, sicherer und günstiger als herkömmliche Hubschrauber. Ein gutes Beispiel dafür, wie durch technologischen Fortschritt eine eigentlich schon lange vorhandene Erfindung plötzlich ökologisch und ökonomisch sinnvoll wird. Natürlich forschen auch Unternehmen wie Airbus, Boeing oder Bell in diesem Feld. Airbus stellte bereits den Prototypen des »City Airbus« vor. Er soll mit einer Reichweite von 50 km und einer Reisegeschwindigkeit von rund 120 km/h Passagiere auf festgelegten Flugrouten zwischen einem Flughafen und der Innenstadt befördern. Landen könnte so ein City-Airbus zum Beispiel auf den Dächern von Parkhäusern. UBER möchte seinen Flugtaxi-Transportservice im Jahr 2023 starten und baut gerade Skyports in Dallas und Los Angeles.

>VTOL

auch Vertical Take-Off and Landing, beschreibt die Fähigkeit von Fluggeräten, senkrecht zu starten und zu landen. Es werden keine Start- und Landebahnen benötigt, weshalb sich VTOL-Fluggeräte besonders für den Transport innerhalb von Städten eignen.

Ein ganz neues Konzept verfolgt Lilium Aviation aus München, in das Freigeist 2016 investiert hat. Lilium verbindet die **VTOL**-Fähigkeiten einer Drohne mit der Effizienz eines Flugzeugs. Der Lilium Jet verfügt über Tragflächen, in die 36 kleine Rotoren eingebaut sind. Beim Start klappen die Flügel senkrecht nach oben und ziehen das Flugzeug in die Luft. Einmal abgehoben, schwenken die Tragflächen in die Horizontale für den Normalflug. Dieser Effizienzgewinn sorgt dafür, dass der Lilium Jet im Vergleich zu reinen Drehflüglern eine deutlich größere Reichweite (bis zu 300 km) und eine höhere Reisegeschwindigkeit (bis zu 300 km/h) erreicht. Dank dieser brillanten Idee des vierköpfigen Gründerteams um Daniel Wiegand werden wir unseren Lebensradius bald um 300 km erweitern können. Nicht nur werden wir schnell und emissionsfrei in umliegende Metropolen reisen können. Vor allem wird es möglich, das großstädtische Umland mit der Innenstadt zu verbinden, wodurch sich die Wohnsituationen in den Städten signifikant verbessern könnte.

HYPERLOOP

Hyperloop wird von manchen als »the fifth mode of transport« bezeichnet. Es handelt sich hierbei um ein Hochgeschwindigkeits-Transportmittel, bei dem Kapseln durch eine über- oder unterirdische Röhre mit Teilvakuum reisen. In den meisten Ansätzen werden sie durch ein elektromagnetisches Schwebesystem angetrieben. Durch das Teilvakuum in der Röhre hat die Kapsel weniger Luftwiderstand und soll so wesentlich schneller sein als herkömmliche Hochgeschwindigkeitszüge. Damit ist es laut dem Hyperloop Alpha Whitepaper möglich, die Strecke zwischen Los Angeles und San Francisco in 35 Minuten zu schaffen.

Elon Musk stellte das Konzept erstmals 2013 in einem Whitepaper vor. Er rief mit SpaceX eine Art Open-Source-Projekt ins Leben und stellte seine Recherchen der Allgemeinheit zur Verfügung, als Aufforderung, an der Umsetzung mitzuarbeiten. Inzwischen veranstalten er und SpaceX jährlich die Hyperloop Pod Competition, in der studentische und nicht-studentische Teams ihre Designs und Modelle vorstellen. Freigeist hat sich 2019 an dem niederländischen Hyperloop-Projekt Hardt beteiligt. Das Besondere an Hardt Hyperloop ist in unseren Augen die Spurwechsel-Technologie, die den Aufbau eines effizienten Streckennetzes ermöglicht.

FRANKs FAZIT

> Die Transportindustrie ist eine der größten Industrien der Welt. Auch hier wird der Baukasten der Zukunft neue Player mit 10x besseren Produkten ermöglichen. Autos können fliegen, Züge fahren mit 1.000 km/h, sind wartungsarm und verbrauchen kaum Energie ... und das ist erst der Anfang. Durch die Größe des Marktes werden hier mehrere Billionen (1.000 Milliarden) schwere Unternehmen entstehen und auf Augenhöhe mit Google, Apple und Facebook um Talent und Kapital kämpfen. Aktuell sieht es danach aus, dass die meisten bestehenden Champions wie Volkswagen, BMW Daimler, Airbus und Boeing den Sprung in diese neue 10xÄra nicht schaffen werden. Andere, wie Toyota, kaufen sich mit einem 500 Millionen Dollar Investment in Startups ein, um bei der Revolution dabei zu sein. Zwei Gewinner stehen glücklicherweise schon heute fest: Der Kunde und unsere Umwelt.

HIER FINDEST DU VIDEOS VON DEN VORGESTELLTEN MOBILITÄTS-KONZEPTEN DER ZUKUNFT.

11

ERNÄHRUNG

Eine der wichtigsten und größten Industrien auf dem Planeten beschäftigt sich damit, Nahrung zu produzieren. Die Lebensmittelbranche bewirkt aber auch die stärksten vom Menschen verursachten Folgen für die Natur. Vor uns liegen immense Herausforderungen. Nach Schätzungen der UN Food & Agriculture Agency werden wir wegen einer wachsenden Erdbevölkerung im Jahr 2050 rund 70 % mehr Nahrung produzieren müssen als heute. Da bereits alle nutzbaren Anbauflächen erschlossen sind, wird der Zuwachs aus Effizienzsteigerungen in der Produktion kommen müssen. Die Herstellung von Nahrung verschlingt Unmengen Ressourcen wie Wasser und Land, ein Großteil der Regenwaldzerstörung geht auf ihre Kosten. Die Nutztierhaltung verschmutzt das Wasser und ist Schätzungen zufolge für 14 % der globalen Emissionen von Treibhausgasen verantwortlich. Zudem ist Methan viermal so schädlich wie Kohlendioxid.

KLIMABILANZ LEBENSMITTEL

Kohlenstoffemissionen im Jahr 2010, verursacht durch verschiedene Lebensmittel

(CO_2 in Tonnen pro verbrauchter Million Kilokalorien)

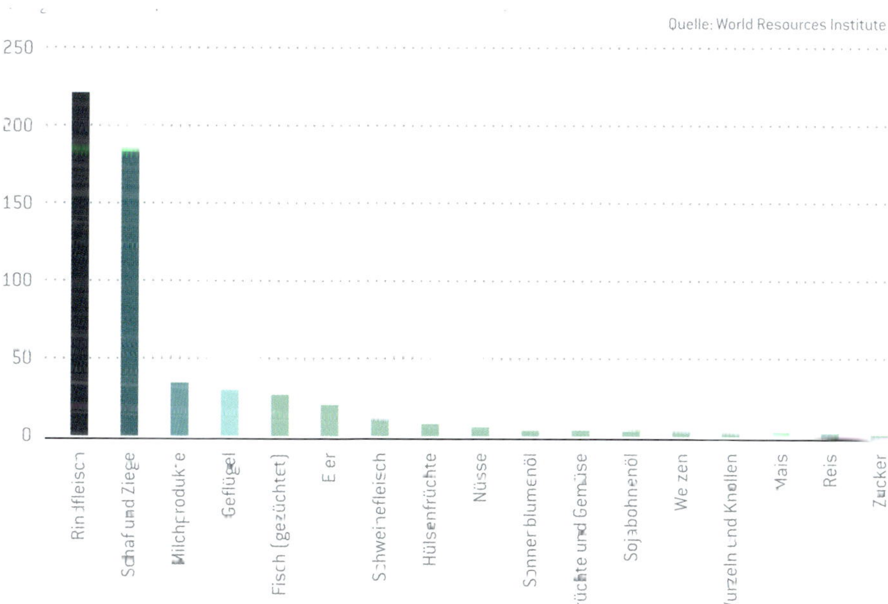

Mit neuen Technologien und Anbauformen haben wir nun die Möglichkeit, eine größere Weltbevölkerung besser zu ernähren, unseren ökologischen Fußabdruck zu verbessern und uns für das Tierwohl einzusetzen. Das klingt fast zu schön, um wahr zu sein. Doch die Fortschritte in der nächsten Generation der Biotechnologie, bei autonomen Fahrzeugen, Machine Learning, Robotik und dem Internet der Dinge werden es Universitäten und Startups ermöglichen, in den nächsten Jahren komplett neue Wege der Nahrungsproduktion zu beschreiten.

MEIN FLEISCH IST AUS GEMÜSE

Der Mensch ist ein fleischfressendes Gewohnheitstier. Seine Ernährungsgewohnheiten lassen sich nur schwer verändern. Einige Startups, darunter Beyond Meat und Impossible Food, versuchen es mit fleischähnlichen Produkten aus pflanzlichen Proteinen, die geschmacklich kaum noch von echtem Fleisch zu unterscheiden sind.

Beyond Meat wurde 2009 gegründet und entwickelt klassische Fleischprodukte wie Hamburger, Hackfleisch oder Würstchen auf Basis von Erbsen, Reis und Sonnenblumen. Der Gründer Ethan Brown und sein Team experimentierten einige Jahre, bis sie eine Zutatenmischung gefunden hatten, die geschmacklich, optisch und in ihrer Konsistenz nicht von handelsüblichen Hamburgern zu unterscheiden ist. Das Startup erhielt Startkapital von Kleiner Perkins, die zu den ersten Investoren von Google und Amazon gehörten. Nach eigenen Angaben benötigt die Herstellung eines Beyond Burgers 99 % weniger Wasser, 93 % weniger Land und 46 % weniger Energie als die eines herkömmlichen Burgers. Mittlerweile hat Beyond Meat neben pflanzlichem Hackfleisch und Würstchen auch vegetarische Chicken Nuggets im Portfolio.

Impossible Foods ist eine Gründung des Stanford-Biochemieprofessors Patrick O. Brown. Patrick entdeckte, dass Hämoglobin – der Stoff, der Fleisch die rote Farbe und den Geschmack gibt – auch in Sojawurzeln vorhanden ist und über speziell gezüchtete Hefen in großen Mengen gewonnen werden kann. Gemischt mit Weizen- und Kartoffelproteinen lässt sich pflanzliches Hackfleisch formen, welches kaum vom Original zu unterscheiden ist. Die Zubereitung läuft wie bei normalen Hamburgern. Das ganze funktioniert so gut, dass Burger King in den USA einen »Impossible Whopper« ins Angebot genommen hat.

KULTIVIERTES FLEISCH

Ein anderer Weg zu nachhaltigem Fleisch ohne schlechtes Gewissen ist das sogenannte »Lab Grown Meat« oder »cultured Meat« – echtes Fleisch, doch ohne Tiere. Die Idee dahinter ist, dass man keine ganze Kuh züchten und schlachten muss, um an das Fleisch zu kommen. Stattdessen züchtet man direkt das Fleisch.

Im Jahr 2013 stellte der Biologe Professor Mark Post von der Universität Maastricht den ersten, rein aus Zellen kultivierten Hamburger vor. Die Forscher hatten einem Rind Muskelzellen entnommen und daraus in verschiedenen Nährlösungen Muskelfleisch gezüchtet, das zu Hackfleisch verarbeitet worden war. Das Forscherteam hat nun das Startup Mosa Meat aus der Universität ausgegründet und arbeitet an der Skalierung des Produktionsprozesses sowie an der Verbesserung der Fleischkonsistenz. Die größte Herausforderung ist es, die noch sehr teuren, aus Tieren gewonnenen Nährlösungen durch günstigere, pflanzenbasierte zu ersetzen. Mosa Meat plant, 2021 in die erste Massenproduktion zu gehen.

>>

MIT BESSEREM WISSEN ÜBER DAS, WAS HORMONE GENANNT WIRD, D. H. DIE CHEMISCHEN BOTENSTOFFE IN UNSEREM BLUT, WIRD ES MÖGLICH, DAS WACHSTUM ZU KONTROLLIEREN. WIR WERDEN DER ABSURDITÄT ENTRINNEN, EIN GANZES HUHN ZU ZÜCHTEN, NUR UM SEINE BRUST ODER DIE FLÜGEL ZU ESSEN, INDEM WIR DIE EINZELNEN TEILE IN EINER NÄHRLÖSUNG ZÜCHTEN!

WINSTON CHURCHILL,
PM MAGAZIN 1932

Hier sehen wir ein weiteres Beispiel der 10xDenke in Aktion: Die Kosten des ersten im Labor gezüchteten Burgerpatties betrugen 2013 rund 325.000 Dollar. Forschung und Skalierung senkten den Preis auf aktuell unter 10 Dollar. Die geplante Massenproduktion wird den Preis weiter reduzieren, bis der Burger aus dem Labor günstiger als ein traditioneller Burger sein wird.

Aber Mosa Meat ist nicht das einzige sogenannte Clean-Meat Startup. Es gibt zurzeit ein Wettrennen in der Cultured Meat Industrie. Das amerikanische Unternehmen Memphis Meats, finanziert unter anderem von Bill Gates und Virgin-Gründer Richard Branson, entwickelt ein modulares Verfahren zur Züchtung verschiedener Fleischsorten in ein und derselben Produktionsstätte. In 2016 zeigte das Unternehmen sein erstes gezüchtetes Hackfleischbällchen. 2017 folgten Hühnchen und Ente.

Aleph Farms, ein israelisches Startup, fokussiert die Kultivierung echter Rindersteaks und stellte Anfang 2019 den Prototypen eines gezüchteten Minutensteaks vor. Just Inc. stellt unter anderem pflanzliches Ei her und arbeitet in Kooperation mit Toriyama, einem japanischen Wagyu Beef Anbieter, an Wagyu-Steaks aus Stammzellen.

Finless Foods aus Kalifornien konzentriert sich auf die Entwicklung von künstlichem Fisch und möchte 2020 das erste gezüchtete Thunfischsteak präsentieren.

HACKING HEFE

Der Mensch nutzt seit Hunderten von Jahren Hefe in der Nahrungsherstellung. Bierhefe verarbeitet Zucker zu Alkohol, Bäckerhefe produziert Kohlendioxid und macht den Brotteig locker und fluffig. Hefen sind ein Grundpfeiler bei der Herstellung von Pharmazeutika und Chemikalien.

Aktuelle Fortschritte in der Biochemie erlauben nun auch die genetische Umprogrammierung von Hefen und die Entstehung neuer Aromen, Geschmacksstoffe und spezieller Eiweiße. Die so gewonnen Zutaten können zu verschiedenen Lebensmitteln weiterverarbeitet werden.

Da es sich bei Hefen biologisch um Pflanzen handelt, heißt diese Industrie auch »Cellular Agriculture«. Um die »Ernte« der Erzeugnisse dieser Mikroorganismen entstehen aktuell viele neue Unternehmen.

Das Startup Perfect Day hat spezielle Hefen so verändert, dass sie durch die Zugabe von Zucker Milchproteine wie Casein und Whey produzieren. Die bei diesem Fermentierungsprozess entstehenden Eiweiße sind genetisch identisch mit Eiweißen aus Kuhmilch und können wie diese zu Milch, Käse oder Eis verarbeitet werden. Da der Prozess keinen Milchzucker freisetzt, ist die so gewonnene Milch auch frei von Lactose – ein Fakt, der in Anbetracht der sich wandelnden gesellschaftlichen Bedürfnisse und Intoleranzen zukünftig immer wichtiger werden dürfte.

Clara Foods nutzt seit 2015 den gleichen Prozess, jedoch mit anders spezialisierten Hefen, um synthetisches Eiweiß zu fermentieren. Dabei können einzelne Eigenschaften des Eiweiß nach Wunsch besonders verstärkt werden – zum Beispiel, ob es sich gut zu Eischnee aufschlagen lässt, gut klebt oder einen hohen Eiweißgehalt hat.

Ein anderer Bereich, in dem uns Mikroorganismen in Zukunft bei der Nahrungsproduktion helfen werden, ist der Acker. Pflanzen benötigen Stickstoff zum Wachsen. Sollen sie schnell wachsen und viel Ertrag bringen, benötigen sie viel davon. Bisher wird Stickstoff als Dünger auf die Felder gesprüht, was eine Menge Umweltprobleme mit sich bringt. Die Gewinnung des Stickstoffs verbraucht viel Energie und von den Feldern sickert der Dünger ins Grundwasser.

Wie so oft lieferte die Natur eine Idee: An den Wurzeln vieler Pflanzen siedeln sich Bakterien an, die Stickstoff binden und für die Pflanzen verwertbar machen. Diesen Trick machen sich Forscher heute zunutze, um sich selbst düngende Pflanzen zu entwickeln. Das Saatgut wird mit speziell genetisch veränderten Bakterien überzogen, die Stickstoff hocheffizient aus dem Boden binden können. Die Mikroorganismen legen sich beim Keimen auf die Wurzeln der Pflanzen und versorgen sie mit wichtigen Nährstoffen.

In den letzten Jahren sanken die Kosten für Genanalysen. So konnten Biologen den genetischen Code vieler verschiedener Arten von Mikroorganismen kartografieren. Mit besseren Verfahren zur Modifikation von DNA können in Zukunft ganz neue Arten von Nutzbakterien entwickelt werden.

FARMTECH

Die Landwirtschaft wird häufig als altbackene Branche belächelt. Dabei sind Landwirte oft die ersten, die neue Technologien einsetzen, um effizienter zu werden. Die kommenden technologischen Fortschritte im FarmTech-Bereich machen Landwirtschaft bald vollends zur Hightech-Industrie.

Ein Beispiel aus der nahen Zukunft: Mit Satellitenbildern werden detaillierte Geländekarten erstellt. Über neue, verbesserte Positionierungssysteme können Landmaschinen bis zu 3 cm genau getrackt und autonom gesteuert werden. Sensoren im Boden messen die Feuchtigkeit und den Stickstoffgehalt. Eine Farm-KI nutzt diese Daten und lokale Wettervorhersagen, um zeit- und zentimetergenau eine Düngungs- und Bewässerungsplanung für autonome Traktoren zu errechnen.

>HYPERSPEKTRAL

Unser Auge sieht die Umwelt multispektral, also in den Wellenlängen der Farben Rot, Grün und Blau. Hyperspektrale Sensorsysteme hingegen können Bilder von sehr vielen Wellenlängen aufzeichnen, die eng beieinander liegen. Die Wellenlängen können dabei vom ultravioletten bis hin zum Infrarotbereich reichen.

An den Sprühgestängen angebrachte Kameras mit Bilderkennung können in Echtzeit analysieren, wo Dünger oder Pestizide notwendig sind. Sie können somit sehr viel gezielter und besser dosiert eingesetzt werden, was Geld spart und die Umwelt schont. Sensoren an den Erntemaschinen messen den Ertrag pro abgeernteten Quadratmeter, die erstellten Ertragskarten gehen in die Planung der nächsten Aussaat ein.

Fliegende Drohnen mit **HYPERSPEKTRAL** Kameras überwachen zentimetergenau die Bodenfeuchtigkeit, den Pflanzenwuchs oder sich ausbreitende Krankheiten.

Ernteroboter erkennen und pflücken die reifen Erdbeeren auf den Feldern und bringen sie über kleine Förderbänder zum Verpacken.

Das irische Startup Cainthus hat eine spezielle Gesichtserkennungssoftware für Rinder entwickelt. Die Software erkennt die einzelnen Tiere einer Herde und analysiert die Nahrungsaufnahme und das generelle Verhalten jedes Tieres. So können Krankheiten früher und automatisch erkannt werden.

Auch das klingt nach Science-Fiction. Tatsächlich sind aber all diese Technologien schon heute verfügbar und werden von Startups und Agrarunternehmen getestet oder sind bereits im Einsatz.

GEWÄCHS IN THE CITY

Mit neuen Anbautechnologien können auch in der Stadt Salat und Gemüse angebaut werden. In geschlossenen Räumen kann ein künstliches Klima geschaffen werden, dessen Temperatur, Feuchtigkeit, Licht und Luftzusammensetzung

perfekt auf die Pflanzen abgestimmt ist. Diese Weiterentwicklung der guten alten Gewächshäuser nennt sich »Controlled Environment Agriculture«. Solche Farmen sind meist hydroponisch, das heißt, Pflanzen wachsen nicht in Erde, sondern in einer Lösung, die die Pflanzen mit Sauerstoff und Nährstoffen versorgt. Die Pflanzen werden von vielen LEDs bestrahlt und können damit in großen Hallen in mehreren Ebenen vertikal übereinander angebaut werden.

Eine der größten Anlagen dieser Art steht in **KEIHANNA SCIENCE CITY.** Das Startup Spread betreibt dort die »Techno Farm«, eine fast vollständig automatisierte Gewächsfabrik. In dieser versiegelten Halle sorgen IoT-Sensoren für die optimale Luftfeuchtigkeit und Temperatur und speziell entwickelte LEDs für das optimale Lichtspektrum bei wenig Stromverbrauch. Roboter pflanzen, pflegen und ernten Salate. So produziert die Techno Farm rund 30.000 Salatköpfe pro Tag.

>KEIHANNA SCIENCE CITY

ist die japanische Antwort auf das Silicon Valley – offiziell Kansai Science City. Das Gesamtgebiet ist 150 km^2 groß und umschließt Teile von acht Städten der Präfekturen Osaka, Kyoto und Nara. Es gibt dort zwölf »Culture and Scientific Research Districts« mit insgesamt 36 km^2 Fläche.

Die Salate wachsen in einer sterilen Umgebung frei von Pestiziden und Keimen. Wegen der stabilen Umweltbedingungen und Verbrauchsfaktoren Wasser, Energie und Maschinen in der Halle können die Bio-Salate immer zum gleichen Preis angeboten werden.

Spread möchte in den nächsten Jahren über 100 dieser Anlagen eröffnen und nutzt die Nähe zur Keihanna Science City, um seine Technologien auszubauen. Zum Beispiel sollen der Einsatz von Wasser über ein neues Wasserrecycling-System und der Energieverbrauch über neue LEDs gesenkt werden. Derartige Farmfabriken entstehen nicht nur in Japan. Das Startup Underground Farms in London nutzt alte Luftschutzbunker und stillgelegte U-Bahn-Tunnel, um unter der Erde Salat und Kräuter für Londoner Restaurants anzubauen.

In den nächsten zehn Jahren wird sich die Produktion unserer Nahrung grundlegend ändern. Viele der oben genannten Food Startups wurden vor rund fünf

Jahren gegründet, haben ihre Grundlagen entwickelt und kommen jetzt mit ihren Beta-Produkten auf den Markt. Die großen Nahrungsmittelproduzenten investieren in diese neuen Technologien und haben die nötige Erfahrung, um die Produktion zu skalieren. Hier ist in den nächsten fünf Jahren ein großes Buffet an Produktinnovationen zu erwarten!

Die neuen Wege der Nahrungsproduktion sind ein Paradebeispiel dafür, wie die komplementären Technologien ineinandergreifen – IoT/Sensoren, Roboter, KI. Diese Technologien steigern die Automatisierung und Effizienz. Da für die Produktion von Nahrung bald viel weniger Fläche benötigt wird, kann näher am Konsumenten produziert werden. Das spart Transportkosten und senkt Treibhausgase. Die neuen Produktionsarten werden sich jedoch negativ auf die herkömmliche Tier- und Landwirtschaft und die Beschäftigten in diesen Sektoren auswirken. Große Viehbetriebe mit Tausenden von Tieren werden ebenso unwirtschaftlich wie klassische landwirtschaftliche Betriebe. Die Jobs in diesen Bereichen entfallen und werden nicht durch neue in anderen Produktionsstätten ersetzt. Dies wird vor allem die ärmeren Länder betreffen, da dort rund 60 % der Beschäftigten im Agrarbereich arbeiten. Wie die Gesellschaft mit den durch den exponentiellen Fortschritt entstehenden Verwerfungen auf dem Arbeitsmarkt umgeht, wird eine zentrale Frage der nächsten Jahre.

FRANKs FAZIT

> Von der Paleo-Ernährung unserer Vorfahren, bestehend aus Nüssen, Beeren, Fleisch und Fisch, sind wir zu einer industrialisierten Ernährung (Fast Food), oftmals bestehend aus zu viel Fett und Zucker, übergegangen. Aus gesundheitlichen und vor allem aus Ressourcen-Gründen kann es so nicht weitergehen. Jetzt kommt die dritte große Ära: Ressourcenschonende Ernährung aus dem Labor oder dem vollautomatischen Inhouse-Farming. Diese Veränderung verspricht, uns gesünder, trotzdem lecker und langfristig zu ernähren. Ich erwarte in den nächsten Jahren deutlich hochwertigere Nahrung, als wir sie heute mit Pizza, Burger & Co. zu uns nehmen.

12

GESUNDHEIT

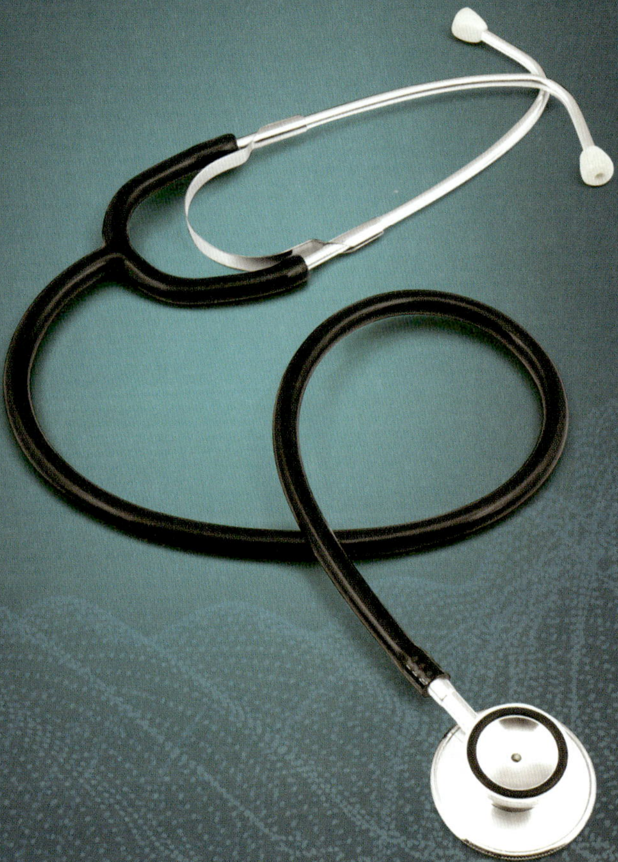

> 196

Auch der Gesundheitsmarkt steht in den nächsten zehn Jahren vor einer Disruption. Die Bevölkerung altert, die Lebenserwartung steigt ebenso wie die Zahl derer, die medizinische Versorgung benötigen. Dies belastet die medizinische Infrastruktur. Der Druck auf das Sozialsystem und die Krankenkassen ist groß. Zugleich gab es noch nie so viele medizinische Durchbrüche. Kinder, die heute geboren werden, haben statistisch gesehen eine sehr gute Chance, über hundert Jahre alt zu werden. Nach den großen Fortschritten in der Gen-Sequenzierung und synthetischen Biologie befinden sich Tausende neuer Medikamente in der Erprobung. Außerdem eröffnet die Konvergenz der neuen 10xTechnologien innerhalb der Biotechnologie neue Möglichkeiten. Die Mediziner der Zukunft werden einen enormen Werkzeugkasten haben – Wearables, Sensoren, Big Data, künstliche Intelligenz, Nanotechnologie und 3D-Druck.

SYNTHETISCHE MEDIZIN

>HUMAN GENOME PROJECT

Das Human Genome Project wurde 1990 mit dem Ziel gestartet, das komplette Genom eines Menschen zu entschlüsseln. Zur Hochzeit des Projekts arbeiteten über 1.000 Wissenschaftler aus 40 Ländern an der Entschlüsselung der rund 3 Milliarden Basenpaare der DNA.

Synthetische Biologie steht vor einem goldenen Zeitalter. Mikroprozessoren führten nach dem Apollo-Programm zu einer Ära des Fortschritts, damit vergleichbar startet die Biotechnologie jetzt nach ihrem eigenen Moonshot – dem **HUMAN GENOME PROJECT** – in die exponentielle Phase. In den letzten 20 Jahren wurden sehr viele theoretische und technologische Grundlagen geschaffen, auf denen die Forscher jetzt bei der Entwicklung neuer Medikamente und Therapien aufbauen können. Durch die Konvergenz mit anderen Technologien aus dem Baukasten der Zukunft (KI, Automatisierung, Quantencomputer) steht ihnen ein Arsenal neuer Werkzeuge zur Verfügung. Vor allem das enge Zusammenspiel von drei speziellen Technologien – Genanalyse, CRISPR und künstliche Intelligenz wird zu einem Quantensprung in der Medizin führen.

Mit den nächsten Generationen der Technologien zur Sequenzierung kompletter Genome, Next Generation Sequencing (NGS) und Longread Sequencing, wird der Einsatz von Genanalysen in alltäglichen Diagnosen möglich. Die erste Sequenzierung des menschlichen Genoms mit seinen 3 Milliarden Basenpaaren dauerte 13 Jahre und kostete rund 3 Milliarden Dollar. Durch neue Ansätze, wie die parallele Analyse von mehreren Teilen der DNA, konnte die benötigte Zeit für das Auslesen kompletter Genome auf wenige Stunden reduziert werden. Gleichzeitig sanken die Kosten für eine Analyse unter 1.000 Dollar und die Präzision der Ergebnisse stieg rapide an.

Die Ursachen und der Verlauf schwerer Krankheiten sind komplex und von Patient zu Patient verschieden. DNA-Sequenzierungsmethoden der zweiten und dritten Generation können schnellere und genauere Analysen liefern, was die Entwicklung neuer Medikamente immens beschleunigen wird.

In der Onkologie wird die Diagnose präziser werden. Durch die Entwicklung hochsensitiver DNA-Analysen können die Mediziner auf Molekülebene diagnostizieren und individuelle Therapien entwickeln. Neue Flüssigbiopsien weisen bereits kleinste Mengen von Tumorzellen im Blut nach. Sie werden deshalb bei der Analyse schwer zu erreichender Tumore helfen und in Früherkennung und Prävention eingesetzt werden.

Neben den technologischen Fortschritten wird die Verbreitung der neuen Methoden der Genanalyse durch Wright's Law begünstigt. Werden mehr Tests durchgeführt, sinkt ihr Preis stetig. Setzt sich der aktuelle Trend fort, wird eine DNA-Sequenzierung in wenigen Jahren nur noch rund 100 Dollar kosten. Bei diesem Preis können Gentests für eine Vielzahl unterschiedlicher Diagnosen eingesetzt werden. Der Schwungrad-Effekt, ausgelöst durch die Kombination von besseren Tests und sinkenden Kosten, wird die Diagnostik komplett erneuern.

CRISPR/cas, auch »Genschere« genannt ist die zweite Technologie für den Quantensprung in der Medizin. Mit diesem Verfahren können DNA-Ketten an einer gewünschten Stelle aufgetrennt werden, ein Teilabschnitt der DNA kann entfernt und ein neuer eingesetzt werden. Wie bereits beschrieben, ist sie deutlich präziser und zudem einfacher anzuwenden als alle bisher genutzten Methoden zur Veränderung von Genen. CRISPR ist die perfekte Komplementär-Technologie zu den neuen Methoden der DNA-Sequenzierung. Denn hat man erst die genaue Übersicht über die DNA, kann man sie mit CRISPR einfach und präzise ändern. Vereinfacht gesagt, ist CRISPR die »Suchen und Ersetzen«-Funktion der Genetik und funktioniert in allen Organismen.

>>

MIT GROSSER MACHT KOMMT GROSSE VERANTWORTUNG!

ONKEL BEN PARKER

In der Medizin verspricht CRISPR für Krankheiten, die auf Gendefekten oder -mutationen beruhen, die Chance für neue Behandlungsmethoden. Darunter fallen unter anderem Sichelzellenanämie, die Bluterkrankheit, Mukoviszidose oder erblich bedingte Erblindungen. Außerdem resultieren viele Arten von Krebs aus genetischen Mutationen. Aktuell befinden sich viele neue, auf CRISPR basierende Therapien in der Entwicklung. Gerade für chronisch Erkrankte besteht die Hoffnung, dass CRISPR-Therapien nicht nur die Symptome lindern, sondern die Ursachen abschalten können und eine komplette Heilung möglich ist.

CRISPR, speziell die CRISPR-Variante Cas3, kann auch als alternatives Antibiotikum eingesetzt werden. In den letzten Jahren traten immer häufiger Viren und Bakterien auf, die gegen herkömmliche Antibiotika immun waren. Diese resistenten Keime sind eine große Gefahr, allein in Deutschland sterben jährlich über 2000 Menschen daran.

Die Fähigkeit, einzelne DNA-Sequenzen auszuschalten, ist auch der Kern anderer CRISPR-Projekte. Seit vielen Jahren wird daran geforscht, Tiere als Spender für dringend benötigte Organe zu züchten. Diese Xenotransplantationen scheitern immer noch daran, dass einige DNA-Sequenzen dieser Organe im menschlichen Immunsystem zu Abwehrreaktionen führen und die fremden Organe abgestoßen werden. Wissenschaftlern ist es jetzt gelungen, Schweine zu züchten, in deren Erbgut CRISPR diese retroviralen DNA-Sequenzen abschaltete.

CRISPR ist ein mächtiges Werkzeug, mit dem der Mensch direkt in die Bausteine des Lebens eingreifen kann. Deshalb ist der Einsatz der Methode umstritten.

Weitgehend befürwortet werden Eingriffe ins Erbgut, um CRISPR zur Heilung chronischer Krankheiten oder Krebs zu nutzen. Doch wie sieht es mit der Möglichkeit aus, ganze Keimbahnen zu verändern? Keimbahn-Änderungen betreffen die zur Fortpflanzung genutzten Zellen und können von einer Generation auf die nächste weitergegeben werden. Mücken, die Malaria oder das Zikavirus übertragen, können genetisch so verändert werden, dass ihre Nachfahren unfruchtbar sind. Innerhalb weniger Generationen wäre eine ganze Art verschwunden – und mit ihr eine große Krankheitsquelle. Ist das zu vertreten? Welche Auswirkungen hat das auf das Ökosystem? Ähnliche Fragen betreffen die Veränderung des menschlichen Erbguts. Die Methoden, die dazu in der Lage sind, die DNA eines Erwachsenen zu ändern, können auch die DNA von Embryonen anpassen und Erbkrankheiten frühzeitig stoppen. Doch wie ist es mit Behinderungen? Oder Eingriffen zur Verbesserung der Physis? Wo soll die Grenze liegen? Je weiter CRISPR entwickelt wird, desto stärker muss der Einsatz diskutiert werden.

Künstliche Intelligenz ist die dritte Technologie hinter den Fortschritten in der synthetischen Medizin. Die Datenmenge einer vollständig sequenzierten menschlichen DNA übersteigt deutlich 200 Gigabyte. Für eine Probe werden über 3 Milliarden Basenpaare benötigt. Sollen Hunderte von Proben eines Versuchs auf mögliche Veränderungen ausgewertet werden, benötigt dies enorme Rechenkapazitäten. Der Einsatz von Machine Learning beschleunigt den Prozess rapide. Tausende medizinischer Studien setzen deshalb inzwischen KI ein.

KI kann nicht nur die Auswertung von Proben beschleunigen. Sie kann auch bei der Entwicklung neuer Medikamente helfen. Machine-Learning-Algorithmen können die Daten gescheiterter Experimente aus der Vergangenheit neu auswerten: Experiment A war bei einer speziellen Hypothese H nicht zielführend, könnte aber möglicherweise bei Hypothese K zu einer Reaktion führen. Speziell trainierte Algorithmen sind in der Lage, Unmengen von Daten aus Tausenden Experimenten zu analysieren und mögliche Zusammenhänge zu entdecken. Diese Komplexität kann der menschliche Verstand schlichtweg nicht abbilden.

Die künstliche Intelligenz kann auch neue Wirkstoffe entwickeln. Hierzu nutzen Forscher einen **BRUTE FORCE** Ansatz: Algorithmen werden mit den Spielregeln des Aufbaus von Proteinen oder Mikroben trainiert. Die KI generiert nun Zehntausende mögliche Varianten neuer Proteinkombinationen. Diese Varianten werden entweder direkt in digitalen Simulationen auf die gewünschten Eigenschaften getestet oder zum Test an einen Roboter-Laboranten geschickt. Aktuelle Labor-Roboter können bis zu 1.000 Experimente pro Woche durchführen. Die menschlichen Forscher haben damit einen 10xTurbo für die Validierung ihrer Hypothesen an ihrer Seite.

>BRUTE FORCE

Methoden werden in der Computerwelt zum Knacken von Passwörtern genutzt. Ein Programm probiert in hoher Geschwindigkeit einfach alle möglichen Zeichenkombinationen solange aus, bis das richtige Passwort gefunden wurde.

KREBS HEILEN

Krebs ist eine der kompliziertesten und trickreichsten Krankheiten. Die Idee, das Immunsystem gegen den Krebs einzusetzen, gab es schon zu Beginn des zwanzigsten Jahrhunderts. Aber leider ist das menschliche Immunsystem gegen Krebszellen häufig machtlos – entweder werden die Krebszellen nicht als Fremdkörper identifiziert oder sie verstecken sich schlichtweg vor der Immunabwehr. Durch effizientere Analysemethoden konnte dieser Prozess in den letzten Jahren besser verstanden werden und die sogenannte Immuntherapie macht riesige Fortschritte. Es entstanden zwei vollkommen neue Behandlungsansätze. Zum einen werden körpereigene Immunzellen entnommen und genetisch so verändert, dass sie die Krebszellen aufspüren, an ihnen andocken und sie dann eliminieren. Dies ist die CAR-T-Methode. Zum anderen gibt es Versuche, die Tarnmechanismen der Krebszellen über diverse CRISPR-Methoden auszuschalten, damit das Immunsystem die Zellen direkt aufspüren und bekämpfen kann. Bei einigen Krebsarten und Patienten schlägt diese Therapie sehr gut an, bei anderen überhaupt nicht. Aber mit diesen neuen Methoden im Baukasten der medizinischen Zukunft und der Möglichkeit, individuelle Therapien zu entwickeln, haben die Forscher jetzt immerhin eine reelle Chance im Kampf gegen Krebs.

DER FEIND MEINES FEINDES IST MEINE MEDIZIN

Eine alte Behandlungsmethode erhält im Umfeld von CRISPR neue Aufmerksamkeit. Vor der Entdeckung der Antibiotika nutzten Ärzte spezielle Viren, um bakterielle Entzündungen zu bekämpfen. Viren können sich nicht selbst reproduzieren. Sie müssen in einen anderen Organismus eindringen und dessen Zellen genetisch so umprogrammieren, dass er neue Viren produziert. Das Grippevirus zum Beispiel ist auf Zellen in unseren Atemwegen spezialisiert und kann diese kapern, um sich zu vermehren. Eine besondere Art von Viren – die Phagen – hat sich darauf spezialisiert, Bakterien zu infiltrieren und deren DNA zu verändern. Das befallene Bakterium produziert keine Proteine mehr für sich selbst, sondern neue Phagen. Dies tut es so lange, bis es platzt. Ursprünglich entwickelten Bakterien CRISPR zur Verteidigung gegen solche Übernahmen. Heute versuchen Forscher, mit Phagen zielgerichtet antibiotikaresistente Bakterien zu bekämpfen.

DR. KI

Das Medizinstudium dauert lange und das Lernen geht auch im Berufsleben weiter – Ärzte müssen Schritt halten mit neuen Entwicklungen und Therapien. Zukünftig sollen ihnen dabei smarte Assistenten helfen. In China wurde eine KI mit Dutzenden medizinischen Standardwerken, 2 Millionen Patientendaten und 400.000 Artikeln medizinischer Fachzeitschriften trainiert. Sie absolvierte das staatliche Medizinexamen mit überdurchschnittlich guten Noten. Sei es bei der Erfassung von Symptomen oder bei der Auswertung von Untersuchungsdaten – medizinische Assistenzsysteme werden in Zukunft Ärzte bei ihren Diagnosen unterstützen. Es gibt bereits erste KIs, die alle gängigen Kinderkrankheiten eigenständig mit sehr hoher Erfolgsrate diagnostizieren. Hier können die Algorithmen ihre Stärken ausspielen. Manche Systeme erkennen kleinste Hinweise auf Tumorbildungen teilweise zwei Jahre früher als erfahrene Onkologen. Das University College in London nutzt eine KI zur Analyse der Blutströmung bei Patienten mit Herzerkrankungen. Die KI übernimmt diese schwierige und zeitaufwendige Tätigkeit und hilft Kardiologen, die Wahrscheinlichkeit eines Herzinfarkts bei Patienten zu bestimmen. Andere KIs sind spezialisiert auf die Diagnose von Alzheimer oder Hautkrebs. Zudem können die KIs die Diagnosedaten mit Tausenden Studien und historischen Patientendaten abgleichen und so den Medizinern bei der Entwicklung der erfolgversprechendsten Therapien helfen.

Forschern des MIT in Boston ist es gelungen, eine KI zu entwickeln, die zielgerichtet neue Antibiotika identifizieren kann. Dafür wurde ein Algorithmus mit den Daten und der molekularen Struktur von über 2.000 Wirkstoffen trainiert. Er lernte, welche Moleküle gegen verschiedene Krankheitserreger wirken. Mit diesem Wissen durchforstete die KI mehrere Datenbanken bekannter chemischer Verbindungen. Einem Molekül, welches als Diabeteswirkstoff entwickelt wurde, sagte die KI eine überdurchschnittliche antibiotische Wirksamkeit voraus. Diesen Stoff hatte vorher niemand als Antibiotikum getestet. Die Forscher überprüften die Vorhersagen. Und tatsächlich hatte die KI recht. Der »Halicin« getaufte Wirkstoff (nach HAL, der künstlichen Intelligenz aus dem Film »2001 – Odyssee im Weltraum«) wirkt gegen eine große Zahl der gefährlichsten resistenten Erreger. Erst im zweiten Schritt entdeckten die Forscher, auf welche Art Halicin gegen die Erreger wirkt. Die KI war ihnen einen Schritt voraus.

Damit KI ihr volles Potenzial bei der Diagnose und Entwicklung neuer Therapien entwickeln kann, benötigt sie vor allem eins – strukturierte, detaillierte Daten aus möglichst vielen verschiedenen Quellen. Deshalb sind Datenspenden, die Verfügbarmachung anonymisierter Patientendaten, ein extrem wertvoller Baustein medizinischen Fortschritts.

MEDIZINMASCHINEN

Softwaresysteme unterstützen die medizinische Diagnose und Roboter werden mehr und mehr Behandlung und Pflege übernehmen. Seit einigen Jahren gibt es Operationssysteme, mit denen Chirurgen unglaublich präzise arbeiten können. Die Roboterarme haben eine höhere Feinmotorik und einen größeren Freiheitsgrad als jede menschliche Hand. Bislang werden diese Systeme von einem Mensch gesteuert. Die nächste Generation von Operationsrobotern wird weitgehend autonom arbeiten.

Neuerdings kommen häufiger 3D-Drucker zum Einsatz. In der Prothetik können 3D-Druckverfahren passgenaue Implantate liefern. Künstliche Hüftgelenke oder Prothesen können individuell für die Patienten gedruckt werden. Die nächsten Entwicklungsstufen sind myoelektrische Prothesen und Neuroprothesen. Myoelektrische Prothesen messen die elektrischen Impulse der Muskeln des Prothesenträgers und können eine rudimentäre Aktion der Prothese ausführen. Neuroprothesen werden über Hirn-Schnittstellen gesteuert. Diese Technologie erlaubt eine äußerst präzise Steuerung einzelner Gelenke, bis hin zu einzelnen Fingern einer künstlichen Hand. Damit dies zuverlässig funktionieren kann, muss das System die richtigen Signale der Hirnströme entziffern. Hier kann künstliche Intelligenz unterstützen. 3D-Drucker können nach 3D-Scans detaillierte Kopien eines Organs erstellen, an denen die Chirurgen vor einer komplizierten Operation üben können. Außerdem kann für den jeweiligen Eingriff passendes Besteck steril im Krankenhaus gedruckt werden. Speziell entwickelte Biodrucker können mit lebenden Zellen arbeiten und einzelne Gewebeschichten drucken. So lassen sich natürliche Blutgefäße herstellen oder Hautstücke, die bei schweren Verbrennungen helfen.

LEBENDE MASCHINEN

Die Konvergenz von Ingenieurwissenschaften und Biologie bringt die nächste biologische Revolution. So wie die Menschen seit vielen Jahrhunderten Hefen oder Bakterien für die Herstellung von Brot, Bier oder Joghurt nutzen, werden wir in Zukunft noch viele weitere Mikroorganismen für unsere Zwecke einspannen. Das immer bessere Verständnis biologischer Prozesse führt dazu, dass der Mensch sich die Abläufe, die über Millionen Jahre Evolution entstanden sind, nutzbar machen kann. Beispielsweise konnten Wissenschaftler Mikroorganismen dazu bringen, Metalle mit in ihre Strukturen einzubauen. Sie konnten kleine Stromspeicher in sich wachsen lassen, die sich nach Ablauf ihrer Lebenszeit wieder abbauen. Ein weiteres Beispiel aus der Medizin: Mit speziellen Nanopartikeln überzogene Proteinrezeptoren können in Zukunft über Urintests Krebszellen deutlich früher nachweisen als heutige Früherkennungsmethoden.

XENOBOTS

Xenobots sind lebende, aus Stammzellen zusammengebaute Roboter. Sie werden von einem Evolutions-Algorithmus geschaffen, der nach dem gleichen Muster funktioniert wie die natürliche Selektion. Die Forscher füttern einen Supercomputer mit Daten und Eigenschaften verschiedener Zellarten. Daraus errechnet der Computer Tausende mögliche Konfigurationen, jeweils bestehend aus 500–1.000 einzelnen Zellen. Diese Konfigurationen werden in einer virtuellen Umgebung auf die gewünschten Eigenschaften getestet. Die meisten Varianten sind unnütze Zellklumpen. Einige aber erfüllen die Anforderungen an Beweglichkeit und Stabilität. Sie werden ausgewählt, miteinander kombiniert und bilden die nächste Generation für den Evolutionsalgorithmus. Nach 100 Durchläufen des Algorithmus – oder 100 Generationen künstlicher Evolution – erweckten die Wissenschaftler die Designs zum Leben. Sie nahmen spezielle Stammzellen von Fröschen und ließen sie zu Muskelzellen und Hautzellen heranwachsen. Dann setzten sie die Zellen unter dem Mikroskop nach einem Bauplan zu millimetergroßen Formen zusammen – mit Erfolg. Die Hautzellen gaben der Form Stabilität und die Muskelzellen sorgten durch ihre Kontraktionen für Fortbewegung. Die Xenobots nutzen die in ihren Zellen gespeicherte Energie, um sich fortzubewegen und sich selbst zu heilen. Es sind lebende, programmierbare Organismen, die über biochemische und biomechanische Prozesse für spezielle Aufgaben programmiert werden können – sozusagen DNA-Hardware. Sie könnten in Zukunft genutzt werden, um im Körper Arterien zu reinigen oder Medikamente präzise an vordefinierte Stellen im Körper zu liefern.

FRANKs FAZIT

> Wir alle wollen Gesundheit und es gibt keine Zweifel daran, dass wir in den nächsten Jahren ein umfangreiches Upgrade für unsere Lebenszeit bekommen. Aber diese neuen Entwicklungen ermöglichen es uns teilweise, »Gott zu spielen«, also in das Leben einzugreifen. Hier brauchen wir weltweite ethische Standards. Wichtig ist auch, dass nicht nur die Industrienationen profitieren, sondern wir die neuen Möglichkeiten allen zugänglich machen.

13

DER MENSCH 2.0

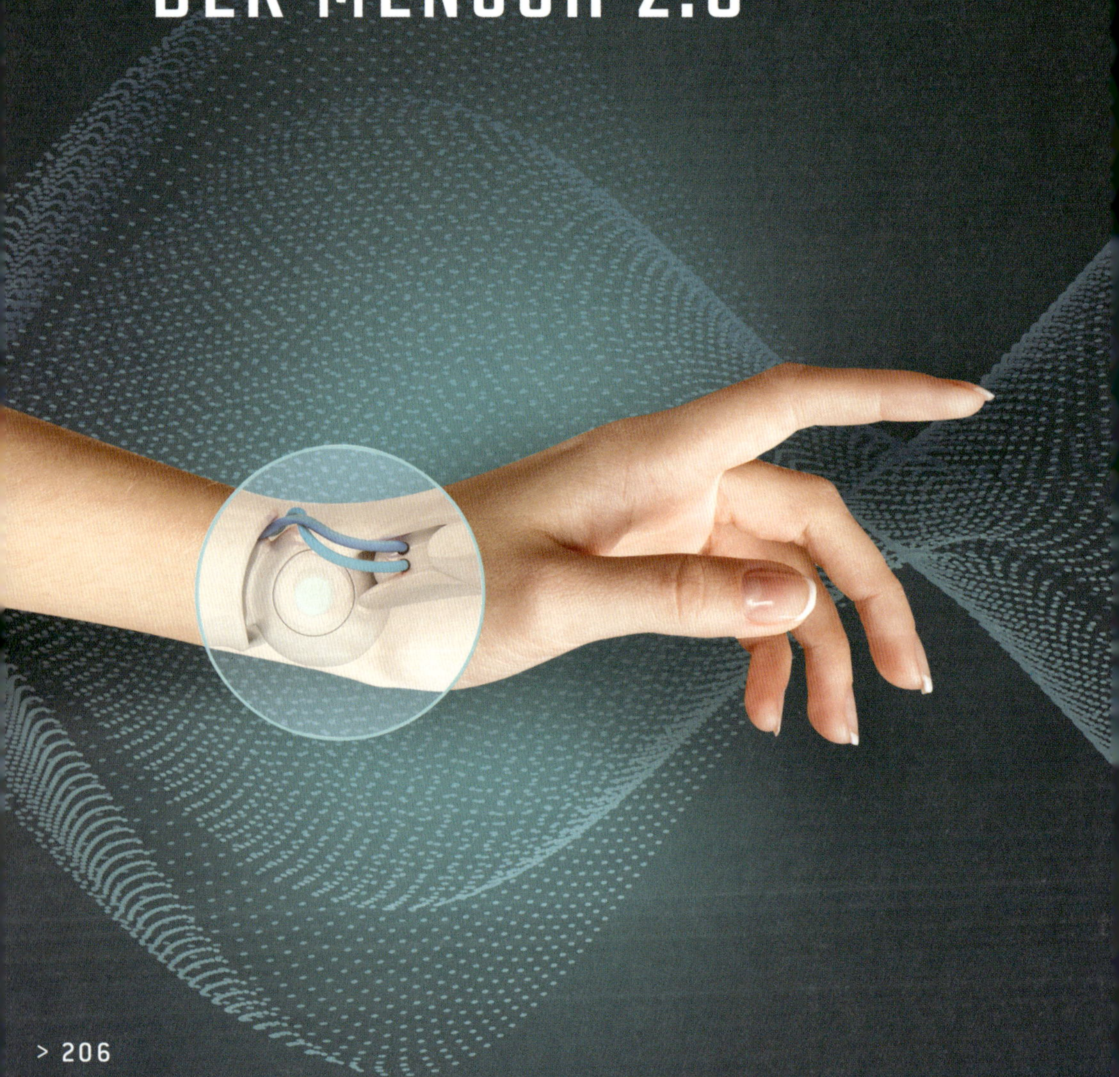

> 206

Seit Jahrtausenden verstärkt der Mensch mit Hilfsmitteln seine eigenen Fähigkeiten. Wir haben Werkzeuge und Maschinen entwickelt, die uns bei schwerer, gefährlicher Arbeit unterstützen und die stärker und ausdauernder sind als wir. Von Stöcken, Steinäxten und Flaschenzügen zieht sich der rote Faden zu Traktoren, Baggern und Kränen. Physische Arbeit wurde produktiver und schuf Freiräume für andere Bestrebungen. Der Mensch musste weniger Zeit für die Befriedigung der grundlegenden Bedürfnisse wie Nahrungsbeschaffung aufwenden und hatte mehr Zeit zum Nachdenken. Diese Zeit nutzte er, um Werkzeuge zu entwickeln, die seine kognitiven Fähigkeiten verstärkten. Der rote Faden geht weiter: von Notizblock, Rechenschieber und Buchdruck hin zu Taschenrechnern, dem Internet und Quantensensoren. Die mechanischen Muskeln halfen uns, Dinge zu bauen, die Menschen mit ihrer eigenen Muskelkraft nie hätten bauen können. In den kommenden Jahren werden auch die mentalen Muskeln immer mächtiger. Wir werden in der Lage sein, Dinge zu entwickeln, zu denen wir ohne diese kognitiven Werkzeuge nie imstande gewesen wären.

MECHANISCHE MUSKELN

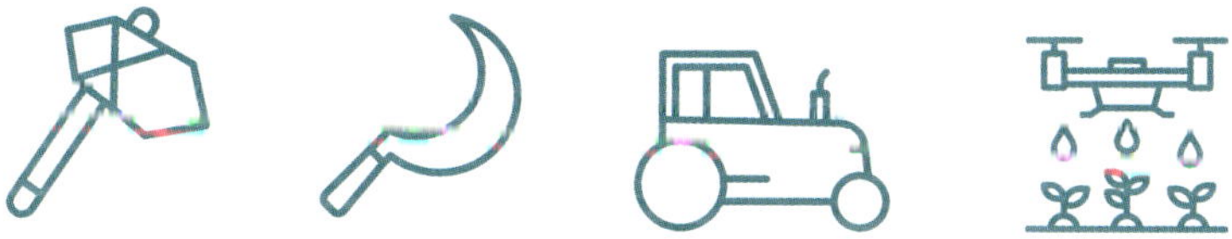

KOGNITIVE MUSKELN

INTELLIGENZ UPGRADE = AUGMENTED INTELLIGENCE

Augmented Intelligence beschreibt das Konzept, bei dem der Mensch seine eigene Intelligenz mit Unterstützung von künstlicher Intelligenz erweitert. Wie in der Onkologie KI die Ärzte bei der Entdeckung von Metastasen unterstützt und wesentlich bessere Diagnosen ermöglicht, haben wir bereits aufgezeigt. In der Forschung kommt künstliche Intelligenz aber nicht nur für repetitive Analysen zum Einsatz. Häufig hilft sie bei komplexeren Analysen oder Vorhersagen. Sie kann tausende Variablen und ihre möglichen Zusammenhänge im Blick haben. Sie kann neue Moleküle oder Proteine entwickeln, die so komplex sind, dass ein menschlicher Forscher sie nicht hätte erdenken können. Die Menschheit betritt hier gerade Neuland. Zum ersten Mal können wir nicht mehr nachvollziehen, wieso eine von uns entwickelte Maschine etwas tut oder wie sie zu einem besonderen Ergebnis einer Analyse kommt.

Für einige Vordenker ist dies der erste Schritt in die Abhängigkeit von künstlicher Intelligenz. Daher sind die Überlegungen von Elon, dass wir das menschliche Gehirn upgraden müssen, wenn wir nicht als Haustiere einer ultraintelligenten KI enden wollen, nicht unberechtigt. Wie wir im vorherigen Teil beschrieben, forscht er mit dem Neuralink-Team an der Entwicklung spezieller Hirn-Maschinen-Schnittstellen, die eine höhere Bandbreite für die Erfassung, Verarbeitung und den Austausch von Informationen zwischen unserem Gehirn und den Maschinen liefern sollen.

Auch andere Forschungsgruppen arbeiten daran, die Signale unseres Gehirns besser zu verstehen. In einigen Experimenten konnten Affen durch ein Hirnimplantat mit ihren Gedanken eine virtuelle Hand auf einem Bildschirm bewegen oder ein Spielzeugauto fernsteuern. Dabei passte sich das Gehirn sehr schnell den neuen Herausforderungen an. Auch an der Steuerung von Prothesen durch das Lesen von Nervensignalen wird intensiv geforscht. Bereits jetzt ist es möglich, Signale unseres Gehirns auszulesen und zu interpretieren. Allerdings ist der Lesezugriff nur sehr rudimentär und es existiert noch keine Vorstellung davon, wie Informationen über eine Schnittstelle in unser Gehirn geschrieben werden können.

> KÜNSTLER UND CYBORG NEIL HARBISSON

CYBORGS

Außerhalb medizinischer Anwendungen entsteht gerade eine regelrechte **CYBORG** Bewegung. Die Community, hauptsächlich Künstler und Aktivisten, erweitert ihre biologischen Körper um technologische Implantate und konzentriert sich dabei vor allem auf die Entwicklung neuer Sinnesorgane. Der Künstler Neil Harbisson ließ sich 2004 an seinem Hinterkopf eine Antenne implantieren, die er immer wieder mit neuen Funktionen ausstatten lässt. Über einen Sensor an der Antenne kann er Farben als Vibrationen an der Schädeldecke wahrnehmen. Ein kleiner Wärmepunkt wandert ähnlich einer Sonnenuhr über

>CYBORG

kurz für »Cybernetic Organism«, bezeichnet Wesen, die sowohl aus biologischen Organismen als auch aus Maschinen bestehen. Oft werden damit Menschen beschrieben, die ihre Körper dauerhaft durch technologische Elemente ergänzt haben.

seinen Kopf und lässt ihn die Uhrzeit fühlen. Außerdem verfügt er über einen Bluetooth-Zahn, mit dem er Morsezeichen senden und empfangen kann. Seine Implantate haben wiederholt zu Empörung in Bioethik-Komitees geführt. Aber es haben sich dennoch anonyme Chirurgen für die Implantation gefunden.

Diese Entwicklung stellt uns natürlich vor grundlegende ethische Fragen. Was ist noch menschlich? Wie weit dürfen Menschen gehen, um sich künstlich zu optimieren? Die ethische Grenze verläuft hier für jeden an einer anderen Stelle. Ein Gedankenexperiment aus der Prothetik: Es wird nur sehr wenig Einwände geben, wenn Menschen, die ihre Unterschenkel bei einem Unfall verloren haben, diese durch Prothesen ersetzen. Wie ist es mit den speziellen Prothesen, mit denen Sprinter wegen einer optimierten Form und besseren Materialien deutlich schneller sprinten können als Menschen mit natürlichen Beinen? Sollten diese optimierten Sportler bei den Olympischen Spielen gegen normale Menschen antreten dürfen? Dürfte sich ein gesunder Sportler freiwillig seine Unterschenkel entfernen lassen, um seine Leistung durch neuartige Prothesen zu verbessern? Im gleichen Maße, wie der technologische Fortschritt neue Formen von Implantaten ermöglicht, wird auch die ethische Debatte über ihren Einsatz zunehmen.

EMOTIONALE MASCHINEN

Das Smartphone ist aktuell die höchste Evolutionsstufe kognitiver, persönlicher Alltagsassistenten. Es lässt uns von überall auf das Wissen der Welt zugreifen, erinnert uns an Termine, hilft uns dabei, uns zurechtzufinden. Wir können ständig mit all unseren Freunden in Kontakt bleiben, Erinnerungen in ultrahochauflösenden Fotos und Videos festhalten und uns die Zeit mit unbegrenzt vielen Applikationen vertreiben. Das Band zwischen Mensch und Smartphone wird enger. Über Sprachsteuerung und persönliche Daten vertieft sich unsere Verbindung mit den kognitiven Helfern. Bisher gab es eine physische Grenze zwischen dem menschlichen Körper und der Maschine. Diese Grenze – so unsere Prognose – wird in Zukunft zunehmend verwischen. Sprachassistenten wie Siri, Alexa oder Cortana werden bereits mit Kalendern und Einkaufslisten gekoppelt. Auch wenn sie momentan noch gelegentlich Momente haben, in denen sie mehr künstlich als intelligent wirken, ist der rasante Fortschritt der letzten Jahre nicht zu übersehen. In England ging vor ein paar Jahren ein Fall durch die Presse, in dem das Loyalitätsprogramm eines Supermarkts einer Teenagerin per Werbebrief zur Schwangerschaft gratulierte. Über das geänderte Kaufverhalten hatte der Algorithmus analysiert, dass die Kundin in der frühen Phase einer Schwangerschaft war. Der Vater des jungen Mädchens erfuhr so per Post von dem bevorstehenden Familienzuwachs.

In den kommenden Jahren werden diese Assistenten in immer mehr Bereichen unseres Lebens zum Einsatz kommen. Langfristig könnten die kognitiven Assistenten schlauer werden als wir, zumindest können sie Dinge über uns erkennen, die uns selbst noch gar nicht klar sind. Dem israelischen Historiker und Bestsellerautor Yuval Harari wurde nach eigenen Angaben erst mit 21 seine Homosexualität bewusst. Rückblickend meint er, das hatte bereits sein 15-Jähriges Ich erkennen müssen. Eine künstliche Intelligenz, verknüpft mit seinem kognitiven Assistenten, der ihn in allen Lebensbereichen unterstützt, wäre wahrscheinlich schon damals zu der Schlussfolgerung gekommen, aber das 15-jährige Ich eben nicht.

Wie wird es sein, wenn unsere KI-betriebenen Assistenten uns Dinge über uns erzählen, die wir gar nicht bewusst wahrnehmen oder nicht wahrnehmen wollen? Was passiert, wenn wir unsere Wahrnehmung nicht mehr an unsere eigenen Bedürfnisse anpassen können, beispielsweise, indem wir ein Streitgespräch, bei dem wir uns nicht ganz fair verhalten haben, verzerrt in Erinnerung behalten, um uns besser zu fühlen? Was passiert, wenn wir uns nicht mehr einreden können, dass etwas nicht unsere Schuld ist? Wenn wir unser Gewissen nicht mehr mit kleinen Tricks reinwaschen können? Auch hier kommen einige ethische Fragestellungen auf uns zu.

BIOHACKING

In den letzten Jahren wurden die Prozesse innerhalb des Körpers immer intensiver erforscht und unser Verständnis für die Auswirkungen von Nähr- und anderen Wirkstoffen auf den Stoffwechsel wuchs stetig. Die Entwicklung kleiner, präziser, günstiger Sensoren führte zu ihrem Einsatz in Fitnessarmbändern oder Smartwatches. Alles, von Schritten über die Herzfrequenz bis zum Schlafrhythmus, kann gemessen und dokumentiert werden. Eine gewaltige Datenmenge. Jeder kann heute mit günstiger Hardware seine Körperfunktionen überwachen – und zwar besser als jemals zuvor in der Geschichte.

Biohacking baut auf den neuesten wissenschaftlichen Erkenntnissen zum Stoffwechsel und den einfach messbaren Daten der eigenen Körperfunktionen auf, wegen seiner zugrundeliegenden Ambition ist es klar abzugrenzen von klassischer Medizin. Medizin versucht, den menschlichen Körper innerhalb seiner natürlichen Funktionen gesund zu halten. Das Ziel von Biohackern ist es, das Maximale aus ihren Körpern herauszuholen, sie so ausdauernd und gesund wie irgend möglich zu machen. Optimierte Stoffwechsel für bestmögliche Hirnfunktion und ein verlängertes Leben. Biohacker versuchen, möglichst viel Kontrolle über die Biologie innerhalb ihres Körpers zu übernehmen. Dabei bedienen sie sich einer breiten Palette technischer, biologischer und mentaler Hilfsmittel. Über spezielle Nahrungsergänzungsmittel – sogenannte Nootropics – sollen kognitive Fähigkeiten wie Gedächtnis, Kreativität oder Aufmerksamkeit gesteigert werden, besondere Lichttherapien sollen die Regeneration der Muskeln begünstigen.

Alle Bemühungen zielen letztendlich auf die Beantwortung einer großen Frage: Können wir länger leben und gleichzeitig den Alterungsprozess des Körpers stoppen? Ist Altern ein technischer Fehler, der behoben werden kann? Mit den Werkzeugen aus dem Baukasten der Zukunft und dem 10xMindset ist diese Annahme nicht ausgeschlossen und wir werden in den nächsten Jahren mit ziemlicher Wahrscheinlichkeit deutliche Fortschritte in diesem Feld sehen.

FRANKs FAZIT

> Die progressive Entwicklung zum Menschen 2.0 und die damit verbundene Möglichkeit, unsere Leistungsfähigkeit, Zufriedenheit und Lebensdauer in eine neue Dimension zu bringen, ist einer der aufregendsten Momente der Menschheit. Die Verbindung von Bionik, Gen-, Nano- und KI-Technologie bringt auch hier eine exponentielle Entwicklung.

Diese neuen Möglichkeiten werden sehr wichtige und ethisch komplexe Fragen aufbringen: Wie weit wollen wir gehen? Wie schaffen wir es, dass alle gleichberechtigt Zugriff erhalten? Oder soll es normale und Super-Menschen geben? Stellen wir globale Regeln auf, wie zum Beispiel bei der Atomkraft? Auch hier brauchen wir ein starkes Europa, damit wir auf Augenhöhe mit den Großmächten China und USA verhandeln und uns dafür einsetzen können, dass sich der Mensch 2.0 fair entwickelt und die neuen Möglichkeiten allen dienen.

14

WALK THE TALK

> MIT FREIGEIST CAPITAL UNTERSTÜTZEN WIR HERAUSRAGENDE EUROPÄISCHE GRÜNDER.

Die bisherigen Kapitel haben dir neue Denkweisen gezeigt, du hast einen Überblick über die 10xTechnologien erhalten und darüber, was in näherer Zukunft alles technisch möglich und sicherlich auch praktisch realisiert wird. Die Themen, Denkweisen und Beispiele haben dich hoffentlich neugierig gemacht, sie werden dir in Zukunft oftmals neue Perspektiven eröffnen. Aber das wichtigste ist, loslegen, machen! Daher zeige ich dir als Inspiration ausgewählte Startups, die wir mit Freigeist in Europa aufbauen. Alle haben die Chance, zu internationalen Champions zu werden. Der Weg ist lang, steinig und riskant. Doch wer für seine Visionen lebt, bringt sie jeden Tag mit Passion, Mut und den Technologien aus dem Baukasten der Zukunft voran. Jedes Jahr kommen zwei bis drei neue Startups in unsere Freigeist Familie. Unser aktuelles Portfolio findest du unter: **https://freigeist.com/portfolio/**

MOBILITÄT

Peter Thiel, Unternehmer und Gründer von Paypal, brachte es anschaulich auf den Punkt: »We wanted flying cars, instead we got 140 characters.« Mit anderen Worten: Das Silicon Valley hat uns noch keine echten Innovationen gebracht. Dies wird sich in der 10xÄra 2.0 drastisch ändern – der Traum vom fliegenden Auto wird schon sehr bald in Erfüllung gehen. Diesmal könnte sogar ein deutsches Startup der Weltmarktführer dieser neuen Industrie werden. **LILIUM AVIATION** entwickelt aktuell mit über 500 Mitarbeitern einen senkrecht startenden und landenden Elektrojet. Dieser ist nach unserem Kenntnisstand mit Abstand der effizienteste, leiseste und sicherste Jet der Welt. Die vier herausragenden Gründer haben nicht bestehende Flugzeuge um 2–3 % optimiert, sondern das Fliegen komplett neu gedacht. Der Lilium Jet mit 36 elektrischen Motoren startet und landet senkrecht, er hat eine Reichweite von bis zu 300 km und eine Reisegeschwindigkeit von bis zu 300 km/h. Bei idealer Reisegeschwindigkeit und Auslastung ist er effizienter als ein Auto auf der Straße. Der Preis für einen Flug, den man per Smartphone bei dem bis 2025 entstehenden on-demand Dienst buchen kann, entspricht dem einer Taxifahrt.

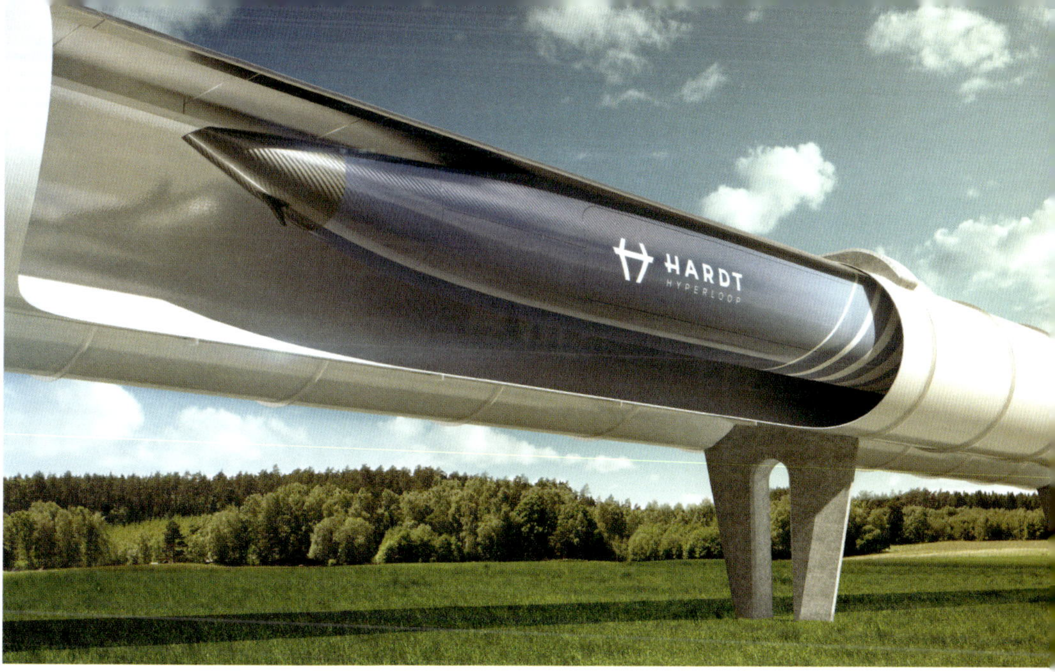

2012 teilte Elon Musk seine Hyperloop-Version mit der Welt: Mit einer Geschwindigkeit von bis zu 1000 km/h in einer Kapsel durch eine Vakuumröhre zu reisen. Schnell und effizient.

Wir haben in diesem Bereich in **HARDT HYPERLOOP** investiert, ein junges, europäisches Unternehmen. Hardt zeichnet sich unter anderem durch eine Spurwechsel-Technologie aus, die den Aufbau eines effizienten Streckennetzes ermöglicht. Außerdem setzt das Unternehmen stark auf Partnerschaften – in einem Konsortium, dem prominente Unternehmen angehören, werden gemeinsam Technologien entwickelt und Standards erarbeitet.

Hardt Hyperloop ist ein führender Player in der Entwicklung einer 10xTechnologie, mit der Menschen und Cargo nachhaltiger, günstiger, sicherer und schneller von A nach B reisen können.

ENERGIE

Um zu 100 % auf erneuerbare Energien umzusteigen, brauchen wir große und zentrale Stromspeicher, die die Volatilität der erneuerbaren Energien glätten und eine zuverlässige Stromversorgung garantieren. **KRAFTBLOCK** könnte ein wichtiges Puzzleteil zur Lösung dieser globalen Herausforderung sein. Das Startup hat den ersten ökonomisch und ökologisch sinnvollen Energiespeicher entwickelt: Ein modularer, skalierbarer Hochtemperaturspeicher mit Kapazitäten von 4 MWh bis 10.000 MWh. Durch seine innovative Technologie ist er wesentlich günstiger als gängige Lithium-Ionen-Batterien und sauberer, da er zu nahezu 100 % aus unbegrenzten Ressourcen und zu 85 % aus recyceltem Material besteht. Beispielsweise enthält er kein Kobalt. Zudem ist das Speichermaterial zu 100 % recyclebar. Das Granulat speichert Temperaturen bis 1.300 Grad auf sehr kleinem Raum. Andere Thermalspeicher, die Salz oder Beton als Speichermedium nutzen, kommen meist nur auf Temperaturen von 600–700 Grad. Die überdurchschnittlich hohe Speichertemperatur ermöglicht eine außerordentlich effiziente Rückverstromung. All das macht Kraftblock zu einem idealen Stromspeicher, um eine der größten Herausforderungen unserer Zeit zu lösen – den Übergang in eine nachhaltige Energiezukunft.

BLOCKCHAIN / DISTRIBUTED LEDGER

Blockchain bzw. Distributed Ledger Technologie ist eine bedeutende 10xTechnologie, die außerhalb der Kryptowährungen noch keine größeren Auswirkungen hatte. Dies wird sich bald ändern. **NEUFUND** will die Verwaltung von Unternehmensanteilen auf Basis der Ethereum-Plattform revolutionieren.

Insbesondere junge Technologieunternehmen benötigen Kapital, um ihr schnelles Wachstum zu finanzieren. Klassische Börsengänge, auch Initial Public Offerings (IPOs) genannt, sind wegen ihrer veralteten Strukturen extrem kostspielig und lohnen sich erst bei sehr hohen Firmenbewertungen. Neufund bietet mit ETOs (Equity Token Offering) eine moderne Alternative an. Der gesamte Prozess ist mit Smart Contracts auf der Ethereum Plattform digitalisiert, das macht ihn nicht nur deutlich sicherer, sondern auch effizienter und günstiger. So ermöglicht Neufund es jungen Tech-Unternehmen mit großen Ideen, Kapital außerhalb der kostspieligen Börse einzusammeln. Damit öffnet Neufund auch den spannenden VC-Markt für Privatinvestoren, die bislang keinen Zugang zu Investments dieser Art hatten.

KÜNSTLICHE INTELLIGENZ

In der Logistik dominieren noch immer Telefon und Excel-Tabellen das Tagesgeschäft. Hochqualifizierte Planer überlegen, welcher Lieferwagen welches Paket wann und wo ausliefern soll. Berücksichtigt man die Parameter Geschwindigkeit, Ladefläche, Verkehr, Prioritäten u. v. m., entsteht ein äußerst komplexes Problem – und damit ein ideales Anwendungsfeld für Sensoren, Big Data und KI. **SMARTLANE** hat eine Technologie entwickelt, die die Prozesse eines Logistik-Unternehmens verstehen und autonom durch KI steuern kann. Die cloudbasierte Software hilft, ideale Fahrtrouten zu berechnen und die Flotte optimal zu steuern. Auch kleine Unternehmen können mit Transportmining ihre Prozesse und Zusammenhänge aufdecken, Optimierungspotenzial analysieren und verschiedene Szenarien berechnen. Die künstliche Intelligenz dahinter lernt bei der Arbeit ständig dazu und kann Sonderfälle der Kunden mit einbeziehen. Das Ergebnis: Bei einer Fahrt können mehr Kunden beliefert werden, das spart CO_2. Mittelständler können gegen globale Wettbewerber wie Amazon auf Augenhöhe agieren, da sie auf eine starke künstliche Intelligenz zugreifen können, die sie selbst nie hätten entwickeln können. Smartlane bringt eine 10xDNA in eine überwiegend analoge Branche und stärkt damit unseren Mittelstand.

SPACE

Das Weltall hat die Menschheit schon immer fasziniert, doch wir begreifen erst allmählich, welchen Nutzen wir daraus ziehen können. Jeff Bezos will die Ressourcen anderer Planeten abbauen, um sie für uns auf der Erde zu nutzen. Elon Musk geht sogar noch einen Schritt weiter, er will einen zweiten Lebensraum für uns auf dem Mars erschaffen. Space Technology wird immer wichtiger, besonders auch für die wertvollste Währung der Zukunft: Daten. **ENDUROSAT** ist ein weltweit führendes Unternehmen für sogenannte Nano-Satelliten. Diese kleinen Würfel umkreisen unsere Erde und übermitteln Daten an uns. Bisher war ein großes Planungsteam nötig, es kostete viel Zeit und Geld, einen eigenen Nano-Satelliten zu starten. Mit der EnduroSat Technologie ändert sich das, fast jeder kann seinen eigenen Satelliten in wenigen Monaten ins All befördern und die Daten seiner Sensoren nutzen.

ERNÄHRUNG

Der Trend geht hin zu einer nachhaltigeren, gesünderen und effizienteren Ernährung. **YFOOD** bietet eine komplette Mahlzeit als Getränk in vielen verschiedenen Geschmackssorten an. Es enthält alle wichtigen Proteine, Vitamine und Mineralien, kommt ohne Kühlung aus und ist somit jederzeit verfügbar. In der heutigen, schnelllebigen Zeit ist dies eine sinnvolle Alternative zu Fast Food. YFood soll aber nicht jede Mahlzeit ersetzen, denn der soziale Aspekt des gemeinsamen Essens bleibt weiterhin wichtig und frische Früchte und Obst sind unschlagbar. Doch es ist eine sinnvolle Ergänzung und das Team arbeitet ständig daran, die Nachhaltigkeit der Verpackung, Produktion und der Logistik zu optimieren. Das unglaubliche Wachstum von YFood zeigt, dass das Unternehmen am Puls der Zeit ist: Es ist das am schnellsten wachsende Startup aus sieben Staffeln DHDL und auf dem besten Weg, ein relevanter Player in Deutschland und Europa zu werden.

Ein Paradebeispiel für First Principle Thinking aus unserem Portfolio ist **AIR UP**. Die Gründer Lena Jüngst und Tim Jäger haben sich im Rahmen ihrer Bachelorarbeit mit dem retronasalen Riechen beschäftigt, also der Fähigkeit, über den Mund Geruch wahrzunehmen. Auf Basis dieses Wissens haben sie das Trinken komplett neu gedacht. Sie entwickelten ein innovatives Trinksystem, das Wasser durch Duft Geschmack verleiht. Trinkt man aus einer air up Flasche (aus BPA-freiem Tritan), gelangt mit dem Wasser auch aromatisierte Luft aus einem Duftpod in den Mund. Dieses Aroma steigt im Rachen aus dem Wasser auf und das Gehirn nimmt es als Geschmack wahr. air up bietet so mit technologischer Innovation eine nachhaltige und gesunde Alternative zu herkömmlichen Erfrischungsgetränken, die oftmals einen hohen Zuckergehalt haben und in umweltschädlichen PET-Flaschen kommen. Auch hier sind wir noch lange nicht am Ende der Reise, doch was air up in jedem Fall beweist: Auch so etwas Elementares wie das Trinken kann neu erfunden werden.

15

DAS 10xMINDSET

>>

IN DEN NÄCHSTEN 10 JAHREN VERÄNDERT SICH UNSERE WELT STÄRKER ALS IN DEN VERGANGENEN 100 JAHREN.

Der exponentielle Fortschritt bietet unzählige Möglichkeiten für radikale Innovationen. Die Märkte werden neu verteilt. Wer sich schon jetzt mit diesen Veränderungen beschäftigt und vorausschauend handelt, ist im Vorteil gegenüber denen, die weiter an alten Denk- und Verhaltensmustern festhalten oder sich vor der Realität verstecken. Wer glaubt, er könne der Digitalisierung und der Revolution, die sie nach sich zieht, entkommen, der irrt. Fortschritt bedeutet Veränderung und Chancen. Wer die Chancen nicht ergreift, wird früher oder später von einer sich wandelnden Welt überholt. Deshalb ist es wichtig, dass du deine persönliche 10xDNA entwickelst.

DAS 10xMINDSET – DIE EINSTELLUNG

Was zeichnet die erfolgreichen 10xMacher aus, wie denken sie? Wir haben es in den vorangegangenen Kapitel gezeigt: Mut, Paranoia, Vertrauen in den technologischen Fortschritt und konsequentes Handeln lassen sich bei allen 10xDenkern finden und gehören zum Kern der 10xDNA.

MUT

Als 1825 die Dampflock Locomotion 1, Spitzname Rocket, die ersten Passagiere mit einer Geschwindigkeit von über 24 km/h transportieren wollte, war die Gesellschaft in Aufruhr. Der menschliche Körper sei für solche Geschwindigkeiten nicht geeignet, die Köpfe der Reisenden würden explodieren, hieß es.

>>

PERICULUM PRIVATUM UTILITAS PUBLICA – DAS PERSÖNLICHE RISIKO ZUM WOHLE DER ALLGEMEINHEIT.

INSCHRIFT DER LOCOMOTION 1 BEI IHRER JUNGFERNFAHRT

1903 wurde das Flatiron Building fertig gestellt – mit 85 Metern Höhe der damals höchste Wolkenkratzer New Yorks. Es wurde befürchtet, dass in dieser Höhe die Luft nicht mehr ausreichend Sauerstoff zum Atmen enthalte.

Skepsis und Vorsicht liegen in der Natur des Menschen. Nach dem erfolgreichen Jungfernflug unseres Lilium Jets erhielten wir eine

Tatsächlich gab es bei der Jungfernfahrt der Locomotion 1 einen Unfall: Als der Zug anfuhr, fiel einer der Reisenden aus dem offenen Wagen und brach sich ein Bein.

Anfrage eines Redakteurs. Er habe den Jet von drei Professoren durchrechnen lassen, sie seien zu dem Ergebnis gekommen, dass er die kommunizierten Parameter nicht erfüllen könne. Dass einem Team von mehr als 500 herausragenden Köpfen ein Durchbruch in der Luftfahrt gelungen war, war dem Redakteur offenbar unvorstellbar.

Auf dem Weg zu wahrer Innovation erfordert es großen Mut, trotz Gegenwind an seiner Vision festzuhalten und sie umzusetzen. Es sind die furchtlosen Querdenker, die die Menschheit seit Jahrtausenden voranbringen.

PARANOIA

Die Furcht, zurückzufallen, das Rennen zu verlieren, ist tief in die DNA von Amazon und Google eingewoben. Beide Unternehmen wurden Mitte der 1990er Jahre gegründet. Zur gleichen Zeit veröffentlichte Harvard Professor Clayton Christensen seine bahnbrechende Studie zum Niedergang großer Konzerne im Buch »The Innovators Dilemma«.

Amazon-Gründer Jeff Bezos oder die Google-Gründer Larry Page und Sergey Brin trieb von Anfang an das Ziel, das Schicksal der gefallenen Konzerne zu vermeiden. Schon beim Börsengang 2004 schrieben die Google-Gründer an ihre Aktionäre: »Google ist kein konventio-

Beim Flatiron Building gab es zunächst wirklich Probleme mit der Luft – besser gesagt mit dem Wind. Das Hochhaus veränderte die lokale Thermik, auf dem Gehweg traten spontan Windböen auf. Die Röcke von flanierenden Damen wehten hoch und die Straßenkreuzung wurde interessant für Männer. Mit verstärkten Polizeipatrouillen in diesem Bereich konnte der Verfall von Sitte und Anstand glücklicherweise vermieden werden.

nelles Unternehmen. Wir haben nicht vor, eins zu werden (...). Nach unserer Ansicht treiben externe Faktoren Unternehmen viel zu häufig dazu, langfristige Chancen für quartalsweise Markterwartungen zu opfern. Wenn sich langfristige Chancen auftun, für die wir die kurzfristigen Ergebnis-Erwartungen opfern müssen, sie aber im besten langfristigen Interesse für unsere Anteilseigner sind, so werden wir diese Chancen ergreifen. Unser Marktumfeld wechselt rapide und benötigt weitsichtige Investments. Wir werden nicht zögern, große Wetten auf vielversprechende neue Chancen einzugehen.«

BOLD MOVE VON GOOGLE

Getrieben von der ständigen Angst, im Innovators Dilemma gefangen zu sein, entschlossen sich Larry und Sergey im Jahr 2015 zu einem gewagten Schritt. In ihrem Brief an die Investoren kündigten sie an, Google in Alphabet umzubenennen und dem Konzern eine völlig neue Holdingstruktur zu geben: »Wir sind seit langem der Meinung, dass normale Firmen mit der Zeit zu behäbig werden, zufrieden damit sind, immer das Gleiche zu tun und nur noch minimale Verbesserungen zu machen. Aber in der Technologie-Industrie, wo revolutionäre Ideen das nächste große Wachstum treiben, muss man sich immer ein wenig unbehaglich fühlen, um relevant zu bleiben.«

>>

DU MUSST DAHIN SKATEN, WO DER PUCK HINFLIEGT. NICHT DAHIN, WO DER PUCK GERADE IST.

WALTER GRETZKY

LANGFRISTIG DENKEN UND HANDELN

Diesen Rat des Vaters von Eishockey Legende Wayne Gretzky missbrauchen leider viel zu oft Manager und Berater, um flache Produkt-Weiterentwicklungen als bahnbrechende Innovation zu verkaufen. Dabei geht es nicht um einen radikal neuen Innovations-Ansatz, sondern darum, dem eigenen Wissen und Talent zu trauen. Der Puck folgt den Gesetzen der Physik. Der junge Wayne entwickelte ein Gespür dafür, wo der Puck sein würde. Und er trainierte die Fähigkeit, dorthin zu skaten und das Tor zu machen.

Zwar sind die Gesetze der Physik, vor allem Faktoren wie Schwerkraft oder Reibung, konstant oder ändern sich sehr langsam. Doch es gibt auch Faktoren, die den 10xGesetzen unterliegen und mit zunehmendem Fortschritt exponentiell wachsen. Aus diesem Grund ist es so wichtig, die eingangs beschriebenen Theoreme zu verinnerlichen:

Moore's Law sorgt für immer mehr Rechenleistung.

Wright's Law sorgt für sinkende Stückkosten.

Kurzweil's Law zeigt, dass in allen Bereichen Durchbrüche entstehen können, die in anderen Branchen ein unüberwindbar scheinendes Hindernis aus dem Weg räumen.

»Alle sagten: Das geht nicht. Dann kam einer, der wusste das nicht und hat's gemacht.« – Dieser Satz gilt für alle Branchen, von der E-Mail über die Weltraumfahrt zum Flugtaxi:

Alle wussten, dass 1GB Gratisspeicher für E-Mail-Konten nicht finanzierbar ist. Dann kam das Team hinter Googlemail, vertraute auf die 10xGesetze und machte es möglich.

Alle wussten, dass Weltraumraketen unglaublich teure Einwegprodukte sind. Dann kam Elon und fragte, was physikalisch möglich ist. Heute ist SpaceX das weltweit führende Space-Unternehmen.

Alle wussten, dass Flugzeuge extrem teuer sind, Privatjets nur für Superreiche und Flugtaxis Science-Fiction. Dann kamen vier Gründer aus München und dachten das Fliegen neu. Ihr elektrisch betriebener Jet ist sicher, leise und günstig.

Die Digitalisierung vernetzt und kombiniert bisher getrennte Industrien. Kleine Fortschritte in einer Branche können bahnbrechende Quantensprünge in einer anderen Branche lostreten. Wer mögliche Chancen branchenübergreifend erkennt und vorausschauend handelt, kann sich von jetzt auf gleich an die Spitze seiner Industrie katapultieren.

KONSEQUENTES HANDELN

Die Entwicklung von Netflix haben wir bereits beschrieben. Der Gründer Reed Hastings hatte die Vision, dass das Internet bald schnell genug sein werde, um Filme direkt an die Kunden zu streamen. Er passte seine Firma trotz Gegenwind konsequent diesen Entwicklungen an. Als Netflix 2011 das DVD-Business abspalten wollte, schrieb er: »In den letzten fünf Jahren war meine größte Sorge bei Netflix, dass wir den Sprung vom erfolgreichen DVD-Geschäft zum Streaming nicht schaffen. Die meisten Unternehmen sind hervorragend in einem Business – wie AOL oder Borders*. Aber sie schaffen es nicht, diesen Erfolg auf ein neues, vom Kunden gewolltes Geschäftsmodell zu übertragen, weil es ihr initiales Business kannibalisieren würde. Mit der Zeit bemerken diese Firmen ihre Fehler, nicht genug Fokus auf das Neue gelegt zu haben. Dann versuchen sie verzweifelt und hoffnungslos, ihren Rückstand aufzuholen. Unternehmen sterben selten, weil sie zu schnell sind. Sie sterben, weil sie zu langsam sind.«

Die Kunden rebellierten, die Aktienmärkte schickten die Aktie auf Talfahrt. Netflix machte die angekündigte Abspaltung rückgängig. Trotzdem behielt Reed recht: Heute trägt das DVD-Geschäft nur noch 1,5 % zum Gesamtumsatz von Netflix bei.

Amazons Backend ist ein weiteres Beispiel dafür, wie Mut, Entschlossenheit und Vertrauen zu unglaublichem Geschäftserfolg führen können. Um 2002 war es ein undurchdringlicher Dschungel unterschiedlichster Softwaresysteme geworden. Jeff erkannte, dass diese Komplexität das Wachstum extrem behinderte und seiner Vision im Weg stand, aus Amazon ein digitales Powerhouse zu machen. Er schrieb dem gesamten Technologie-Team eine E-Mail, die ungefähr so lautete: (Das Original kam nie nach außen ... es gibt nur Berichte darüber.)

(*Borders war eine der größten amerikanischen Buchhandelsketten)

1. Alle Teams stellen ab sofort ihre Daten und Funktionalitäten über Service-Schnittstellen zur Verfügung.

2. Alle Services von Teams müssen über diese Schnittstellen miteinander kommunizieren.

3. Die einzige erlaubte Kommunikation erfolgt über Service-Schnittstellen im Netzwerk. Keine direkten Links, kein direktes Lesen von Datenbanken anderer Teams, keine geteilten Speichermodelle, keine Hintertüren. Nichts!

4. Alle Service-Schnittstellen müssen auch für Externe nutzbar sein. Das Team muss in der Lage sein, Schnittstellen für externe Entwickler in aller Welt zu öffnen. Keine Ausnahme!

Jeder, der dies nicht macht, wird gefeuert.

Diese E-Mail schlug wie eine Bombe ein. Die Geschwindigkeit, mit der Amazon nach der Einführung der serviceorientierten Backend-Architektur neue Produkte und sogar ganze Geschäftsfelder ausrollte, war enorm. Jedem neuen Geschäftsfeld stand sofort ein fertiges, funktionierendes Backend zur Verfügung. Die Ansage von Jeff war auch die Geburtsstunde von AWS (Amazon Web Services) und der öffentlichen Cloud-Infrastruktur, die wir heute kennen.

FRANKs FAZIT

> Die größte Herausforderung, aber auch der größte Hebel unserer persönlichen Entwicklung ist unser Mindset. Am effektivsten sind positive Erfahrungen und Vorbilder, die leider in Deutschland selten sind. Alle Werkzeuge, Methoden und Theorien sind ohne das passende Mindset wertlos. Ich hoffe, wir dürfen in Europa bald die ersten 10xErfolge erleben. Wie die Bewegungen im Silicon Valley und in China zeigen, entfachen diese Erfolge die Begeisterung für die Chancen durch exponentielle Entwicklungen.

16

DIE 10xMETHODEN

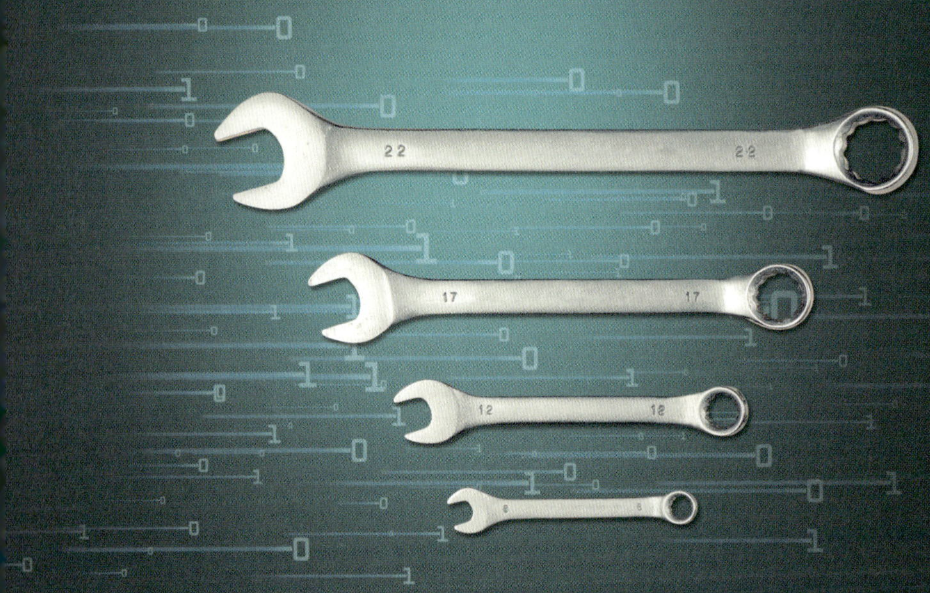

»

ENTDECKEN BEDEUTET SEHEN, WAS JEDER SIEHT UND DENKEN, WAS NOCH NIEMAND ZUVOR GEDACHT HAT.

ALBERT SZENT-GYÖRGYI,
NOBELPREIS FÜR MEDIZIN, 1937

Die richtige Einstellung entfacht deine 10xDNA. Es gibt auch Methoden, die dir dabei helfen können, dieses 10xDenken strukturiert zu fördern, um neue Ideen oder disruptive Produkte zu entwickeln.

Einige dieser Methoden sind schon mehrere hundert, wenn nicht sogar zweitausend Jahre alt. Sie tauchen unter unterschiedlichsten Namen in Business-Ratgebern und Innovationsblogs auf und finden sich im Playbook vieler erfolgreicher Gründer wieder. Es ist wertvoll, sich diese fundamentalen Denkansätze und Methoden immer wieder hervorzuholen.

SERENDIPITÄT

Der Begriff Serendipität geht auf eine persische Erzählung zurück. Ein König wollte seinen Söhnen ein breites Wissen schenken, auf dass sie weise Herrscher würden, und gab sie zu den besten Lehrern. Danach schickte er sie in die Welt hinaus. Dort sollten die Söhne zeigen, dass sie ihr Wissen auch zu nutzen verstanden. Im Verlauf ihrer Reise gerieten die Prinzen immer wieder in kritische Situationen, die sie durch gezielte Beobachtung und Anwendung ihres Wissens meisterten.

Heute wird Serendipität im Zusammenhang mit vermeintlichen Zufallsentdeckungen oder glücklichen Umständen verwendet. Aber Glück reicht selten aus. Erst das »Glück des Tüchtigen« führt zu Durchbrüchen.

Wissen und Erfahrung sind notwendig, um eine neue, oft zufällige Beobachtung zu erfassen, zu deuten und daraus die Idee für eine Innovation zu entwickeln. Roy J. Plunkett, der Entdecker des Teflon, arbeitete auf der Suche nach neuen Kühlmitteln für Kühlschränke oft mit Tetrafluorethylen-Gas. Dieses hochentzündliche, süßlich riechende Gas wird in Metallzylindern gelagert. Eines Tages brauchte Roy für einen Versuch Gas, doch aus dem Zylinder kam nichts. Er roch nichts, der Zylinder war schwer – es musste also noch Material im Inneren sein. Roy öffnete ihn und fand ein weißes Pulver. Es war nicht brennbar und nicht sehr reaktionsfreudig, damit das genaue Gegenteil des ursprünglichen Gases. Das war der Anfang der Entwicklung von Teflon.

Innewohnende Neugier ist ein wesentlicher Charakterzug der Tüftler im grauen Kittel, der verrückten Wissenschaftler, der Avatare der Serendipität. Thomas Edison, der Erfinder der Glühbirne und mehr als 10.000 weiterer Patente, nannte seine Arbeitsweise »1 % Inspiration, 99 % Transpiration«. Er scherzte, dass er noch nie versagt, sondern nur tausend Wege gefunden habe, wie etwas nicht funktioniert.

SO GELANGST DU ZU DEINER PERSÖNLICHEN SERENDIPITÄT:

1. BEWAHRE DIR EINE KINDLICHE FREUDE AN NEUEM.
2. SEI NEUGIERIG UND EXPERIMENTIERFREUDIG.
3. GEHE DEN DINGEN AUF DEN GRUND.
4. SEI WISSBEGIERIG UND LERNE STÄNDIG DAZU.
5. BESCHÄFTIGE DICH MIT FREMDEN THEMENFELDERN.
6. ENTWICKLE DURCHHALTEVERMÖGEN.

BEISPIELE FÜR SERENDIPITÄT

ZUFALLS-ENTDECKUNGEN

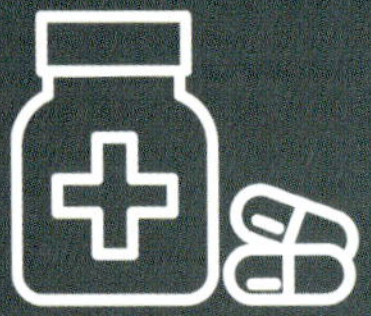

PENICILLIN

1928 untersuchte Alexander Fleming Krankheitserreger, die Lungenentzündung hervorrufen. In seinem Labor hatte er über die Ferien einige Proben vergessen. Als er die verschimmelten Schalen entsorgen wollte, fiel ihm auf, dass dort, wo der Pilz sich ausgebreitet hatte, keine Bakterien mehr zu finden waren. Er entdeckte, dass Schimmelpilze eine Substanz produzieren, die für den Menschen ungefährlich ist, aber tödlich für viele Arten von Krankheitserregern – das erste Antibiotikum war gefunden.

MIKROWELLEN

Der Ingenieur Percy Spencer forschte im Jahr 1945 an neuen Radargeräten für Flugzeuge. Nach einem Experiment bemerkte er, dass ein Schokoriegel in seiner Tasche geschmolzen war. Er brachte andere Lebensmittel in die Nähe des Radar-Testgerätes. Alle wurden warm – Percy hatte die Mikrowelle entdeckt.

VIAGRA

Eigentlich war der Konzern Pfizer auf der Suche nach einem Medikament gegen Bluthochdruck. Die gewünschte Wirkung blieb bei den Testpersonen aus. Im Gegenteil, das Präparat sorgte für lokal begrenzten Bluthochdruck, vor allem bei den männlichen Probanden.

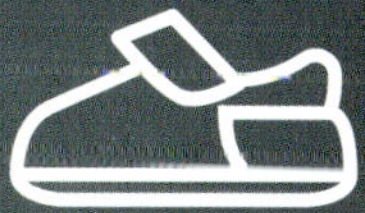

KLETTVERSCHLUSS

Der Schweizer Georges de Mestral ärgerte sich nach einem Jagdausflug über die Kletten, die an seiner Hose und im Fell seines Hundes hängen blieben. Der neugierige Ingenieur betrachtete die Kletten näher und fand, dass sich die winzigen, elastischen Häkchen, mit denen sich die Klette festhielt, auch gut zum Verschließen von Dingen eignen würden.

FIRST PRINCIPLE THINKING

»Selber denken macht schlau!«, sagt eine alte Schulweisheit. Die Denkweise des First Principle Thinking (FPT) reicht zurück bis zu Aristoteles. Er brach philosophische Fragestellungen erst einmal auf ihre fundamentalen Wahrheiten herunter. Auf diesem gedanklichen Fundament entwickelte er neue Thesen. Mit dieser Methode können ungewöhnliche, neue Erkenntnisse erlangt werden, die die Grundlage für echte 10xInnovationen bilden.

Elon Musk ist ein großer Verfechter des FPT. Wie er das Prinzip für den Bau von Raketen einsetzte, haben wir bereits beschrieben. Auch bei der Gründung von Tesla nutzte er FPT. Nach gängiger Marktmeinung war das Elektroauto wegen des extrem hohen Preises von Akkus nicht wettbewerbsfähig gegenüber Benzinern. Ein Akku kostete zu dieser Zeit 600 Dollar pro Kilowattstunde. Elon recherchierte die Kosten der einzelnen Rohstoffe für Batterie und Hülle. In Summe kam er auf rund 80 Dollar Materialkosten pro Kilowattstunde. Das Unternehmen erkannte das Potenzial in der Batterieforschung und will die Fertigung weiter optimieren. Jeff wendet ebenfalls FPT an. In seinem jährlichen Brief an die Amazonaktionäre im Jahr 2016 mahnt er, das Denken in »Proxies« unter allen Umständen zu vermeiden. Proxies sind für ihn eingefahrene Prozesse oder schlecht gewählte Kennzahlen, denen Mitarbeiter blind und gedankenlos folgen. »Wenn Unternehmen größer und komplexer werden, entsteht die Tendenz, sie über Proxies zu führen. Dies kann in vielen Formen und Arten passieren. Es ist bedrohlich, subtil.

Ein guter Prozess hilft dir bei deinem Ziel, deinen Kunden zu helfen. Aber wenn du nicht acht gibst, wird der Prozess das Ziel. Nicht selten rechtfertigen Manager schlechte Ergebnisse damit, dass sie dem Prozess gefolgt sind.«

Dem kann der Konträrinvestor Peter Thiel nur zustimmen:

»Jeder Durchbruch im Markt passiert nur einmal. Der nächste Bill Gates wird kein Betriebssystem entwickeln. Der nächste Larry Page oder Sergey Brin wird keine Suchmaschine bauen. Wer nur solche Menschen kopiert, lernt nichts aus deren Denkweise. (...) Innovation ist neu und einzigartig. Also kann niemand beschreiben, wie man zu Innovationen gelangt. Das einzige, übergreifende und wirkungsvollste Muster bei allen Durchbrüchen ist es, Nutzen an unerwarteten Orten zu finden. Diese bisher unbekannten Nutzen findet man nicht durch existierende Methoden oder Formeln. Man findet sie nur, wenn man Märkte von den Grundprinzipien aus komplett neu aufwärts denkt.«

DER MEDICI-EFFEKT

»Medici-Effekt« heißt ein Buchklassiker von Frans Johansson, der der Frage nachgeht, wie die Ideen hinter den großen Innovationen entstehen. Johansson fand oft sehr ähnliche Muster, die ihn an die Zeit der Renaissance und die Geschichte der Medici erinnerten. Der Medici-Effekt tritt dort auf, wo verschiedene Industrien, Kulturen und Disziplinen aufeinandertreffen und Ideen von einem Themenfeld in ein anderes wandern können.

Die Medici waren eine italienische Dynastie von Bankern und Händlern und begeisterte Förderer von Kunst und Wissenschaft, sie holten Botticelli, Michelangelo oder Leonardo da Vinci in ihre Heimatstadt. Florenz wurde eine Keimzelle für Kultur und Fortschritt. Über die Jahre versammelten sich die besten Maler, Bildhauer, Philosophen, Architekten und Wissenschaftler dort. Sie tauschten sich aus, lernten voneinander, verbesserten ihre Ideen. Florenz war das Silicon Valley der Renaissance, die Medici waren die Investoren.

Als postmodernes Beispiel nennt Johansson den Architekten Mick Pearce. Er bekam den Auftrag, in der Hauptstadt Zimbabwes ein großes Bürogebäude zu bauen, das ohne eine Klimaanlage auskommt. Pearce erinnerte sich an seinen Biologieunterricht und die Termiten. Sie sind auf einen speziellen Pilz angewiesen, der im Inneren des Termitenbaus wächst und eine konstante Temperatur von 30,5 Grad Celsius benötigt. Mit einem ausgeklügelten Belüftungssystem leiten die Termiten den Wind vom Fuß ihres Hügels durch tiefe, kühle Kammern zu den Pilzen. Durch ständiges Öffnen und Schließen der Lüftungskanäle gelingt es, die Temperatur perfekt zu regulieren. Diese Methode nutzte Pearce. Es gelang ihm, das Gebäude ohne Klimaanlage konstant zwischen 22 und 25 Grad zu halten. Dies sparte mehrere Millionen Dollar Baukosten und der Energiebedarf des Gebäudes ist 90 % geringer als bei konventionellen Gebäuden.

>>

DIE NATUR IST ALLER MEISTER MEISTER.

JOHANN WOLFGANG VON GOETHE

> RECHTS: DAS BÜROGEBÄUDE IN ZIMBABWE VOM ARCHITEKTEN MICK PEARCE. UNTEN: DIE INSPIRATION AUS DER NATUR WAR EIN TERMITENBAU.

»

UND VIELES, AUF DAS ICH WÄHREND DIESER ZEIT DURCH MEINE NEUGIER UND INTUITION GESTOSSEN BIN, HAT SICH SPÄTER ALS UNBEZAHLBAR ERWIESEN.

STEVE JOBS

STAY HUNGRY, STAY FOOLISH!

Die großen Erfinder sind getrieben von Neugier. Sie wollen den Dingen auf den Grund gehen, sie sammeln Wissen, das ihnen ermöglicht, immer neue Dinge zu entdecken und zu verstehen. Steve erzählte in seiner berühmten Stanford Rede von einem Kalligrafie-Kurs, in dem er lernte, was großartige Schriften ausmachten. Bei der Entwicklung des ersten Macintosh kam das Gelernte wieder zum Vorschein. Der Mac wurde der erste Computer mit verschiedenen Schriftarten und Schriftzeichen mit proportionalen Abständen und legte den Grundstein für den Erfolg des Macs als Design-Ikone.

Um uns aus Routinen zu lösen, bedarf es neuer Impulse. Im Alltag kann dies bedeuten, am Kiosk Zeitschriften aus einem fremden Themengebiet zu kaufen oder mit anderen Menschen zu sprechen und sich auf neue Erfahrungen einzulassen. Genau diese Reize helfen uns, neu und anders zu denken und unsere Kreativität zu aktivieren.

BRICH AUS DEINEM NETZWERK UND DEINER KOMFORTZONE AUS

Dein Netzwerk aus Kollegen, Partnern und Kunden unterstützt Dich. Netzwerke funktionieren effizient, weil innerhalb der Gruppe ähnliche Werte und Ansichten vorherrschen. Geht es aber darum, neue, disruptive Wege zu gehen, steht dein Netzwerk dir im Weg. Das zeigt das Paradebeispiel der deutschen Automobilindustrie: Jahrelang haben die Unternehmen die Investitionen in Elektroautos verschlafen, weil ihre besten Kunden mehr PS, mehr Hubraum oder 10 % weniger Verbrauch wollten. Nun hat Tesla einen Entwicklungsvorsprung, der nicht mehr aufzuholen ist.

HIER FINDEST DU EIN VIDEO VON DER BERÜHMTEN STANFORD-REDE VON STEVE JOBS, EIN LEHRREICHES INTERVIEW MIT ELON MUSK UND WEITERE INFOS ZU DEN INHALTEN AUS DIESEM KAPITEL.

REISS DEINE DENKBARRIEREN EIN!

Wer auf neue Ideen kommen will, sollte seine eingefahrenen Denkmuster immer wieder hinterfragen. Eine der einfachsten Methoden beschreibt Johansson im »Medici Effekt« wie folgt:

1. Denk dir eine Situation, ein Konzept oder ein Produkt aus, das eng mit deiner Fragestellung verbunden ist und überlege dir, welche Annahmen dahinter stehen.

2. Schreib die Annahmen für diese Situation/Konzept/Produkt auf und dreh sie um.

3. Überlege, wie diese umgedrehten Annahmen funktionieren könnten.

ANNAHME		UMGEDREHTE ANNAHME
Restaurants haben Speisekarten.	>	Restaurants haben keine Speisekarten.
Software kostet Geld.	>	Software kostet kein Geld.
Der Kunde bezahlt sein Auto bei Auslieferung.	>	Der Kunde bezahlt sein Auto vor der Entwicklung.

WIE KÖNNEN GESCHÄFTSMODELLE FÜR DIE UMGEDREHTEN ANNAHMEN FUNKTIONIEREN?

1. Ein Restaurant ohne Speisekarte: Der Küchenchef erklärt jedem Gast, was er an Gemüse, Fleisch oder Fisch eingekauft hat. Zusammen mit dem Gast stellt er ein individuelles Gericht zusammen. Damit hebt sich das Restaurant deutlich ab.

2. Software ist kostenlos. Die Open Source Revolution änderte das Geschäft mit Software radikal. Ein Softwareunternehmen verdient sein Geld nicht mehr mit dem Verkauf von Software, sondern mit der Implementierung und dem Kundendienst.

3. Tesla konnte durch ein radikal neues Produkt und Marketing die Kunden davon überzeugen, eine substanzielle Anzahlung zu leisten, bevor überhaupt klar war, wann das Modell 3 vom Band laufen würde.

Du siehst, wie umgedrehte Annahmen deinen Verstand aktivieren. Wenn du eine davon spannend findest, arbeite sie weiter aus. Es geht nicht darum, eine perfekte Lösung zu erarbeiten (obwohl das durchaus passieren kann), es geht darum, deinem Verstand Freiraum zu gewähren.

Und hier schließt sich der Kreis zur Mondlandung. Der originäre Moonshot war ein riesiges, gemeinsames Projekt Tausender unterschiedlicher Wissenschaftler und Ingenieure, die alle an den Überschneidungen ihrer Themengebiete nach neuen, disruptiven Ideen suchten – und sie fanden.

HERAUSRAGENDE KÖPFE

Wir brauchen mehr Helden, die ihre Zeit und Energie für eine bessere Welt einsetzen. Die sich nicht von den Skeptikern und Kritikern beirren lassen und ihre Vision umsetzen.

ADA LOVELACE

Ada entwickelte bereits 1835 ein komplexes Programm für eine mechanische Rechenmaschine von Charles Babbage – und war damit die erste Programmiererin, lange bevor der erste Computer erfunden wurde.

MARGARET HAMILTON

Die 1936 geborene Informatikerin und Mathematikerin war leitende Software-Ingenieurin bei der Apollo-Raumfahrt. Der von ihr entwickelte Computercode machte die erste Mondlandung möglich und revolutionierte die Software-Entwicklung.

THOMAS EDISON

Mit seinem Phonographen Patent beschrieb er das erste Gerät zum Aufzeichnen und Abspielen von Tönen. Danach entwickelte er das revolutionäre Carbon Mikrofon und die Glühbirne, die noch bis vor Kurzem die Standard-Lichtquelle war.

JOHANNES GUTENBERG

1450 erfand er eine neue Methode der Buchproduktion (bis dahin gab es nur Abschreibstuben) und startete damit eine der wichtigsten Revolutionen: Jeder hatte Zugriff auf Wissen.

BRÜDER WRIGHT

Aufbauend auf den Arbeiten von Lilienthal und anderen, vor allem aber durch unfassbare Passion und Mut, gelang den Brüdern Wright am 17. Dezember 1903 der erste motorisierte Flug.

STEVE JOBS

Steve Jobs machte den Computer massenkompatibel. Er verstand es wie kein anderer, herausragende Usability, Design, Software und Marketing zu einem magischen Erlebnis zu verbinden.

ELON MUSK

Er ist die Reinform von First-Principle-Thinking und einer hundertprozentigen Unternehmer-DNA. Schon in jungen Jahren war er mit Paypal sehr erfolgreich, riskierte dann wieder alles. Heute revolutioniert er Transportation & Energy (Tesla), die Raumfahrt (SpaceX), die Verbindung von Mensch und Maschine (Neuralink) und sorgt sich um die Auswirkungen von künstlicher Intelligenz (OpenAI).

JACK MA

Harvard lehnte ihn zehnmal ab, er bekam lange keine Finanzierung für sein Startup, dachte aber schon immer groß: Sein Ziel war in China ein Gegengewicht zu Amazon & Facebook zu schaffen. Heute ist Alibaba ein ebenbürtiger Big Player im globalen Vergleich.

MASAYOSHI SON

Auch Masayoshi musste viele Absagen und Niederlagen hinnehmen, erfand dann aber einen der ersten elektronischen Übersetzer, den er an Sharp verkaufte. Er investierte sehr früh und riskant in Yahoo! und Alibaba, verdiente damit Milliarden. Heute ist sein Unternehmen Softbank über 100 Milliarden Dollar wert.

DMITRY ITSKOV

Dmitry ist ein russischer Unternehmer und Milliardär, der mit seiner gemeinnützigen 2045 Initiative das Leben der Menschen verbessern und verlängern will. Sein Team aus Experten und Forschern arbeitet daran, die Persönlichkeit eines Individuums auf einen fortgeschrittenen, nicht biologischen Träger zu übertragen.

Respekt und herzlichen Dank, dass du uns bis hierher gefolgt bist! Es erfordert Zeit und Konzentration, die Konzepte hinter den 10xTechnologien zu verstehen und ich bin überzeugt: Es hat sich für dich gelohnt! Wir stehen vor den tiefgreifendsten Veränderungen unserer Geschichte, dies gilt für die globale Wirtschaft und jeden einzelnen von uns. Der Baukasten der Zukunft ist die Basis dieser Veränderungen. Wer ihn versteht, kann vorausschauend denken und handeln und sieht Chancen und Herausforderungen vor anderen.

LEBE DEINE 10xDNA!

FRANK

#DANKE

Dieses Buch wurde durch großartige Menschen und viele glückliche Zufälle ermöglicht. Zunächst danke ich meinem Co-Autor Markus Schorn. Es beeindruckt mich immer wieder aufs Neue, wie tiefgreifend sein Wissen und Verständnis sind. Lena Heßbrügge, die nicht nur das Projekt verantwortet und geleitet hat, sondern auch noch unsere Geek-Gedanken in einen lesbaren Fluss gebracht hat. Unserer Art Direktorin Michaela Vargas Coronado, die mit Passion und Erfahrung das Design verantwortet hat. Meinen Freigeist Partnern Marc Sieberger, Alex Koch, Marcel Vogler und Niklas Hebborn, mit denen ich die Theorie dieses Buchs in der Praxis umsetzen darf. Und meiner Frau Nathalie, die sich unzählige, ungefilterte Ideen zu diesem Buch anhören musste und immer wieder begeistert Feedback gegeben hat.

Und DANKE an euch. Für eure Unterstützung, Aufmunterungen, Kommentare und berechtigte und wertvolle Kritik.

LET'S STAY IN TOUCH

Auf frank.io findet ihr aktuelle Informationen, Links zu all meinen Kanälen und vieles mehr.

Auf LinkedIn veröffentliche ich regelmäßig ausführliche Artikel zu 10xThemen.

In meinem Startup-DNA Podcast diskutiere ich mit spannenden Persönlichkeiten über Startups und Innovation.

Auf twitter äußere ich mich zu aktuellen Themen aus Wirtschaft und Politik @frank_thelen

Auf Instagram poste ich vor allem unterhaltende Fotos @frank_thelen

VERLAG

Frank Thelen Media GmbH, Bonn

CVD

Lena Heßbrügge, Bonn

DESIGN

Michaela Vargas Coronado, Hohenfurch

LEKTORAT

Gisela Lehmeier, Berlin

BILDRECHTE COVER

Eye Catch me Photography, Köln

DRUCK

CPI Ebner & Spiegel GmbH, Ulm

Wir brauchen mehr Frauen in führenden Positionen. Das gilt für Startups, Politik und Corporates. Trotzdem verwende ich die weiblichen Schreibweisen wie zum Beispiel Gründerin oder Politikerin nicht, sondern die kurze Form Gründer oder Politiker.

Wir haben viel Zeit, Passion und Liebe in dieses Buch investiert. Trotzdem werden sich unschöne Fehler eingeschlichen haben. Ich freue mich sehr, wenn du Verbesserungsvorschläge an **buch@freigeist.com** sendest. Die besten zehn der ersten 100 Vorschläge erhalten ein signiertes Buch mit einer persönlichen Antwort. Ich freue mich auf eure Vorschläge!

Im Buch verteilt befinden sich viele QR-Codes zu Videos und weiteren Erklärungen. Halte die Kamera deines Smartphones über den QR-Code, um das Video direkt zu öffnen oder besuche **buch.frank.io** für weitere Hintergrundinfos zum Buch.

1. Auflage 2020

ISBN 978-3-9821764-0-6

#SPEAKGEEK

BILDER

GOOGLE X / X.COMPANY

KODAK / KODAK.COM

ITU PICTURES / FLICKR.COM

CAFE X / CAFEXAPP.COM

MISO ROBOTICS / MISOROBOTICS.COM

CREATOR / CREATOR.REST

SPYCE / SPYCE.COM

BOSTON DYNAMICS / BOSTONDYNAMICS.COM

HYPERGANIC TECHNOLOGIES: / HYPERGANIC.COM

ICON BUILD / ICONBUILD.COM

EINRIDE / EINRIDE.TECH

NEIL HARBISSON / MANEL DE AGUAS

IMAGE47 / IMAGE47.COM

LILIUM / LILIUM.COM

HARDT HYPERLOOP / HARDT.GLOBAL

KRAFTBLOCK / KRAFTBLOCK.COM

NEUFUND / NEUFUND.ORG

SMARTLANE / SMARTLANE.COM

YFOOD / YFOOD.EU

AIR UP / AIR-UP.COM

UNSPLASH / UNSPLASH.COM

ADOBE STOCK / STOCK.ADOBE.COM

DER BAUKASTEN DER ZUKUNFT

10xÄRA
1.0
1990 – 2020

Die großen Innovationen der letzten 20Jahre basieren hauptsächlich auf Fortschritten in der Computerdomäne – schnelleren Chips, unbegrenztem Speicher, Gigabit Internet und Smartphones. Daraus entstanden Anwendungen, die unsere Gesellschaft, unseren Alltag und die Art und Weise, wie wir miteinander kommunizieren, fundamental veränderten. Die Unternehmen hinter diesen Innovationen – Google, Apple, Facebook, Amazon, Microsoft (GAFAM) – gehören heute zu den wertvollsten Unternehmen der Welt. Innerhalb von nur zehn Jahren erreichten sie einen Marktwert von mehreren Billionen Dollar. Nennen wir diese Zeit die 10xÄra 1.0.

10xÄRA
2.0
AB 2020

In der nächsten Dekade werden wir eine Phase noch schnelleren Fortschritts erleben: die 10xÄra 2.0. Zwei Faktoren kommen zusammen und verstärken sich gegenseitig: Es treten so viele neue Grundlagentechnologien gleichzeitig auf den Markt wie nie zuvor. Jede dieser Technologien für sich könnte unser Leben signifikant verändern. Doch sie sind komplementär – sie ergänzen sich perfekt und lassen aufgrund ihres digitalen Ursprungs exponentielle Entwicklungen zu. Ein weiterer Faktor ist die sogenannte Smartphone-Dividende. Durch die Produktion von ca. 1,4 Milliarden Smartphones pro Jahr werden alle verwendeten Teile (Chips, Kameras, Sensoren, Displays,...) extrem günstig und können auch für andere Produkte verwendet werden.

10xÄRA
3.0
AB 2030

Parallel zu dieser Entwicklung werden bereits die Technologien der Ära 3.0 erste echte Anwendungen liefern. Dies wird ab 2030 den Fortschritt noch mal deutlich beschleunigen.